U0791442

国际贸易理论与实务

主　编：林琼慧　林　俐　陈　婷
副主编：宋津睿　马　媛　苏锦红
　　　　朱　贺　陈　俊

中国财经出版传媒集团
经济科学出版社
Economic Science Press

图书在版编目（CIP）数据

国际贸易理论与实务/林琼慧，林俐，陈婷主编
．--北京：经济科学出版社，2022.5
ISBN 978-7-5218-3706-3

Ⅰ.①国…　Ⅱ.①林…②林…③陈…　Ⅲ.①国际贸易理论②国际贸易-贸易实务　Ⅳ.①F740

中国版本图书馆CIP数据核字（2022）第093850号

责任编辑：高　波
责任校对：齐　杰
责任印制：邱　天

国际贸易理论与实务
主　编：林琼慧　林　俐　陈　婷
副主编：宋津睿　马　媛　苏锦红
朱　贺　陈　俊
经济科学出版社出版、发行　新华书店经销
社址：北京市海淀区阜成路甲28号　邮编：100142
总编部电话：010-88191217　发行部电话：010-88191522
网址：www.esp.com.cn
电子邮箱：esp@esp.com.cn
天猫网店：经济科学出版社旗舰店
网址：http://jjkxcbs.tmall.com
固安华明印业有限公司印装
787×1092　16开　22.25印张　540000字
2022年5月第1版　2022年5月第1次印刷
ISBN 978-7-5218-3706-3　定价：86.00元
（图书出现印装问题，本社负责调换。电话：010-88191510）

前言

2020年新冠肺炎疫情对全球贸易造成了严重冲击，世界贸易增速为－5.1%，成为继2009年国际金融危机后又一次较大幅度的负增长。得益于积极的复工复产措施以及严防严控措施，中国成为2020年全球唯一实现贸易正增长的主要经济体。2021年，中国出口33,639.6亿美元，同比增长29.9%，进口26,875.3亿美元，同比增长30.1%，“疫经济”和“宅经济”依然是中国贸易的红利①。随着《区域全面经济伙伴关系协定》（*Regional Comprehensive Economic Partnership*，RCEP）的逐步生效，与越南、新加坡、马来西亚、泰国等东盟国家，以及日本、韩国的贸易将得到较快增长。为了适应当前国际贸易形势发展和变化的需要，我们编写了《国际贸易理论与实务》这本理论性与实用性并重的教材。

本书的编写具有如下特点：

第一，教材体系新颖实用。每一章都有学习目标、开篇案例、小结及习题；大部分章节有思政园地；部分章节还设计了实验教学；知识拓展部分建成数字化资源，满足了信息时代泛在学习需要。

第二，本书内容与时俱进。理论与政策部分反映了当前国际贸易理论研究前沿，力图展现国际贸易环境新变化。实务部分根据最新修订的《国际贸易术语解释通则2020》编写贸易术语相关章节内容，所选取的案例大都是近几年在国际贸易领域发生的真实案例。

本书编写组由从事多年国际贸易理论与实务研究和教学工作、具有丰富教学经验的教师组成。本书由温州理工学院浙江省

---

① 资料来源：中华人民共和国商务部商务数据中心，http://data.mofcom.gov.cn/hwmy/composition，shtml。

一流本科专业国际经济与贸易专业负责人林琼慧、温州大学国家一流本科专业国际经济与贸易专业负责人林俐、温州商学院陈婷共同担任主编，辽宁大学宋津睿、温州大学马媛、温州理工学院苏锦红、朱贺和陈俊担任副主编。本书分工如下：林琼慧负责全书设计、统稿及撰写第一章、第二章、第四章、第八章，林俐撰写第三、第五章、第十三章，陈婷撰写第六章、第十一章，宋津睿撰写第十二章，马媛撰写第九章，朱贺撰写第七章，苏锦红、陈俊撰写第十章。

在编写过程中，吸纳了多位专家的相关文献和思想理论，在此表示衷心感谢！

本书作为通用教材可供高等院校财经类、管理类各专业学生和老师学习、教学使用，也可供从事外贸、运输、保险、银行、海关商检等工作的专业人员学习与参考。

由于编者的水平和时间有限，疏漏之处在所难免，敬请斧正。

编者

2022 年 4 月

目录

下篇 国际贸易实务

第一章　国际贸易概述

[学习目标]

知识目标：能正确表述国际贸易基本概念、分类和特点，描述国际贸易产生和发展的历程。

能力目标：运用国际贸易基本概念分析国际贸易有关问题，对外贸依存度、贸易条件等指标进行计算和分析。

素养目标：树立正确的开放观和远大的全球宏观视野，感受中国改革开放取得的巨大成就，感受强大的中国精神、中国价值、中国力量，激发爱国主义情怀，肩负起贸易强国的历史使命。

本章重点：

1. 国际贸易的产生和发展
2. 国际贸易的基本概念
3. 国际贸易的分类

本章难点：

国际贸易的基本概念

开篇案例

中国香港的转口贸易

由于狭小的本土市场和弱小的农业，发达的金融、保险资讯，以及海运业，转口贸易一直是中国香港经济的支柱。许多产品进入香港，然后再出口到欧洲、美国及其他的国家或地区。香港的转口贸易维系于我国的对外经济关系。1951 年，联合国对我国实行禁运，使香港的转口贸易地位急剧下降。20 世纪 60 年代，转口贸易仅占香港出口总值的两成左右。从 20 世纪 60 年代起，香港经济开始起飞，制造业迅速发展，促使港产出口逐年上升，经济转为出口主导型。到 1970 年，港产品出口已占总出口的八成以上。香港近1/4的GDP集中在制造业、矿业和农渔业，超过25%的人从事体力劳动。这是“香港制造”的时代。20世纪70年代后期，香港的转口贸易又借中国内地的对外开放和经济改革重振雄风。随着中国制成品出口的扩大，中国香港逐渐成为中国与世界其他国家和地区联系的前沿。1978～1987年，转口贸易值以年均33.9%的速度增长（同期港产品出口平均年增长率为17.6%），1988年增幅更达50.6%。2002年，中国香港的转口贸易占全港对外贸易的91.3%，2020年中国香港复出口占总出口的93.44%①。中国与美国是两个最大的转口来源和市场。2000年以来，根据我国的贸易统计数据显示，我国对美国出口总量的70%左右和自美国进口总量的30%左右，都是经由中国香港转口实现的。

（资料来源：冯跃，夏辉．国际贸易理论、政策与案例分析［M］．北京：北京大学出版社．）

第一节　国际贸易的产生和发展

一、国际贸易的产生

国际贸易是在人类社会生产力发展到一定阶段时才产生和发展起来的，它是一个历史范畴。国际贸易的产生必须具备两个基本条件：一是有剩余的产品可以作为商品进行交换；二是商品交换要在各自为政的社会实体之间进行。因此，社会生产力的发展和社会分工的扩大是国际贸易产生和发展的基础。

二、原始社会的贸易

在原始社会初期，人类的祖先结伙群居，打鱼捕兽，生产力水平极度低下，人们处于自然分工状态，劳动成果仅能维持群体最基本的生存需要，没有剩余产品用以交换，因此谈不上有对外贸易。

人类历史的第一次社会大分工，即畜牧业和农业的分工，促进了原始社会生产力的发展，产品除维持自身需要以外，还有少量的剩余。人们为了获得本群体不生产的产品，便出现了氏族或部落之间用剩余产品进行原

---

① W to W. World Trade Statistical Review［J］. Working Papers, 2021.

始的物物交换。当然，这种交换还是极其原始并偶然发生的物物交换。

在漫长的年代里，随着社会生产力的继续发展，手工业从农业中分离出来，成为独立的部门，形成了人类社会第二次大分工。由于手工业的出现，便产生了直接以交换为目的的生产——商品生产。当产品是专门为满足别人的需要而生产时，商品交换就逐渐成为一种经常性的活动。随着商品生产和商品交换的扩大，出现了货币。于是，商品交换就变成了以货币为媒介的商品流通。这样就进一步促使私有制和阶级的形成。由于商品交换的日益频繁和交换地域范围的不断扩大，又产生了专门从事贸易的商人阶层。第三次社会大分工使商品生产和商品流通进一步扩大。商品生产和流通更加频繁和广泛，从而使阶级和国家相继形成。于是，到原则社会末期，商品流通开始超越国界，这就产生了对外贸易。

人类社会三次大分工，每次都促进了社会生产力的发展和剩余产品的增加，同时也促进了私有制的发展和奴隶制的形成。在原始社会末期和奴隶社会初期，随着阶级和国家的出现，商品交换超出了国界，国家之间的贸易便产生了。可见，在社会生产力和社会分工发展的基础上，商品生产和商品交换的扩大，以及国家的形成，是国际贸易产生的必要条件。

三、奴隶社会的国际贸易

在奴隶社会时期，自然经济占主导地位，其特点是自给自足，生产的目的主要是为了消费，而不是为了交换。奴隶社会虽然出现了手工业和商品生产，但在一个国家的整个社会生产中显得微不足道，进入流通的商品数量很少。同时，由于社会生产力水平低下和生产技术落后、交通工具简陋、道路条件恶劣等问题使对外贸易局限在很小的范围内，其规模和内容都受到很大的限制。

奴隶社会是奴隶主占有生产资料和奴隶的社会，奴隶社会的对外贸易是为了奴隶主阶级服务的。当时，奴隶主拥有财富的重要标志是其占有多少奴隶，因此奴隶社会国际贸易中的主要商品是奴隶。据记载，希腊的雅典就曾经是一个贩卖奴隶的中心。此外，粮食、酒及其他专供奴隶主阶级享用的奢侈品，如宝石、香料和各种织物等也都是当时国际贸易中的重要商品。

奴隶社会时期从事国际贸易的国家主要有腓尼基、希腊、罗马等，这些国家在地中海东部和黑海沿岸地区主要从事贩运贸易。我国在夏商时代进入奴隶社会，贸易集中在黄河流域沿岸各国。

四、封建社会的国际贸易

封建社会时期的国际贸易比奴隶社会时期有了较大的发展。在封建社会早期，封建地租采取劳役和实物的形式，进入流通领域的商品并不多。到了中期，随着商品生产的发展，封建地租转变为货币地租的形式，商品经济得到进一步发展。在封建社会晚期，随着城市手工业的发展，资本主义因素已孕育生产，商品经济和对外贸易都有较快的发展。

在封建社会时期，封建地主阶级占统治地位，对外贸易是为封建地主阶级服务的。奴隶贸易在国际贸易中基本消失。参加国际贸易的主要商品除了奢侈品以外，还有日用手工业品和食品，如棉织品、地毯、瓷器、谷物和酒等。这些商品主要是供国王、君主、教堂、封建地主和部分富裕的城市居民享用的。

封建社会国际贸易的范围明显扩大，亚洲各国之间的贸易由近海逐渐扩展到远洋。早在西汉时期，中国就开辟了从长安经中亚通往西亚和欧洲的陆路商路——丝绸之路，把中国的丝绸、茶叶等商品输往西方各国，换回良马、种子、药材和饰品等。到了唐朝，除了陆路贸易外，还开辟了通往波斯湾及朝鲜和日本等地的海上贸易。在宋、元时期，由于造船技术的进步，海上贸易进一步发展。在明朝永乐年间，郑和曾率领商船队七次下“西洋”，经东南亚、印度洋到达非洲东岸，先后访问了30多个国家，用中国的丝绸、瓷器、茶叶、铜铁器等商品同所到的国家进行贸易，换回各国的香料、珠宝、象牙和药材等。

在欧洲，封建社会的早期阶段，国际贸易主要集中在地中海东部。在东罗马帝国时期，君士坦丁堡是当时最大的国际贸易中心。公元7~8世纪，阿拉伯人控制了地中海的贸易，通过贩运非洲的象牙、中国的丝绸、远东的香料和宝石，成为欧、亚、非三大洲的贸易中间商。11世纪以后，随着意大利北部和波罗的海沿岸城市的兴起，国际贸易的范围逐步扩大到整个地中海及北海、波罗的海和黑海的沿岸地区。当时，南欧的贸易中心是意大利的一些城市，如威尼斯、热那亚等，北欧的贸易中心是汉撒同盟的一些城市，如汉堡等。

综上所述，资本主义社会之前的国际贸易是为奴隶主阶级和封建地主阶级利益服务的。随着社会生产力的提高，以及社会分工和商品生产的发展，国际贸易不断扩大。但是，由于受到生产方式和交通条件的限制，商品生产和流通的主要目的是满足剥削阶级奢侈生活的需要，贸易主要局限于各洲之内和欧亚大陆之间，国际贸易在奴隶社会和封建社会经济中都不占有重要的地位，贸易的范围和商品品种都有很大的局限性，贸易活动也不经常发生。那么，15 世纪的“地理大发现”及由此产生的欧洲各国的殖民扩张则大大发展了各洲之间的贸易，从而开始了真正意义上的“世界贸易”，而到了资本主义社会时期，国际贸易才获得了广泛的发展。

五、资本主义时期的国际贸易

15 世纪末期至 16 世纪初，哥伦布发现新大陆，瓦斯科·达·伽马从欧洲经由好望角到达亚洲，麦哲伦完成环球航行，这些地理大发现对西欧经济发展和全球国际贸易产生了十分深远的影响。大批欧洲冒险家前往非洲和美洲进行掠夺性贸易，运回大量金银财富，甚至还开始买卖黑人的罪恶勾当，同时还将这些地区沦为本国的殖民地，妄图长久地保持其霸权。这样，既加速了资本原始积累，又大大推动了国际贸易的发展。

17 世纪中期，英国资产阶级革命的胜利，标志着资本主义生产方式的正式确立。随后英国夺得海上霸权，意味着它在世界贸易中占据主导地位，这就为它向外掠夺扩张铺平了道路。18 世纪中期的产业革命又为国际贸易的空前发展提供着十分坚实而又广阔的物质基础，一方面，蒸汽机的发明和使用开创了机器大工业时代，生产力迅速提高，物质产品大为丰富，从而真正的国际分工开始形成。另一方面，交通运输和通信联络的技术和工具都有突飞猛进的发展，各国之间的距离似乎骤然变短，这就使世界市场真正得以建立。正是在这种情况下，国际贸易有了惊人的巨大发展，并且从原先局部的、地区性的交易活动转变为全球性的国际贸易。这个时期的国际贸易，不仅贸易数量和种类有了长足增长，而且贸易方式和机构职能也有创新发展。显然，国际贸易的巨大发展是资本主义生产方式发展的必然结果。

19 世纪 70 年代后，资本主义进入垄断阶段，此时的国际贸易不可避免地带有“垄断”的特点。主要资本主义国家的对外贸易被为数不多的垄断组织控制，由它们决定着一国对外贸易的地理方向和商品构成。垄断组织输出巨额资本，用来扩大商品输出的范围和规模。同时，它们还互相勾结，建立起国际联盟组织，共同瓜分势力范围。此时，资本主义国际贸易则完全是为了攫取高额垄断利润，以及为了更有效地争夺原料产地、商品市场和投资场所。因此，从全球范围来看，国际贸易的范围和规模在不断扩大，国际贸易越来越成为各国经济发展的重要因素。

两次世界大战之间的停战时期，资本主义世界爆发了三次经济危机，战争的破坏和空前的经济危机使世界工业生产极为缓慢，在1912~1938年的26年间，世界工业生产量只增长了83%。同时。这一时期贸易保护主义显著加强，奖出限入措施交互推进、螺旋上升，给国际贸易的发展设置了层层的人为障碍。因此，两次世界大战的停战期间，国际贸易的扩大过程几乎处于停滞状态。1913~1938年，世界贸易量只增长了3%，年增长率为0.7%，世界贸易值反而减少了32%，而且这一时期，国际贸易的增长更为明显地落后于世界工业生产的增长，许多国家对对外贸易的依赖性减小了。

六、二战后的国际贸易

第二次世界大战之后，在世界范围内发生了第三次科技革命。这次科技革命以原子能、电子计算机和空间技术的发明与利用为主要标志。科技革命使生产工具和生产手段发生了重大变革，特别是电子计算机的生产和广泛使用，创造了机器控制机器的生产自动化装置。自动化机器大生产体系的发展，在很大程度上代替了人的体力劳动，并部分代替了人的脑力劳动，从而形成了崭新的生产格局。现代科学技术创造了自然界不能提供的新型材料，使劳动对象发生了重要质变。同时，科技革命推动了运输、通信的发展。科技革命的发展，使国际贸易的发展进入了一个新的阶段。国际贸易无论是贸易规模，还是增长速度，都大大超过了战前的水平。

总体来看，第二次世界大战以来的国际贸易具有以下特征：

（一）国际贸易规模不断扩大

第二次世界大战后，世界市场规模日益扩大，国际贸易额不断增加。世界货物出口额从1950年的607亿美元增加到2021年的28.5万亿美元①，增长了近470倍。在货物贸易市场容量扩大的同时，国际服务贸易市场迅速发展。世界服务贸易额从1970年的710亿美元增长到2020年的9.67万亿美元②，增长了136倍之多。

二战后，世界市场规模不断扩大的主要原因是战后第三次科技革命的发展，尤其是信息技术的创新。伴随经济全球化的扩展，国际分工进一步深化，资本国际化进程的加快，使各国（地区）的市场不断融入世界

① 联合国贸易和发展会议（UNCTAD）. 全球贸易更新报告［R］. 2022.

② 资料来源：中国服务贸易研究院网站。

市场。

但是，世界市场的发展并不是一帆风顺的，而是在动荡中发展与扩大的。如 1973 ~ 1975 年，爆发了比较严重的经济危机；1982 ~ 1984 年，爆发了最严重的经济危机。在两次经济危机期间，国际贸易额的增长速度下降，甚至出现了负增长。1997 年亚洲金融危机的爆发，使世界货物出口量下降 2%。2008 年的全球金融危机导致 2009 年世界货物出口额同比下降 12%。2020 年，在世界经济增长和全球贸易因为新冠肺炎疫情遭受冲击的背景下，中国外贸进出口实现了快速回稳、持续向好，成为全球唯一实现货物贸易正增长的主要经济体。

（二）国际贸易结构不断优化

国际市场交换的内容包括货物与服务产品。目前，在科技革命的影响下，产品结构不断优化。第二次世界大战后，工业制成品不仅年均增长一直快于初级产品（农产品和能源及矿产品），且工业制成品在国际贸易中的比重不断增加。1955 年，工业制成品贸易额占世界贸易总额的比例只有 44.7%，到 2020 年为 71%①。

当代国际货物贸易结构的变化，不仅表现在制成品和初级产品贸易比重的变化上，而且两大类贸易的内部结构也发生了一系列变化。在工业制成品贸易中，劳动密集型的轻纺产品比重下降，而资本货物所占比重上升，高技术产品的增长加快，化工产品、机器和运输设备等的贸易比重增长也较快。进入 20 世纪 90 年代以后，信息技术使世界出口商品的构成发生了新变化。在工业制成品贸易中，“信息时代”产品如现代化办公及电信设备的出口在货物贸易中的比重日益提升，而纺织品和服装占比下降。在初级产品贸易中，石油贸易增长迅速。

自 20 世纪 80 年代以来，由于新兴服务产业的不断兴起，服务贸易的结构发生了变化，逐步由传统的自然资源或劳动密集型服务贸易转向知识、智力密集型或资本密集型的现代服务贸易。

（三）区域贸易集团化趋势不断加强

20 多年以来，尽管经济全球化已经成为世界经济发展的主流趋势，但实际上世界贸易组织（World Trade Organization，WTO）框架下的多边谈判并不尽如人意。2001 年开始的多哈回合贸易谈判不仅进展艰难，而且使很多国家对 WTO 框架下的多边合作体制失去信心。在此背景下，各

---

① W to W. World Trade Statistical Review [J]. Working Papers, 2021.

国积极推进区域经济合作，使全球区域经济一体化进入了一个新阶段，区域贸易集团化趋势明显加强。

区域贸易集团内消除贸易壁垒，是朝着贸易自由化迈出的一步。只要其优惠措施无损于非成员国，都将有利于全球贸易自由化的发展。但是在实践中，由于区域贸易集团对内实行各种优惠措施，往往会对非成员国构成一定的歧视，形成对外的排他性。特别是贸易转移效应，会给集团外原来处于优势地位的企业带来不利的影响。欧盟、北美自由贸易区等就是这样的区域经济一体化组织。

（四）跨国公司在世界市场中的地位日益突出

信息化加快了经济全球化的进程，企业的跨国经营变得更加容易和有效，跨国公司的发展出现新的飞跃。当前，跨国公司纷纷调整其发展战略，进行经济结构的升级和技术更新。可以预见，在未来的国际贸易中，跨国公司的垄断地位将进一步加强。跨国公司在实现全球经济扩张战略的同时，也将给发展中国家带来最大的益处——技术转让。跨国公司以高新技术与各国开展合作或合资，这无疑将促进国际技术贸易的发展。

随着各国产业结构调整和发展战略的变化，一方面，发达国家将加快自身过剩技术、设备和资本的向外转移，以求产业结构的进一步优化；另一方面，由于技术寿命周期的不断缩短，发展中国家单纯引进技术的后发优势将减弱，这就要求发展中国家在不断提高自身技术开发和创新能力的前提下，加快有效吸收国际技术贸易的步伐，积极参与科技领域的国际分工和高技术领域的国际合作，发展技术贸易。

（五）跨境电商成为外贸增长新动力

互联网在全球买卖双方之间架起了一座经济、高效的沟通“桥梁”。伴随着安全支付、订单追踪与客户服务等支持性技术的崛起，全球电子商务市场规模已呈指数级增长态势。相比传统的国际贸易，跨境电商跳过传统外贸冗长的流通环节，直面终端买家，简化了交易流程；通过互联网直面终端买家销售产品，获得更高的产品溢价，提高销售利润；跨境电商摆脱渠道依赖，小批发、多频次的碎片化采购降低了企业大规模生产的压力，分散了市场变化可能带来的风险。受新冠肺炎疫情在全球市场蔓延的影响，“宅经济”在全球范围内迅猛发展，这在很大程度上促进了跨境电商的快速成长。2020 年，全球跨境电商交易规模突破 10,000 亿美元，年平均增长速度高达 30%，远远高于货物贸易的增长速度。自 2014 年“跨境电子商务”一词首次出现在我国政府工作报告中，到 2022 年，跨境电商已连续9年被写入政府工作报告。跨境电子商务作为外贸新业态、新模式，已经成为我国数字经济时代贸易的全新风口，对稳外贸的重要性愈加凸显。

扫描二维码阅读《中国对外贸易形势报告》

第二节　国际贸易基本概念

一、国际贸易与对外贸易

国际贸易（international trade）是指不同国家、地区之间的商品或服务的交换活动，它是各个国家（地区）在国际分工的基础上相互联系的主要形式。国际贸易的规模在一定程度上反映了经济国际化、全球化的发展与趋势。

对外贸易是指一国（地区）同其他国家（地区）所进行的商品或服务的交换活动。因此，提到对外贸易时要指明特定的国家，如中国的对外贸易等。一些岛国如英国、日本等也称对外贸易为海外贸易。

可见，国际贸易与对外贸易是一般与个别的关系，两者既有联系，又有区别。如果从国际范围考察，国际贸易是一种世界性的商品与服务的交换活动，是各国（地区）对外贸易的总和。对外贸易则是从一个国家的角度出发，考察这个国家与其他国家间的贸易。一般而言，国际贸易多用于理论研究的场合，对外贸易则通常用于有关政策和实务研究的场合。

二、贸易额和贸易量

1. 贸易额

贸易额又称贸易值，是用货币表示的贸易金额，反映一定时期内的世界贸易规模。国际贸易额就是用货币表示一定时期内世界各国（地区）对外贸易的总和。国际贸易额一般用美元来表示，这是因为美元是当代国际贸易中的主要结算货币，也是国际储备货币。

就一个国家（地区）而言，出口额和进口额之和就是该国（地区）的对外贸易额或对外贸易值，是用货币表示的反映一国一定时期内对外贸易规模的指标。有的国家用本国货币表示，有的用外国货币表示。在计算时，出口额一般以 FOB 价格计算，进口额一般以 CIF 价格计算。表 1 - 1 说明了我国 2016 ~ 2021 年进出口额的变化。

表 1 - 1　　2016 ~ 2021 年我国对外贸易额增长情况

年份	进出口		出口		进口	
	金额（亿美元）	增速（%）	金额（亿美元）	增速（%）	金额（亿美元）	增速（%）
2016	36, 849. 3	-6. 8	20, 974. 4	-7. 7	15, 874. 8	-5. 5
2017	41, 044. 7	11. 4	22, 634. 9	7. 9	18, 409. 8	15. 9
2018	46, 230. 4	12. 6	24, 874. 0	9. 9	21, 356. 4	15. 8
2019	45, 753. 0	-1. 0	24, 984. 1	0. 5	20, 768. 9	-2. 8
2020	46, 462. 6	1. 5	25, 906. 5	3. 6	20, 556. 1	-1. 1
2021	60, 514. 9	30. 0	33, 639. 6	29. 9	26, 875. 3	30. 1

资料来源：中国商务部商务统计资料。

但是，当我们计算国际贸易额时，不能简单地将各个国家的对外贸易额相加。这是因为一国的出口就是另一国的进口，如果把各国进出口额相加作为国际贸易总值就是重复计算。因此，一般是把各国出口额相加，作为国际贸易额。由于各国一般都是按离岸价格（FOB，即启运港船上交货价，只计成本，不包括运费和保险费）计算出口额，按到岸价格（CIF，即成本、保险费加运费）计算进口额，因此世界出口总额略小于世界进口总额。

2. 贸易量

由于以货币表示的贸易额经常受到商品价格变动的影响，因此，国际贸易额往往不能准确地反映国际贸易的实际规模及其变化趋势。如果能以国际贸易的商品数量来表示，则可避免上述矛盾。但是，参加国际贸易的商品种类繁多，计量标准各异，因而无法将它们直接相加。所以，只能选定某一时点的不变价格为标准，来计算各个时期的国际贸易量，以反映国际贸易实际规模的变动。具体来说，就是以固定年份为基期而确定的进出口价格指数去除报告期的进出口额，得出按不变价格计算的贸易额。这样就可以剔除价格因素的影响。

贸易量计算公式如下：

$$贸易量 = 进出口额 \div 进出口价格指数$$

其中，进出口价格指数 = 报告期价格 ÷ 基期价格 ×100。

假定某国 2010 年出口额为 15,000 亿美元，2019 年该国出口额为 31,000 亿美元，设 2010 年出口价格指数为 100，2019 年为 160，试比较 2019 年该国出口贸易额和出口贸易量与 2010 年该国出口值的增长变化情况。

2019 年出口额 ÷ 2010 年出口额 = 31,000 ÷ 15,000 = 2.06（倍），增加了 106%。

2019 年出口贸易量 = 31,000 ÷ 出口价格指数 = 31,000 ÷ (160/100) = 19,375（亿美元）

2019 年出口贸易量 ÷ 2010 年出口贸易额 = 19,375 ÷ 15,000 = 1.29

由此可见，按贸易额（值）计算，2019 年该国出口额是 2010 年该国出口额的 2.06 倍，增加了 106%；按贸易量计算，剔除价格上涨的因素，2019 年该国出口贸易量是 2010 年该国出口贸易量的 1.29 倍，即增加了 29%。由于计算贸易量可以得出较为准确的反映贸易实际规模变动的情况，因此许多国家和国际组织都采用这种方法计算贸易量。

三、贸易差额

贸易差额是指一个国家在一定时期内（通常为 1 年）出口总额与进口总额之间的差额。

贸易顺差，我国也称它为出超，表示一定时期的出口额大于进口额。

贸易逆差，我国也称它为入超、赤字，表示一定时期的出口额小于进口额。

贸易平衡：就是一定时期的出口额等于进口额。

贸易差额是衡量一国对外贸易状况的重要指标。一般而言，贸易顺差表明一国在对外贸易收支上处于有利地位，而贸易逆差则表明一国在对外贸易收支上处于不利地位。单纯从国际收支角度来看，当然是顺差比逆差好。但是长期保持顺差也不一定是好事。首先，长期顺差意味着大量的资源通过出口而输往了外国，得到的只是资金积压；其次，巨额顺差往往会使本币升值，从而不利于扩大出口，还可能造成与其他国家的贸易关系紧张。

四、国际贸易商品结构

贸易的商品结构就是各类商品在贸易总值中所占的比重。

国际贸易商品结构是指一定时期内各大类商品或某种商品在整个国际

贸易中的构成，表示各类商品在国际贸易中所处的地位。贸易商品类别首先可以分成初级产品和工业制成品两大类。

对外贸易商品结构是指一定时期内一国进出口贸易中各种商品的构成，即某大类或某种商品进出口贸易与整个进出口贸易额之比，以份额表示。对外贸易商品结构可以反映出整个世界的经济发展水平、产业结构状况和科技发展水平。如发达国家出口机器设备等制成品占较大比重，而发展中国家则以初级产品和劳动密集型制成品为主。表1－2显示了2021年12月中国进出口商品结构。

表1－2　　2021年12月中国进出口商品结构

名称	出口		进口	
	金额（亿美元）	同比（%）	金额（亿美元）	同比（%）
总值	33,639.6	29.9	26,875.3	30.1
一、初级产品	1,400.3	21.1	9,770.6	42.2
0类　食品及活动物	698.4	9.9	1,228.0	25
1类　饮料及烟类	27.5	8.8	76.3	22.9
2类　非食用原料（燃料除外）	223.1	40.2	4,282.5	41.9
3类　矿物燃料、润滑油及有关原料	427.9	32.7	4,038.1	49.5
4类　动植物油、脂及蜡	23.3	66	145.8	36.8
二、工业制品	32,239.3	30.3	17,104.7	24
5类　化学成品及有关产品	2,642.8	56.3	2,640.5	23.7
6类　按原料分类的制成品	5,409.5	24.6	2,100.2	24.5
7类　机械及运输设备	16,183.3	28.7	10,058.9	21.4
8类　杂项制品	7,599.3	30	1,700.9	16.5
9类　未分类的商品	404.3	41.6	604.1	170.6

资料来源：笔者根据中国海关总署官网数据整理而得。

五、国际贸易的地理方向

国际贸易地理方向又称国际贸易地区分布，用来表明世界各个地区或各个国家在国际贸易中所占的地位，通常用它们的出口额或进口额占世界出口贸易额或世界进口贸易额的比重来表示（见表1－3）。

表 1－3　　2020 年世界货物贸易进出口额前十名

出口排名	国别	出口额（亿美元）	占比（%）	增速（%）	进口排名	国别	进口额（亿美元）	占比（%）	增速（%）
1	中国	25, 910	14. 7	4	1	美国	24, 080	13. 5	－6
2	美国	14, 320	8. 1	－13	2	中国	20, 560	11. 5	－1
3	德国	13, 800	7. 8	－7	3	德国	11, 710	6. 6	－5
4	荷兰	6, 740	3. 8	－5	4	英国	6, 350	3. 6	－9
5	日本	6, 410	3. 6	－9	5	日本	6, 350	3. 6	－12
6	韩国	5, 120	2. 9	－5	6	荷兰	5, 970	3. 4	－6
7	意大利	4, 960	2. 8	－8	7	法国	5, 820	3. 3	－11
8	法国	4, 880	2. 8	－14	8	韩国	4, 680	2. 6	－7
9	比利时	4, 190	2. 4	－6	9	意大利	4, 230	2. 4	－11
10	墨西哥	4, 180	2. 4	－9	10	加拿大	4, 140	2. 3	－11

资料来源：W to W. World Trade Statistical Review［J］. Working Papers，2021.

就一个国家而言，对外贸易地理方向是指该国进口商品原产国和出口商品消费国的分布情况，它表明该国同世界各地区、各国家之间经济贸易联系的程度（见表 1－4）。

表 1－4　　2021 年中国进出口贸易伙伴情况

主要出口贸易伙伴情况				主要进口贸易伙伴情况			
位次	国家或地区	出口金额（亿美元）	增速（%）	位次	国家或地区	进口金额（亿美元）	增速（%）
	总值	33, 639. 6	29. 9		总值	26, 875. 3	30. 1
1	美国	5, 761. 1	27. 5	1	东南亚国家联盟	3, 945. 1	30. 8
2	欧洲联盟	5, 182. 5	32. 6	2	欧洲联盟	3, 098. 7	19. 9
3	东南亚国家联盟	4, 836. 9	26. 1	3	中国台湾	2, 499. 8	24. 7
4	中国香港	3, 506. 2	28. 6	4	拉丁美洲	2, 225. 8	31. 4
5	拉丁美洲	2, 290. 1	52	5	韩国	2, 134. 9	23. 3
6	日本	1, 658. 5	16. 3	6	日本	2, 055. 5	17. 7
7	韩国	1, 488. 6	32. 4	7	美国	1, 795. 3	32. 7
8	非洲	1, 483. 7	29. 9	8	澳大利亚	1, 648. 2	40
9	印度	975. 2	46. 2	9	非洲	1, 059. 2	43. 7
10	英国	870. 4	19. 9	10	俄罗斯联邦	793. 2	37. 5

资料来源：笔者根据中国海关总署官网数据整理而得。

六、国际贸易条件

贸易条件是指一个国家或地区以出口交换进口的条件，即出口与进口的交换比例，又称进口比价或交换比价。它表示出口一单位商品能够换回多少单位进口商品。很显然，换回的进口商品越多越有利。贸易条件反映了一国宏观上对外贸易的经济效益。

在实际操作中，贸易条件常用贸易条件指数来衡量。贸易条件指数是出口价格指数和进口价格指数的比值，出口价格指数和进口价格指数是相对于基期（指数100）而言的报告期价格指数。

贸易条件指数计算公式如下：

贸易条件指数＝出口价格指数÷进口价格指数×100

贸易条件指数大于100，说明报告期的贸易条件较基期改善，贸易利益随之增大；若贸易条件指数小于100，说明报告期的贸易条件较基期恶化，贸易利益随之缩小；若结果等于100，则说明贸易条件不变。贸易条件不仅成为衡量一国贸易利益大小的指标，也是反映国际贸易中不等价交换的重要指标。

七、对外贸易依存度

对外贸易依存度是衡量一个国家（地区）国民经济外向程度大小的一个基本指标，又称外贸系数、外贸贡献度和经济开放度。它是指对外贸易额在该国国民生产总值或国内生产总值中所占的比重。它主要用于反映一国对外贸易在国民经济中的地位，同其他国家经贸联系的密切程度及该国参与国际分工、世界市场的广度和深度。就横向比较而言，一国外贸依存度越高，则对外贸易在国民经济中的作用越大，与外部的经贸联系越多，经济开放度也越高；就纵向比较而言，如一国外贸依存度提高，则不仅表明外贸增长率高于国内生产总值的增长率，还意味着其对外贸易对经济增长的作用加大，经济开放度提高（见表1－5）。

表1－5　2013～2021年中国国内生产总值（GDP）、进出口与外贸依存度

年份	GDP（亿元）	进出口总额（亿美元）	出口额（亿美元）	进口额（亿美元）	外贸依存度（%）
2013	592, 963	41, 603. 3	22, 100. 4	19, 502. 9	43. 5

续表

年份	GDP（亿元）	进出口总额（亿美元）	出口额（亿美元）	进口额（亿美元）	外贸依存度（%）
2014	643, 563	43, 030. 4	23, 427. 5	19, 602. 9	41. 2
2015	688, 858	39, 586. 4	22, 765. 7	16, 820. 7	35. 9
2016	746, 395	36, 849. 3	20, 974. 4	15, 874. 8	33. 1
2017	832, 036	41, 044. 7	22, 634. 9	18, 409. 8	33. 8
2018	919, 281	46, 230. 4	24, 874. 0	21, 356. 4	34. 0
2019	986, 515	45, 753. 0	24, 984. 1	20, 768. 9	31. 9
2020	1013, 567	46, 462. 6	25, 906. 5	20, 556. 1	31. 5
2021	1143, 670	60, 514. 9	33, 639. 6	26, 875. 3	34. 1

资料来源：笔者根据中华人民共和国商务部商务数据中心相关数据整理而得。

外贸依存度还可分为出口依存度和进口依存度。进口依存度反映一国市场对外开放程度，出口依存度则反映一国经济对外贸的依赖程度。一般来说，对外贸易依存度越高，表明该国经济发展对外贸的依赖程度越大，同时也表明对外贸易在该国国民经济中的地位越重要。

第三节　国际贸易的分类

国际贸易按照不同的划分标准可以分为不同的种类。

一、按商品或劳务的移动方向划分

（1）进口贸易：将外国的商品或服务输入本国市场销售的贸易活动。

（2）出口贸易：将本国的商品或服务输出到外国市场销售的贸易活动。就一笔交易而言，对卖方是出口贸易，对买方则是进口贸易。

（3）过境贸易：甲国的商品经过丙国境内运至乙国市场销售，对丙国而言就是过境贸易。

其中，过境贸易货物不经过境国海关仓库保存的，称为直接过境贸易；由于种种原因，把货物先存放在过境国的海关仓库再转运出境的，称为间接过境贸易。

外国商品进口以后未经加工制造又出口的，称为复出口，也称再出口。复出口在很大程度上同经营转口贸易有关。相应地，本国商品输往国外未经加工又输入国内，称为复进口，也称再进口。复进口多由偶然原因（如出口退货）造成。

二、按货物进出口统计标准的不同划分

（1）总贸易：总贸易是专门贸易的对称，是指以国境为标准统计的进出口贸易。凡进入国境的商品一律列为总进口；凡离开国境的商品一律列为总出口。总进口额加总出口额就是一国的总贸易额，间接过境贸易列入总贸易。美国、日本、英国、加拿大、澳大利亚、中国、东欧等国采用这种划分标准。

（2）专门贸易：专门贸易是总贸易的对称，是指以关境为标准统计的进出口贸易。只有从外国进入关境的商品及从保税仓库存提出进入关境的商品才列为专门进口。从国内运出关境的本国产品及进口后未经加工又运出关境的商品列为专门出口。过境贸易不列入专门贸易。专门进口额加专门出口额称为专门贸易额。德国、意大利等国采用这种划分标准。

总贸易与专门贸易的数额是不同的。首先，因为经济特区、关税同盟的广泛存在，使国境和关境往往不一致。其次，对于某些特殊形式的贸易，两者的处理方式不同，例如，过境贸易会计入总贸易额而不会计入专门贸易额。因此，联合国在公布各国对外贸易统计数字时，一般都注明该国是总贸易体制还是专门贸易体制。我国采用的是总贸易体制。

总贸易和专门贸易反映的问题各不相同。前者包括所有进出该国的商品，反映一国在国际商品流通中所处的地位；后者只包括那些进口是用于该国生产和消费，出口是由该国生产和制造的商品，反映一国作为生产者和消费者在国际贸易中所起的作用。

三、按有无第三方参加划分

（1）直接贸易：指商品生产国与商品消费国不通过第三国进行买卖商品的行为。贸易的出口国方面称为直接出口，进口国方面称为直接进口。

（2）间接贸易：指商品生产国与商品消费国通过第三国进行买卖商品的行为，间接贸易中的生产国称为间接出口国，消费国称为间接进口国。

（3）转口贸易：指一国或地区进口某种商品不是以消费为目的，而是将它作为商品再向别国出口的贸易活动。在间接贸易中，第三国就是转

口贸易国，第三国所从事的贸易活动就是转口贸易。

从事转口贸易的大多是运输便利的国家（地区）的港口城市，如伦敦、鹿特丹、新加坡、中国香港，由于它们的地理位置优越，便于货物集散，因而转口贸易相当发达。

转口贸易和过境贸易的主要区别在于：第一，转口贸易必须由转口国或地区的商人来完成交易手续，而过境贸易中的第三国不直接参与商品交易的过程；第二，转口贸易以营利为目的，要有一个正常的商业加价，而过境贸易通常只收取少量的手续费或印花税。

四、按商品的形态划分

（一）有形贸易

有形贸易是无形贸易的对称，指商品的进出口贸易。由于商品是可以看得见的有形实物，故商品的进出口被称为有形进出口，即有形贸易。国际贸易中的有形商品种类繁多，为便于统计，联合国秘书处于1950年起草了《联合国国际贸易标准分类》，并分别在1960年、1974年、1985年和2006年进行了修订。该分类法把国际贸易商品共分为10大类、63章、223组、786个分组和1,924个基本项目。这10类商品分别为：食品和活畜（0）；饮料和烟类（1）；粗材料，不能食用，但燃料除外（2）；矿物燃料、润滑剂和相关材料（3）；动物和植物油、油脂和蜡（4）；化学品及有关产品，不另说明（5）；主要以材料分类的制成品（6）；机械和运输设备（7）；杂项制品（8）；分类商品，而不是其他地方的贸易标准分类交易（9）。在国际贸易中，一般把第（0）~第（4）类商品称为初级产品，把第（5）~第（8）类商品称为制成品，第（9）类为其他。这个标准被世界绝大多数国家采用。

（二）无形贸易

无形贸易是有形贸易的对称，指因劳务或其他非实物商品的进出口而发生的收入与支出。主要包括：（1）与商品进出口有关的一切从属费用的收支，如运输费、保险费、商品加工费、装卸费等。（2）与商品进出口无关的其他收支，如国际旅游费用、外交人员费用、侨民汇款、使用专利特许权的费用、国外投资汇回的股息和红利、公司或个人在国外服务的收支等。以上各项中的收入，称为无形出口；以上各项中的支出，称为无形进口。

有形贸易因要结关，故其金额显示在一国的海关统计上；无形贸易不经过海关办理手续，因此其金额不反映在海关统计上，但显示在一国国际收支表上。

五、按清偿工具不同划分

（1）现汇贸易又称自由结汇贸易，是指买卖双方以现汇（通常是国际上通用的可兑换货币，如美元、欧元、日元等）来进行结算或收付的贸易。由于现汇贸易具有应用上的灵活性和广泛性，可以自由地兑换成其他货币，所以，该方式是当前国际贸易中运用最普遍的一种。其特点是银行逐步支付款项以结清债权债务；结算方式以信用证为主，辅以托收、汇付和银行保函等方式。

（2）易货贸易又称以货换货，即货物经过计价后进行交换，以补充现汇不足的贸易方式。此种方式比较适合于那些由于外汇不足，或外汇汇率波动剧烈，或其他原因无法以自由结汇方式进行相互交易的国家及相关贸易商之间。如伊拉克的“石油换食品”计划。

除了上述的分类之外，国际贸易还可以按照参与贸易活动国家或地区的多少分成双边贸易和多边贸易；按贸易双方经济发展水平分成水平贸易和垂直贸易；按贸易政策分成自由贸易、保护贸易、管理贸易等。

小　结

国际贸易是指世界各国（地区）之间的商品和服务的交换活动，它是各个国家（地区）在国际分工的基础上相互联系的主要形式。而对外贸易则是指一个特定国家（地区）同其他国家（地区）之间所进行的商品和服务的交换活动。两者既有联系又有区别。

国际贸易属于历史范畴，它是随着社会生产和社会分工的发展而产生和发展起来的。伴随着财产私有制的形成及原始社会末期阶级和国家的出现，商品经济得到进一步发展，并最终超过国家的界限，形成了最早的对外贸易。经过奴隶社会和封建社会特别是资本主义社会，伴随生产力的巨大发展和商品经济的不断成熟，国际贸易获得了长足的发展。

要研究和分析国际贸易活动，必须掌握一些重要概念，如贸易值与贸易量、贸易差额、贸易顺差和逆差、贸易商品结构和地区分布、贸易条件与对外贸易依存度等。

国际贸易按照不同的标准可以分为不同的种类。如按商品流向可分为出口贸易、进口贸易和国境贸易，按商品形态可分成有形贸易和无形贸易，按国境和关境可分为总贸易和专门贸易，按贸易关系可分成直接贸易、间接贸易和转口贸易，按清偿方式不同可分为现汇贸易和易货贸易。

思政园地

“丝绸之路”：东西方文明交往的通道

丝绸之路简称丝路，一般指陆上丝绸之路，广义上讲又分为陆上丝绸之路和海上丝绸之路。

陆上丝绸之路起源于西汉（公元前202年—公元8年）汉武帝派张骞出使西域开辟的。起点是中国的长安，长安是汉朝和唐朝的国都。当时各地丝绸和其他商品集中到长安以后，再由各国商人把一捆捆的生丝和一匹匹的绸缎用油漆麻布和皮革装裹，然后组成浩浩荡荡的商队，爬上陕甘高原，越过乌鞘岭，经过甘肃的武威，穿过河西走廊，到达当时的中西交通要道敦煌。经甘肃、新疆，到达中亚、西亚，并连接地中海各国的陆上通道。东汉时期丝绸之路的起点在洛阳。它的最初作用是运输中国古代出产的丝绸，在明朝时期成为综合贸易之路。1877年，德国地质地理学家李希霍芬在其著作《中国》一书中，首次把汉代中国和中亚南部、西部，以及印度之间的、以丝绸贸易为主的交通路线称为“丝绸之路”。其后，德国历史学家A. 赫尔曼在1901年出版的《中国和叙利亚之间的古代丝绸之路》一书中，根据新发现的文物考古资料，进一步把丝绸之路延伸到地中海、西亚和小亚细亚，确定了“丝绸之路”的基本内涵，即它是中国古代经由中亚通往南亚、西亚，以及欧洲、北非的陆上贸易交往的通道。因为大量的中国丝绸和丝织品经由此路西传，故称为“丝绸之路”。

“海上丝绸之路”是古代中国与外国交通贸易和文化交往的海上通道。从汉代开始，中国人就开通了从广东到印度区的航道。宋代以后，随着中国南方的进一步开发和经济重心的南移，从广州、泉州、杭州等地出发的海上航路日益发达，越走越远，从南洋到阿拉伯海，甚至远达非洲东海岸，人们把自己海上贸易往来的各条航线通称为“海上丝绸之路”。

2013年9月，中国国家主席习近平提出建设“新丝绸之路经济带”

的合作倡议。2015 年 3 月 28 日，国家发展改革委、外交部、商务部联合发布了《推动共建丝绸之路经济带和 21 世纪海上丝绸之路的愿景与行动》。

（资料来源：张海波，李汉君，陈忠．国际贸易理论与政策［M］．北京：清华大学出版社，2017.）

思考：“丝绸之路”在中国对外贸易发展史上有何重要意义？

习　题

一、单选题

1. 如果要从某一个国家或地区的角度来看该国各种商品的交换活动，则称为（　　）。

A. 国际贸易　　B. 总贸易　　C. 对外贸易　　D. 出口贸易

2. 专门贸易体系是指以（　　）作为统计界限。

A. 关境　　B. 国境　　C. 货物进出口　　D. 服务进出口

3. 我国纺织品出口经香港商人之手转卖到非洲，这种国际贸易形式称为（　　）。

A. 直接贸易　　B. 间接贸易　　C. 转口贸易　　D. 服务贸易

4. 一定时期内，若一国一定量的商品出口所能换得的进口商品数量增加，则该国的贸易条件（　　）。

A. 恶化　　B. 不利　　C. 改善　　D. 不变

5. 计算世界各国（地区）的进口总额会（　　）出口总额，是因为大多数国家统计出口额时是以（　　）价格来计算的，统计进口额时是用（　　）价格来计算的。

A. 高于；FOB；CIF　　B. 低于；FOB；CIF

C. 高于；CIF；FOB　　D. 低于；CIF；FOB

二、判断题

1. 国际贸易额是指同一种货币单位换算后，把各国和地区的出口额相加得出的数额。（　　）

2. 当出口额减去进口额得出负值时，可称为贸易赤字、贸易逆差或出超。（　　）

3. 对一国的外贸和经济发展来说，长期的贸易顺差并不一定绝对有利。（　　）

4. 国际贸易和对外贸易这两个概念都是指跨越国界的商品和劳务的交换活动，只是涵盖的范围不同。（　　）

5. 有形贸易和无形贸易的金额都反映在该国的海关统计上。（　　）

三、简答题

1. 总贸易和专门贸易的区别是什么？

2. 简述贸易额与贸易量之间的联系与区别。

3. 一国对外贸易商品结构与其经济发展水平有什么联系？

4. 与国内贸易相比，国际贸易有哪些特点？

5. 转口贸易和过境贸易有什么区别？

四、计算题

某国 2019 年出口额为 23,000 亿美元，出口价格指数是 170，以 2010 年为基期，2010 年的出口价格指数为 100。请计算以 2010 年为基期的该国 2019 年出口贸易量。

上篇

国际贸易理论与政策

第二章　国际贸易理论

［学习目标］

知识目标：能正确描述国际贸易基本理论的基本历史演变与发展情况，表述绝对成本理论、比较成本理论、要素禀赋理论、里昂惕夫之谜和李斯特的幼稚产业保护理论、国家竞争优势理论的主要内容。

能力目标：能阐释绝对成本理论、比较成本理论、要素禀赋理论、里昂惕夫之谜和李斯特的幼稚产业保护理论、国家竞争优势理论在现实中的适用性。

素养目标：建立科学的开放观，激发大学生强国的责任感和使命感。

本章重点：

1. 绝对成本理论
2. 比较成本理论
3. 要素禀赋理论
4. 里昂惕夫之谜
5. 幼稚产业保护理论
6. 国家竞争优势理论

本章难点：

1. 绝对成本理论与比较成本理论
2. 要素禀赋理论
3. 幼稚产业保护理论
4. 国家竞争优势理论

开篇案例

神奇的发明

在美国，曾经有人发明了更简单的分析核磁共振数据的新方法，使医疗成本大大降低。很快，美国各地的核磁共振数据如雪片般地飞来，用这奇妙的设备进行分析，都获得了正确的结果，人们将这位发明家视为英雄。

直到有一天，一位记者跟踪调查了这位发明家，发现了其中的奥秘：所谓的发明只不过是一台价值600元能够上网的电脑。这位发明家把这些核磁共振数据通过邮件转发到亚洲，让那里收费很低的放射科专家进行分析，然后这位发明家再将这些分析结果告诉客户。整个美国都震怒了，这个人根本不是发明家，只不过是一个外包者而已，很多人站出来抨击这位“发明家”。

当今天的人们渐渐淡忘了这位“发明家”时，他的工作方式却早已为人们所接受。现在，美国很多种小规模医院的放射科医生将CAT扫描的读片工作外包给了印度和澳大利亚的医生，并且印度、澳大利亚的白天正好是美国的夜晚，这样，美国医生们白天就能够收到来自海外的分析结果。美国医生将他们的这些印度同行叫作夜鹰（Nighthawks）。印度的医生就如同夜鹰一样，替美国医生完成了分析工作，原因是在印度这样的工作所需要的成本更低，而美国医生能够喝着香槟为病人看病。

这个故事告诉我们一个非常有用的经济学道理：比较优势。亚当·斯密最早曾经模糊地表达过这个概念，后来这一思想被大卫·李嘉图发展成了著名的比较优势学说，并成为今天国际贸易的理论基石。

（资料来源：常青．应该读点经济学：以经济学的观点看生活［M］．北京：中信出版社，2009.）

一般来说，国际贸易理论通常需要回答这样一些问题：一是为什么存在国际贸易？或者说国际贸易产生的原因是什么？二是国际贸易究竟会产生什么样的利益？是只对一方有利还是贸易双方都可以从中获利？三是各国进出口商品是按照怎样的相对价格进行交换的？也就是各国的贸易条件是怎样决定的？

早在16世纪，西欧重商主义者就开始对国际分工、国际贸易问题进行探讨。随着社会生产力的发展，国际分工的理论探讨在18～19世纪取得了巨大发展，英国古典经济学的重要代表人物亚当·斯密、大卫·李嘉图为国际贸易提供了重要的理论基础。几乎与此同时，美国的汉密尔顿和德国的李斯特提出了贸易保护主义的基本思想，从而丰富了国际贸易理论，并与自由贸易理论共同构成完整的国际贸易理论体系。进入20世纪以后，又出现了以瑞典经济学家赫克歇尔和俄林为代表的新古典国际贸易理论。20 世纪中期出现的第三次科技革命有力地推动了二战后世界经济的发展，同时也对国际贸易格局产生了巨大影响。它使国际贸易量、贸易的商品结构和地理方向发生了根本性的变化。对此，传统的国际贸易理论无法作出令人信服的解释，于是出现了新的国际贸易分工理论。

第一节 古典自由贸易理论

古典政治经济学在经济学说史上占有重要地位。其主要贡献是奠定了劳动价值论的基础；在不同程度上对剩余价值进行了论述；同时也对分工和国际贸易理论做了重要论述。100 多年来，古典学派的国际贸易理论被奉为资产阶级国际贸易理论的基石和典范。

一、绝对成本理论

绝对成本理论是由英国古典政治经济学家亚当·斯密（Adam Smith，1723～1790）提出的。亚当·斯密是资产阶级经济学家，古典学派的主要奠基人之一，也是国际分工和国际贸易理论的创始者。英国的产业革命时期，工场手工业向大机器工业过渡。大机器生产使生产力大大提高，客观上要求贸易迅速发展。而当时英国政府在重商主义思想的影响下，依然实行严格的对外贸易管制，鼓励出口，限制进口。因此，亚当·斯密在 1776 年出版的《国民财富的性质和原因的研究》（简称《国富论》）一书中，提出了国际分工和国际贸易理论，并以此作为他反对重商主义的“贸易差额论”和保护贸易政策的重要武器，对国际分工和国际贸易理论作出了重要贡献。

亚当·斯密首先分析了分工的利益。他认为分工可以提高劳动生产率。原因是：第一，分工可以提高劳动的熟练程度；第二，分工使每个人专门从事某项作业，可以节省与生产没有直接关系的时间；第三，分工有利于发明创造和改进生产工具。他还以制造业中手工工场的例子来说明分工可以提高劳动生产率。亚当·斯密认为根据当时的情况，在没有分工的情况下，1 个粗工每天连一根针也制造不出来。而在分工的情况下，10 个人每天可以制造 48,000 根针，每个工人的劳动生产率提高了几千倍。因此，他认为在生产要素不变的条件下，依靠分工可以使劳动生产率提高。

在亚当·斯密看来，适用于一国内部的不同职业之间、不同工种之间的分工原则，也适用于各国之间。他主张如果外国产品比自己国内生产的便宜，那么最好是输出本国在有利生产条件下生产的产品去交换外国的产品，而不要自己生产。他举例说，在苏格兰，人们可以利用温室生产出很好的葡萄，并酿造出同国外葡萄酒质量一样的葡萄酒，但要付出30倍的代价。如果真这么做，那明显是愚蠢的行为。亚当·斯密认为，每一个国家都可利用适宜其生产的某些特定产品的绝对有利条件去进行专业化生产，然后彼此进行交换，这样对所有交换国家都是有利的。因此亚当·斯密这个理论也被称为绝对利益理论（theory of absolute advantage）。

为了解释这个理论，亚当·斯密还进行了举例说明。

假定英国、葡萄牙两国都生产葡萄酒和毛呢两种产品，生产情况如表2-1（a）所示。

表2-1（a）　　绝对成本学说举例（分工前）

国家	酒产量（单位）	所需劳动人数（人/年）	毛呢产量（单位）	所需劳动人数（人/年）
英国	1	120	1	70
葡萄牙	1	80	1	110

亚当·斯密认为，英国毛呢的劳动生产率高于葡萄牙，而葡萄牙酒的劳动生产率更高。所以，两国应该分别生产毛呢和酒，并进行国际交换。这对两国都有利，如表2-1（b）所示。

表2-1（b）　　绝对成本学说举例（分工后）

国家	酒产量（单位）	所需劳动人数（人/年）	毛呢产量（单位）	所需劳动人数（人/年）
英国	—	—	2.7	190
葡萄牙	2.375	190	—	—

假定分工后，英国以1单位毛呢交换葡萄牙1单位酒，则两国拥有的产品状况如表2-1（c）所示。

表 2-1 (c)　　绝对成本学说举例（交换结果）

国家	酒产量（单位）	毛呢产量（单位）
英国	1	1.7
葡萄牙	1.375	1

从表 2-1 (a)～(c) 可以看出，英国和葡萄牙两国在分工的情况下，产量比分工前都有所提高，通过国际贸易，两国人民可以消费的产品都增加了。

绝对成本理论以生产的绝对成本的差别为出发点，认为各国应按照各自在绝对成本方面上的优势进行分工，生产并出口绝对成本低的商品，进口绝对成本高的商品，即“以己之所长，换己之所需”。按绝对成本差异进行国际分工和国际贸易，各国都能发挥生产中的绝对优势而获得贸易利益。因此，生产成本绝对差异的存在，是国际贸易分工产生的基础和原因。

亚当·斯密绝对成本理论的重大意义：第一，揭露了国际贸易的根本原因在于各国有利的自然禀赋与后天有利的生产条件；第二，指出一个国家只要根据有利生产条件参加国际分工与国际贸易，就可以获得比自己生产更多的利益；第三，提出自由贸易政策，既然各国都有自己的有利生产条件，而国际贸易会增加各国的国民财富，那么政府限制国际贸易政策就是错误的。该理论阐述了进行国际分工、开展国际贸易对所有参加国都有利的观点，不仅为扩大世界贸易奠定了理论基础，同时也反映了当时社会经济中业已成熟的要求，成为英国工业资产阶级反对封建残余、发展资本主义的有力工具，在历史上起进步作用。

但是，这一理论完全撇开国际生产关系，而只用自然条件来分析资本主义国际分工、国际贸易的形成，这是不科学的。同时，该理论仅仅论述了绝对优势条件下的国际贸易，如果在现实生活中，有些国家没有处于绝对有利地位的产品，那它是不是就不能参与国际分工和进行国际贸易呢？或者说它还能不能从国际贸易中获得利益呢？对于这一重要问题，亚当·斯密的理论没有涉及，直到大卫·李嘉图才对这些问题给予了研究和解答。

二、比较成本理论

绝对成本理论留下的问题，由英国古典政治经济学家大卫·李嘉图

（David Richado，1772～1823）做出了回答。大卫·李嘉图是英国工业革命深入发展时期的经济学家，是当时英国工业资产阶级的思想家。他在1817年出版的《政治经济学及赋税原理》一书中，提出了比较成本理论。

大卫·李嘉图的比较成本理论是在亚当·斯密的绝对成本理论的基础上发展起来的。根据亚当·斯密的观点，国际分工应按绝对成本差异进行，即一个国家输入的商品一定是生产上具有绝对优势、生产成本绝对低于他国的商品。李嘉图进一步发展了这一观点，他认为，参与国际分工和国际贸易的双方不一定都要有某一商品的生产成本绝对低，只要各自生产相对成本较低的商品进行交换，双方都可以获利，即“两优取其最优，两劣取其次”。李嘉图沿用了英国和葡萄牙的例子，但对条件做了一些变化（见表2－2）。

表2－2　　比较成本学说举例说明

		葡萄酒		毛呢	
		产量（单位）	所需劳动人数（人/年）	产量（单位）	所需劳动人数（人/年）
分工前	英国	1	120	1	100
	葡萄牙	1	80	1	90
	合计	2	200	2	190
分工后	英国	—	—	2.2	220
	葡萄牙	2.215	170	—	—
	合计	2.215	170	2.2	220
国际交换	英国	1	—	1.2	—
	葡萄牙	1.215	—	1	—

从表2－2中可以看出，葡萄牙生产酒和毛呢，所需劳动人数均少于英国，从而英国在两种产品的生产上都处于不利地位。根据亚当·斯密的绝对成本理论，两国之间不能进行分工。而李嘉图则认为，葡萄牙酒生产所需劳动人数比英国少40人，毛呢生产只少10人，即分别少1/3和1/10；显然，葡萄牙在酒的生产优势上比毛呢生产更大一些；英国在两种产品生产上都处于劣势，但在毛呢生产上劣势较小一些。根据李嘉图的比较成本理论，应按“两利取重，两害取轻”的原则进行生产分工，即英国专业化生产毛呢，葡萄牙专业化生产酒。从表2－2可以看出，分工后虽然两国投入的劳动量都没有增加，但是酒的产量却从2单位增加到

2.215 单位，毛呢从 2 单位增加到 2.2 单位。如果英国以 1 单位毛呢交换葡萄牙 1 单位酒，那么两国都从这种国际分工和国际贸易中得利了。

综上所述，李嘉图的比较成本理论基本含义是：各国应该根据自己相对有利的生产条件进行专业化生产，然后进行国际交换，就能保证双方都得到贸易利益。也就是说，按比较成本差异进行国际分工和国际贸易，各国都能发挥生产中的比较优势而获得贸易利益。因此，生产成本相对差异的存在是国际贸易分工产生的基础和原因。

李嘉图比较成本理论的问世，标志着国际贸易学说总体系的建立。美国当代著名经济学家萨缪尔森（Paul A. Samuelson）称它为“国际贸易不可动摇的基础”①。比较成本理论作为反映国际贸易领域客观存在的经济运行一般原则和规律的学说，具有很高的科学价值和现实意义。

然而，比较成本学说也是有其局限性的。首先，它未能揭示出国际分工形成和发展的主要原因。国际分工发生和发展的最重要因素是社会生产力，劳动力、自然条件等因素对国际分工的形成有一定的影响，但不是唯一的和根本的因素。其次，这个理论把世界看作是永恒的、不变的，这是不符合历史事实和经济发展规律的。再次，这个理论的分析方法属于静态分析，提出的假定只考虑两个国家、两种商品、坚持劳动价值论等因素，作为论述的前提条件，把多变的经济状况抽象为静态的，是不客观的。最后，比较成本学说未能揭示出国际商品交换所依据的规律，即价值规律的国际内容。

三、相互需求理论

相互需求理论由英国经济学家约翰·穆勒（John Stuart Mill，1806～1873）在 1848 年出版的《政治经济学原理》一书中提出。该理论在大卫·李嘉图的比较成本理论基础上，回答了国际间商品交换的比例如何确定的问题。穆勒认为，商品的国内交换比例是国际交换比例的基础，而国际交换比例最终由两国对商品的相互需求关系来决定。穆勒用毛呢和麻布的例子阐述了其思想。

假设英国和德国在毛呢的生产成本上相同，在麻布的生产成本上不同。在英国，10 码毛呢可以交换 15 码麻布，在德国，10 码毛呢可以交换 20 码麻布。由此，英国在毛呢和德国在麻布的生产上具有相对比较成本

① 保罗·萨缪尔森. 经济学（第十九版）[M]. 北京：商务印书馆，2012.

优势，即英国应生产毛呢，德国应生产麻布。对于英国，只要10码毛呢可以交换15码以上的麻布就有利可图；对于德国，只要以20码以下的麻布交换10码以上的毛呢也有利可图，二者之间只是利大利小的问题。

国际交换比价必须等于两国需求对方产品数量之比。假设国际交换比价为10∶17，进口需求麻布为17码时，英国提供10码呢绒就可以成交。同样，德国出口17码麻布就能换回英国10码毛呢。双方进出口价值平衡。

假如其中一方需求发生变化，英国对麻布需求减少，德国对毛呢的需求大于英国对麻布的需求，毛呢的价格上升。假定交换比价上升到10∶18，德国因毛呢涨价，对毛呢的需求减少，英国因麻布跌价，对麻布的需求上涨。这时，双方对产品的需求重新达到均衡，交换比价稳定在10∶18上。

在国际相互需求中，外国对本国商品的需求越大，两国间的两种商品的交换比例越接近外国国内此两种商品的交换比例，对本国越有利。反之，本国对外国的商品需求越大，两国间的两种商品的交换比例越接近本国国内此两种商品的交换比例，对外国越有利。

当然，相互需求理论依然是以商品的交换价值代替了商品的价值，背离了劳动价值论，从而不能揭示出交换比例的确定是由不同商品所包含的不同价值量来决定的。

第二节　保护贸易理论

19世纪初，当产业革命在英、法两国深入发展时，北美、欧洲其他后进国家的资产阶级要求保护其本国的幼稚产业，不允许别国商品自由占领其市场，于是形成了与古典学派自由贸易理论相抗衡的贸易保护理论，即幼稚产业保护理论。该理论的代表人物是美国首任财政部部长汉密尔顿和德国经济学家李斯特。

一、汉密尔顿的贸易保护思想

1776年以前，北美洲完全是大英帝国的农产品及原料的供应地和工业品的销售市场，经济发展水平落后，尤以工业为甚。美国独立后，由于战争创伤，加上英国的经济封锁，其经济更加凋敝。如何选择经济发展道路成为美国当务之急要解决的问题。当时摆在美国面前的有两条道路：一是实行保护关税政策，独立自主地发展自己的工业特别是制造业，以彻底摆脱西欧殖民主义的经济束缚和经济控制；二是实行自由贸易政策，继续充当英国、法国、荷兰等国的原料产地和工业品的销售市场。在这样的背景下，美国第一任财政部长汉密尔顿（A. Hamilton，1757～1840）代表工业资产阶级利益、愿望和要求，于1791年12月向国会递交了《关于制造业的报告》（*Report on manufacture*），明确提出实行保护关税政策的主张。在这份报告中，他系统地阐述了保护和发展制造业的必要性和有利条件，提出了以加强国家干预为主要内容的一系列措施。

汉密尔顿指出，美国要维护其经济和政治独立，应当保护美国的幼稚工业。由于美国工业起步较晚、基础薄弱、技术落后、生产成本高、效率低下，根本无法与英国、法国等西欧国家相抗衡。若就此实行自由贸易政策，将断送美国的工业，甚至美国经济和政治上的独立地位。新的工业在其初始阶段，相对来说可能效率不高，即使工业扩大到最优规模，劳动和管理技术有了发展，市场联系已经建立，还是经不住来自更有经验的外国生产者的低费用竞争。如果能有一段时间用关税壁垒来保护一下，把效率提高到可以在免税基础上与外国竞争的水平，那么，“幼稚”产业就成长壮大，保护壁垒就可以拆除了。

汉密尔顿的幼稚产业保护思想的提出，标志着与自由贸易理论体系相对立的保护贸易理论体系的初步形成，其理论意义是不言而喻的。显然，该理论反映的是经济发展水平落后的国家独立自主地发展民族工业的正当要求和愿望，是落后国家进行经济自卫并通过经济发展与先进国家进行经济抗衡的保护贸易学说。它对当时美国对外贸易政策的制定产生了深刻的影响，促进了美国资本主义的发展，具有历史进步意义。事实证明，这些思想对发展美国工业和增强经济实力起到了很大的积极作用。

二、李斯特的幼稚产业保护理论

李斯特（F. List，1789～1846）是德国历史学派的先驱者，早年在德国提倡自由主义。自1825年出使美国以后，受到汉密尔顿的影响，并亲眼见到美国实施保护贸易政策的成效，转而提倡贸易保护主义。他在1841年出版的《政治经济学的国民体系》一书中，系统地提出了以生产力理论为基础，以保护关税制度为核心的幼稚产业保护学说，这不仅为落后国家工商界保护贸易的需求提供了理论根据，也进一步完善和系统化了汉密尔顿的贸易保护思想。

（一）李斯特对古典学派自由贸易理论的批评

1. “比较成本说”不利于德国生产力的发展

李斯特认为，向外国购买廉价的商品，表面上看起来是要合算一些，但是这样做的结果是德国的工业就不可能得到发展，而且会长期处于落后和从属于外国的地位。如果德国采取保护关税政策，虽然一开始会使工业品的价格提高，但经过一段时期后，德国工业得到充分发展，生产力将会提高，商品生产费用将会下降，商品价格甚至会低于外国进口的商品价格。

2. 古典学派自由贸易学说忽视了各国历史和经济上的特点

古典学派自由贸易理论认为，在自由贸易下，各国可以按地域条件、按比较成本形成和谐的国际分工。而李斯特认为，这种学说是一种世界主义经济学，它抹杀了各国的经济发展与历史特点，错误地以“将来才能实现”的世界联盟作为研究的出发点。李斯特根据国民经济发展程度，把国民经济的发展分为五个阶段，即原始未开化时期、畜牧时期、农业时期、农工业时期、农工商业时期。各国经济发展阶段不同，所采取的贸易政策也应不同。处于农业阶段的国家应实行自由贸易政策，以利于农产品的自由输出，同时自由输入外国的工业产品，以促进本国农业的发展，并培育工业化的基础。处于农工业阶段的国家，由于本国已有工业发展，但并未发展到能与外国产品相竞争的地步，故必须实施保护关税制度，使它不受外国产品的打击。而处于农工商业阶段的国家，由于国内工业产品已具备国际竞争能力，国外产品的竞争威胁已不存在，故应实行自由贸易政策，以享受自由贸易的最大利益，刺激国内产业进一步发展。

李斯特认为，英国已达到最后阶段（农工商业时期），而法国在第四阶段与第五阶段之间，德国与美国均在第四阶段，葡萄牙与西班牙则在第三阶段。因此，李斯特根据其经济发展阶段说，主张当时的德国应实行保护工业政策，促进德国工业化，以对抗英国工业产品的竞争。

3. 主张国家干预对外贸易

自由贸易理论视国家为被动的警察，李斯特则把国家比喻为国民生活中如慈父般的有力指导者。他认为，国家的存在比个人的存在更为重要，国家的存在为个人与人类全体的安全、福利、进步，以及文化等的第一条件。因此，个人的经济利益应从属于国家的真正财富的增进与维持。他还认为，国家在必要时要限制国民经济活动的一部分，以保持其经济利益。

他以风力和人力在森林成长中的作用比喻国家在经济发展中的重要作用，他说："经验告诉我们，风力会把种子从这个地方带到那个地方，因此荒芜原野会变成稠密森林，但是要培养森林因此就静等着风力作用，让它在若干世纪的过程中来完成这样的转变，世界上岂有这样愚蠢的办法吗？如果一个植林者选择树秧、主动栽培，在几十年内达到了同样的目的，这难道不算是一个可取的办法吗？历史告诉我们，有许多国家，就是由于采取了那个植林者的办法，胜利实现了他们的目的。①"因此，李斯特主张，在国家干预下实行贸易保护。

（二）贸易保护的条件和手段

李斯特保护贸易政策的目的是促进生产力的发展。经过比较，李斯特认为应用动力与大规模机器的制造工业的生产力远远大于农业。他认为着重农业的国家，人民精神萎靡，一切习惯与方法偏于守旧，缺乏文化福利与自由；而着重工商业的国家则不然，其人民充满增进身心与才能的精神。工业发展以后，农业自然跟着发展。

李斯特提出的保护对象的条件是：（1）农业不需保护。只有那些刚从农业阶段跃进的国家，距离工业成熟期尚远，才适宜保护。（2）一国工业虽然幼稚，但在没有强有力的竞争者时，也不需要保护。（3）只有刚开始发展且有强有力的外国竞争者的幼稚工业才需要保护。李斯特提出的保护时间以30年为最高期限。在此期限内，被保护的工业还扶植不起来时，不再予以保护，任其自行垮台。

在具体的保护手段上，李斯特主张取禁止输入与征收高关税办法来保护幼稚工业，以免税或征收轻微进口税方式鼓励复杂机器进口。

（三）对李斯特贸易保护学说的评价

李斯特保护贸易学说在德国工业资本主义的发展过程中曾起过积极的作用，它促进了德国资本主义的发展，有利于资产阶级反对封建主义势力斗争。它对保护对象要进行选择，以将来有前途的幼稚工业为限，对国际分工和自由贸易的利益也予以承认，贸易保护是过渡手段，自由贸易为最后目的。其保护也是有限度的，不是无限度的。李斯特的理论对经济不发达国家的发展是有重大参考价值的。

但是，李斯特的保护贸易理论存在的缺陷也是十分明显的。他对生产力这个概念的理解有误，对影响生产力发展的各种因素的分析较为混乱。

---

① ［德］弗里德里希·李斯特．政治经济学的国民体系［M］．北京：商务印书馆，1961.

他以经济部门作为划分经济发展阶段的基础是不恰当的，不能正确反映社会经济发展的真实过程。

第三节　新古典贸易理论

由亚当·斯密和大卫·李嘉图建立和发展起来的古典贸易理论的一个基本特点，就是只用单一要素的生产率差异来说明国与国之间为什么会发生贸易行为，以及为什么生产率不同的两个国家可以通过国际分工与贸易增加各自的收入和提高各自的福利水平。而新古典贸易理论则是假定各国在生产商品时所使用的生产技术是一样的，即生产函数相同，因而排除了各国劳动生产率的差异。在新古典国际贸易理论中，瑞典经济学家赫克歇尔和俄林做出了巨大贡献。他们提出了“资源禀赋理论”（也称“H－O模型”），指出国际贸易的内在动因是国与国之间要素生产率的差异，而国与国之间要素生产率的差异又主要来源于各国的不同生产要素存量的相对差异，以及在生产各种商品时利用各种生产要素强度的差异，这些不同要素的供给会影响到特定商品的生产成本。然而，进入20世纪50年代，经济学家里昂惕夫用美国的贸易实践数据对H－O模型进行检验后发现结果并不符合该理论，这一结论被称为“里昂惕夫之谜”，于是各国经济学家开始致力于对“谜”的解释。

一、要素禀赋理论

李嘉图的比较成本理论，是以劳动价值论为基础的。它以耗费在商品中的劳动时间即劳动生产率的差异来说明和论证比较成本。该理论是以单一生产要素（劳动）的成本差异，即劳动生产率的差异来说明比较利益的。但是，如果假定各国之间生产要素的生产率相同，即单位生产要素的效率在世界各地都是一样的，那么产生比较成本差异的原因是什么呢？这个问题是由要素禀赋理论（又称资源赋予理论）给出解释的。

要素禀赋理论是由瑞典经济学家赫克歇尔和俄林提出的用生产要素的丰缺（即供给差异）来解释国际贸易的原因和商品流向的理论。该理论最早是由赫克歇尔（E. F. Heckscher，1879～1952）于1919年提出的，在这之后，其弟子俄林（Beltil Gotthard Ohlin，1899～1979）在1933年出版的《区际贸易和国际贸易》一书中系统地阐述了生产要素比例的理论，进一步完善了要素禀赋理论。但是因为俄林是承袭了赫克歇尔的主要观点，因此，人们一般将该理论称为“赫－俄理论”，或称“H－O定理”。其基本原理可归结为：第一，各地区和国家资源禀赋的差异，也就是生产要素供给情况不同是产生国际贸易的基本原因，即要素供给比例理论；第二，国际贸易的结果，可以逐渐消除不同地区和国家之间的商品价格差异，进而消除生产要素的价格差异，即要素价格均等化定理。

（一）要素供给比例说

1. 要素供给比例理论的主要假设

（1）假设只有两个国家，每个国家只生产两种商品，每种商品都使用两种生产要素，即两国两商品两要素模型，又称“2×2×2模型”，这是对古典学派的两国两商品模型的进一步发展。

（2）假定生产要素在每一个国家内部可以自由流动，在两国之间则不能流动。

（3）假定国际贸易中的一切人为限制都不存在，不考虑运输费用。

（4）假定只有商品贸易，且贸易是平衡的，即出口恰好能够支付进口，同时假设所有市场都是完全竞争市场。

（5）假定生产要素可以无限可分，并且两国的生产要素是同质的，两国的技术水平和生产函数相同，不存在规模收益递增、递减的变化。

（6）两国需求偏好相同，不考虑需求因素对贸易的影响。

2. 结论推导

（1）国际贸易的原因在于价格的国际差异。各国之间为什么会彼此进行贸易呢？俄林认为原因就在于，同样的商品在各国之间的价格是不同的，在自由贸易的条件下，每一个国家都会进口比在国内生产更便宜的商品，而将自己价格低廉的商品拿到国际市场上去出售。只要两国之间存在着价格差异，那么把商品从价格低的国家运到价格高的国家去出售就是有利可图的，这样必然会有人在两国之间从事进口和出口的活动，国际贸易就是不可避免的了。

既然价格的国际绝对差异是两国之间进行贸易的直接基础，那为什么两国之间会存在着价格的绝对差异呢？这种价格差异只是暂时现象还是长期存在的呢？这些问题则需要进一步进行探讨。

（2）价格的国际差异来源于成本的国际差异。成本决定价格，各国生产同一商品的成本不同，必然导致其价格的不同。这是H－O模型解释贸易发生原因的第一个条件。

（3）除了第一个条件之外，贸易发生还必须具备第二个条件：各国不同的成本比例（见表2－3）。

表2－3　　英国和美国的不同成本比例

国家	小麦单位成本（美元）	布单位成本（美元）
英国	3	1
美国	1	2

从表2－3中我们看到，小麦和布的成本比例英国是3∶1，美国是1∶2，按照李嘉图比较利益原理，英国在布的生产上具有比较利益而美国在小麦的生产上具有比较利益，如果两国之间开展贸易，必然是英国出口布进口小麦，而美国进口布出口小麦，通过贸易两国都能获得利益。但是如果两国之间的成本比例是相同的，即一国两种商品的成本都按同一比例低于另一国，则两国只能发生暂时的贸易关系（见表2－4）。

表2－4　　暂时发生贸易关系的成本比例

国家	小麦单位成本（美元）	布单位成本（美元）
英国	2	4
美国	1	2

在表2－4中，如果开展贸易的话只能是单方面的，美国向英国同时出口小麦和布两种商品，而英国则没有任何商品出口到美国，结果是美国纯粹的出超和英国纯粹的入超。俄林认为在这种情况下，即使两国之间存在贸易，这种贸易也只能是暂时的，不可能长久地进行下去。这是由于如果两国实行纸币制度，英国为了支付进口必然大量买进美元，这样外汇市场上美元的汇价就会上升，英镑的汇价就会下跌。美元汇价上升后用美元表示的英国商品的价格就会下降，英镑汇价下跌后以英镑表示的美国商品的价格就会上升。如果在正常情况下，两国货币汇率的变化会对他们之间的贸易状况进行调整，当两国进出口实现彼此平衡时，汇率也就达到了稳定的状态。但是在表2－4中就不同了，汇率变动的结果最终只能是使两国的商品价格变得完全相等。因为当美元对英镑升值1倍时，两国的生产成本就一样了，这样两国之间就不可能再有贸易发生了，所以不同的成本比例是两国贸易的一个重要前提，这是H－O模型的核心内容。

到现在为止，我们的分析实际上还属于比较利益原理的范畴，至于两国之间为什么会有不同的成本比例存在，即为什么会在不同的商品生产上具有不同的比较利益呢？李嘉图并没有就此进行继续探究，而俄林则在此基础上进一步进行了思考，他认为成本比例差异的原因就在于生产要素的不同价格比例。

（4）生产要素的不同价格比例。商品是由各种生产要素组合在一起生产出来的，要素报酬之和就构成了商品的成本，各国商品生产的成本比例实际上就反映了该国各种生产要素的价格比例关系。如在一国可能劳动要素比较便宜资本要素比较贵，而在另一国可能劳动要素较贵资本要素较便宜，这样，前一国在那些较多地使用劳动、较少地使用资本的商品的生产上，比需要较多地使用资本而较少地使用劳动的商品的生产更具有优势，成本会较低，价格会相对便宜些；而后一个国家则会出现相反的情况，在较多使用资本较少使用劳动的商品生产上成本较低。下面我们通过一个例子来对此进行说明。

假定英国 1 单位资本的价格是 3 美元，1 单位劳动的价格是 1 美元；美国 1 单位资本的价格是 1 美元，1 单位劳动的价格是 2 美元。再假定每生产 1 单位小麦在两个国家都是使用 2 单位劳动和 1 单位资本，每生产 1 单位布在两国都需要 1 单位劳动和 3 单位资本。则两国的要素价格与商品成本如表 2－5 所示。

表 2－5　　要素价格不同情况下的商品成本差异

国家	商品	技术系数	要素价格		商品成本（美元）
		要素投入结构（K/L）	资本（美元）	劳动（美元）	
英国	小麦	1:2	3	1	3×1+1×2=5
	布	3:1			3×3+1×1=10
美国	小麦	1:2	1	2	1×1+2×2=4
	布	3:1			1×3+2×1=5

从表 2－5 中我们可以看到，小麦和布这两种商品的成本比例在英国是 1:2，在美国是 4:5。可见英国在小麦的生产上具有比较利益，美国在布的生产上具有比较利益。这是由于小麦的生产需要投入较多的劳动和较少的资本，属于劳动密集型产品，英国能够充分地利用自身劳动要素价格较低的优势，把更多的劳动投入小麦的生产上，而布的生产需要投入较多

的英国相对比较昂贵的资本要素；对于美国则正好相反。所以每一国家都会在那些大量使用自己价格较低的生产要素的生产上具有比较利益，而在那些大量使用自己价格较高的生产要素的生产上具有比较劣势。

可见，生产要素价格的差异是造成各国生产各种商品时成本比例差异的原因，但是为什么各国之间的要素价格会不同呢？我们知道，生产要素价格是由生产要素的供给和需求共同决定的，要探讨要素价格的差异就必须从要素的供给、需求状况着手。

（5）生产要素不同的供给比例。各国在要素的供给方面是存在着巨大的差异的，不同的国家所拥有的土地、劳动、资本，以及企业家才能等各种生产要素的数量、质量和种类是各不相同的，这就构成了各国生产要素价格差异的基础。如果不考虑需求因素，各国生产要素的供给丰裕程度就决定了其要素的价格，一般来说，供给丰富的要素的价格就要低些，而供给稀缺的要素的价格就会较高。

这一点可以用大量的事实来验证。像澳大利亚、新西兰、阿根廷等国家，土地资源丰富而资本、劳动要素较少，这就使这些国家的地租较低而工资、利息较高。反映在贸易结构上，这些国家出口的多是较多使用土地而较少使用资本、劳动的产品，如小麦、羊毛、肉类等，而进口的多是大量使用资本、劳动的产品；像中国、印度等人口众多的国家，劳动密集型产品的出口就占较大比重；此外北欧各国出口森林制品、中东国家出口石油制品等也说明了这一道理。

因此，各国生产要素的禀赋程度就决定了各国要素价格的差异，要素价格不同又产生了不同的商品成本和价格，进而导致了国际贸易的产生，这就是H－O模型的主要内容。由于该理论是从各国要素资源的禀赋程度来充分分析国际贸易的原因的，所以被称作要素禀赋理论。

（6）生产要素的不同需求比例。除了供给因素，决定生产要素价格的还有需求，即使两个国家的要素供给比例是完全一样的，对这些生产要素的不同需求比例也会形成各国不同的要素价格比例，从而为国际贸易创造了基础。

以上就是H－O模型的简要推导过程，从中我们看到，俄林从商品价格的国际差异出发，分析了商品成本的国际差异，又从成本的国际差异出发，进而探讨了各国不同的成本比例，由此又推导出各国生产要素的价格差异，由要素的价格差异最后归结到生产要素的供给和需求的不同。这样整个推理过程就形成了一个环环相扣的链条，在这一链条中，俄林认为最重要的一环就是要素的不同供给比例，即各国不同的资源赋予程度，这是国际贸易之所以存在的根本原因。

通过上述推导，俄林得出了以下结论：一个国家出口的是其在生产上大量使用该国比较充裕的生产要素的商品，而进口的是其在生产上大量使用该国比较稀缺的生产要素的商品。各国比较利益的地位是由各国所拥有的生产要素相对充裕的程度来决定的。

（二）要素价格均等化说

当各国以自己的资源供给相对优势进行生产和开展国际贸易后，各国要素禀赋的情况也将随之发生变化，并随着国际间商品流通而出现生产要素价格均等化的趋势。

以前述英国与美国的国际贸易为例。英国利用相对便宜的生产要素——劳动，生产并出口劳动密集型商品——小麦；而美国则利用相对便宜的生产要素——资本，生产并出口资本密集型商品——布。随着两国间贸易的不断扩大，英国就要增加小麦的产量，为此必须有更多的劳动被用来生产小麦。对劳动的需求增加，就会使原来比较丰裕的劳动资源变成比较稀缺的资源，劳动的价格就会逐渐上升；同时，由于英国不断地从美国进口资本密集型产品——布，减缓了对资本的需求，使资本资源变得比较丰裕，价格就随之下降。而对美国来说，为了向英国出口布，就会有更多的资本被投入来生产布，对资本的需求增加，就会使原来比较丰裕的资本资源变成比较稀缺的资源，资本的价格就会逐渐上升；同时，由于不断地从英国进口劳动密集型产品小麦，减缓了对劳动的需求，使劳动资源变得比较丰裕，价格就随之下降。可见，国际贸易的发展使参加贸易的各国原本较为丰裕的资源变得相对稀缺，价格逐步上升；而原本比较稀缺的资源变得较为丰裕，价格随之下降。于是，各国生产要素价格趋于均等化，即各国的工资、地租、利息率和利润率等趋于均等化。

在赫克歇尔和俄林论述生产要素价格通过国际间商品交换而趋向均等化问题以后，当代美国经济学家萨缪尔森又对此进行了数学论证，证明生产要素完全均等化是必然的。为此，西方经济学界将他们的理论合称为“H－O－S定理”，或称“要素价格均等化定理”。

（三）对赫－俄理论的评价

H－O模型从生产要素禀赋程度的差异来解释国际贸易的原因，这对于古典贸易理论来讲是一大创新，它在以下几个方面对国际贸易理论的发展起到了重要作用。首先，它将一般均衡方法引入国际贸易理论的分析当中，将贸易理论向客观现实推进了一大步，也为国际贸易理论研究提供了一个新的方向和角度。其次，从多种生产要素的角度来解释国际贸易问题。最后，李嘉图的比较利益原理是建立在各国生产者在生产同一商品时具有不同的劳动生产率的基础上的，而俄林排除了这一假设，认为国际贸易的根本原因是各国资源的赋予程度不同，技术水平或劳动生产率是否相同与国际贸易无关。从这一角度讲，李嘉图的比较利益原理实际上只是 H－O 模型的一个特殊情况，H－O 模型更具有一般意义。

当然，该理论也存在着一些局限性。它以要素比例学说来反对李嘉图和马克思的劳动价值论，抹杀了劳动收入和财产收入的差别，使比较成本理论庸俗化了。该理论认为劳动、资本和土地是决定国际分工和国际贸易产生和发展的最重要因素，这就否认了劳动是价值的唯一源泉。它建立在一系列复杂的假定之上，而这些假定与现实有一定的距离，从而影响了它对现实的国际贸易现象的解释力。事实上，很多经济学家对该理论进行验证时，就会发现它存在很多无法解释的矛盾。

二、里昂惕夫之谜

第二次世界大战后，在第三次科技革命的推动下世界经济迅速发展，国际分工和国际贸易都发生了巨大变化，传统的国际分工和国际贸易理论更显得脱离实际。在这种形势下，一些西方经济学家力图用新的学说来解释国际分工和国际贸易中存在的某些问题，这个转折点就是“里昂惕夫反论”（The Leontief Paradox），或称“里昂惕夫之谜”。

美国经济学家里昂惕夫（Vassily W. Leontief，1906～1999），由于他的“投入—产出”分析法对经济学的杰出贡献，获得了 1973 年诺贝尔经济学奖。他的主要著作有《投入—产出经济学》《生产要素比例和美国的贸易结构：进一步的理论和经济分析》等。

里昂惕夫对 H－O 原理确信无疑，按照这个理论，一个国家拥有较多的资本，就应该生产和输出资本密集型产品，而输入在本国生产中需要较多使用国内比较稀缺的劳动力要素的劳动密集型产品。基于以上认识，他利用投入—产出分析方法对美国的对外贸易商品结构进行具体计算，其目的是对 H－O 原理进行验证。他把生产要素分为资本和劳动力两种，对 200 种商品进行分析，计算出每百万美元的出口商品和进口替代商品所使用的资本和劳动量，从而得出美国出口商品和进口替代商品中所含的资本和劳动的密集程度。其计算结果如表 2－6 所示。

表 2-6 美国出口商品和进口替代商品对国内资本和劳动的需求量

生产要素	1947 年		1951 年	
	出口	进口替代	出口	进口替代
资本（美元）	2, 550, 780	3, 091, 339	2, 256, 800	2, 303, 400
劳动（人/年）	182. 313	170. 004	173. 91	167. 81
人平均年资本量	13, 991	18, 184	12, 977	13, 726

从表 2-6 可以看出，1947 年平均每人进口替代商品的资本量与出口商品的资本量相比是 18, 184∶13, 991 = 1. 30，即高出 30%，而 1951 年的比率为 1. 06，即高出 6%。尽管这两年的比率的具体数字不同，但结论基本相同，即这两个比率都说明美国出口商品与进口替代商品相比，前者更为劳动密集型，据此显然可以认为美国出口商品具有劳动密集型特征，而进口替代商品更具有资本密集型特征。这个验证结论正好与 H-O 模型的结论相反。正如里昂惕夫的结论所说："美国之参加国际分工是建立在劳动密集型生产专业化基础上，而不是建立在资本密集型生产专业化基础上。"

里昂惕夫发表其验证结论后，使西方经济学界大为震惊，因而将这个不解之谜称为里昂惕夫之谜，并掀起了一个验证和探讨里昂惕夫之谜的热潮。一些经济学家仿效里昂惕夫的做法对一些发达国家的对外贸易状况进行验证，发现其他国家也存在着这个"谜"。

第四节 当代国际贸易理论

20 世纪中期出现的第三次科技革命有力地推动了二战后世界经济的发展，同时也对国际贸易格局产生了巨大的影响，它使国际贸易量、贸易的商品结构和地理方向发生了根本变化。突出表现在三个方面：一是发达国家之间的贸易比重快速上升，并逐渐成为国际贸易的主体类型，在发达国家之间的相互贸易中，"产业内贸易"越来越成为主要的贸易形式；二是公司内贸易的迅速发展，大量国际贸易是由公司内贸易构成的，跨国公司成了国际贸易舞台上的重要角色；三是知识密集型产品在国际贸易中的比重不断上升。对此，传统的国际贸易理论（包括古典和新古典国际贸易理论等）无法作出令人信服的解释，于是出现了新的国际贸易分工理论。

这些理论包括技术差距理论、产品生命周期理论、需求相似理论和产业内贸易理论等。

一、技术差距理论

技术差距说又称技术间隔说，是由美国经济学家波斯纳（M. U. Poaner）提出，格鲁伯（W. Gruber）和弗农（R. Vernon）等人进一步论证的。该理论认为，技术领先的国家，具有较强开发新产品和新工艺的能力，形成和扩大了国家间的技术差距，而有可能暂时享有生产和出口某类高技术产品的比较优势。

波斯纳认为，人力资本是过去对教育和培训进行投资的结果，因而可以将其作为一种资本或独立的生产要素，而技术是过去对研究与发展进行投资的结果，也可以作为一种资本或独立的生产要素。但是，由于各国对技术的投资和技术革新的进展不一样，因而存在一定的技术差距。这样就使技术资源相对丰裕的或者在技术发展中处于领先的国家，有可能享有生产和出口技术密集型产品的比较优势。

为了论证这个理论，格鲁伯和弗农等人根据1962年美国19个产业的有关资料做出了统计分析，其中，5个具有高度技术水平的产业（运输、电器、工具、化学、机器制造）的科研和发展经费占19个产业全部科研和发展经费总数的89.4%；5个产业中的技术人员占19个产业总数的85.3%；5个产业的销售额占19个产业总销售额的39.1%；5个产业的出口量占19个产业总出口量的72%①。这种实证研究表明，美国在上述5个技术密集型产品的生产和出口方面，确实处于比较优势。因此，可以认为，出口科研和技术密集型产品的国家也就是资本要素相对丰裕的国家。根据上述统计分析可知，美国就是这种国家。从这个意义上说，技术差距论是完全可以与赫-俄理论相衔接的。

二、产品生命周期理论

产品周期理论是美国哈佛大学雷蒙德·弗农（Raymond Vernon）教授在林德的启发下，于1966年在《产品周期中的国际投资和国际贸易》②一文中提出的，后来由威尔斯（L. T. Wells）进一步发展。它是关于产品

---

① 资料来源：MBA智库·百科（https://wiki.mbalib.com/wiki）。

② Raymond Vernon. International Investment and International Trade in the Product Cycle [J]. The Quarterly Journal of Economics, 1966, 80 (2): 190-207.

生命不同阶段决定生产与出口该产品的国家转移理论。

弗农注重强调技术革新的时机及规模经济效益，而不是比较利益。从这一角度出发，弗农把由于新技术生产的产品生命周期分为三个阶段。

第一阶段为产品创新阶段。此时期需要大量开发费用及技术。所以，新产品的发明大多是拥有丰富物质和人力资本的发达国家。这一阶段需要投入大量的科研和开发费用，产品要素的密集型表现为技术密集型。

第二阶段为产品成熟阶段。随着科学技术的发展，生产创新产品的企业不断增加。与此同时，国外市场也不断扩大，出现了大量的仿制品。国内企业为了降低成本，占领并扩大国外市场，最好的办法是对国外直接投资。到国外投资，可以利用当地各种廉价资源，降低费用，巩固和扩大市场。这一阶段，技术投入减少，资本和管理要素投入增加，高级的熟练劳动投入越来越重要，产品要素密集型表现为资本密集型。

第三阶段为产品标准化阶段。在这一阶段，生产技术已经成熟，生产已达到适当规模。国外也实现了规模经济而使产品成本下降，并彼此展开竞争，逐渐使原新产品厂商失去技术优势。由于此阶段低工资的非熟练劳动成为比较优势的重要条件，生产的最佳地点从发达国家转向发展中国家。于是，原来创新国家的技术优势已不复存在，创新产品的需求转向从国外进口，而原发明厂商又开始了另一种新产品的研制和生产。这一阶段，产品的技术趋于稳定，技术投入更少，资本要素投入虽然仍然重要，但非熟练劳动大量增加，产品要素密集性也将随之改变。

1968 年，威尔斯在《国际贸易中有一个产品生命周期》一文中，以美国为例，将产品生命周期分为四个阶段。

第一阶段是创新国新产品出口垄断时期。创新国一般是最发达的工业国，如美国。由于有较多的科研与发展费用的投入，又有较高收入支持的市场，因此能不断地推出新产品。当这种新产品试制成功并生产出来以后，创新国就享有了出口垄断优势。由于新产品的设计和设计的改进要求靠近市场和供应者，因此新产品必然在创新国本土生产。这时成本问题对于厂商来说不是最重要的，因为没有其他的竞争者。新产品一旦制造出来，创新国厂商就垄断了这种产品的世界市场。

第二阶段为外国生产者模仿生产时期。创新国新产品在国外打开销路、扩大市场后，吸引了其他发达国家或次等发达国家的大量消费者。这些发达国家通过自己的生产，节省了国际运费和关税，也不需要像创新国那样花费大量的科技研发费用，其成本显然要比创新国厂商少。因此，它们的产品价格极有可能比创新国新产品的价格便宜。

第三阶段是国外生产者大量增多，参与出口市场的竞争时期。由于实现了规模经济，成本降低，从而在与创新国产品的竞争中逐渐占优势，出口大量增加，致使原创新国的出口量不断下降，但国内市场因为关税的保护作用，仍然被创新国厂商所垄断。

第四阶段是外国生产者的产品开始进入创新国市场，使创新国由出口国变为进口国，创新国的出口量减少到几乎没有的程度。至此，这种产品在创新国的生命周期便告结束。这种产品的周期虽然在创新国结束了，但在开始生产该产品的其他国家还在进行，并可能处于第二阶段或第三阶段上。正是由于这种技术的传递和扩散，使各国处于产品周期的不同阶段，在国际贸易中的地位也随之变化。

在实践中，新技术、新产品的创新通常首先在美国出现，然后传递到西欧发达国家，再扩散到世界其他国家，如发展中国家。这种新技术和新产品的转移、扩散像波浪一样，不断地向前传递和推进。从图 2－1 可以看到这种产品结构推进的情形。

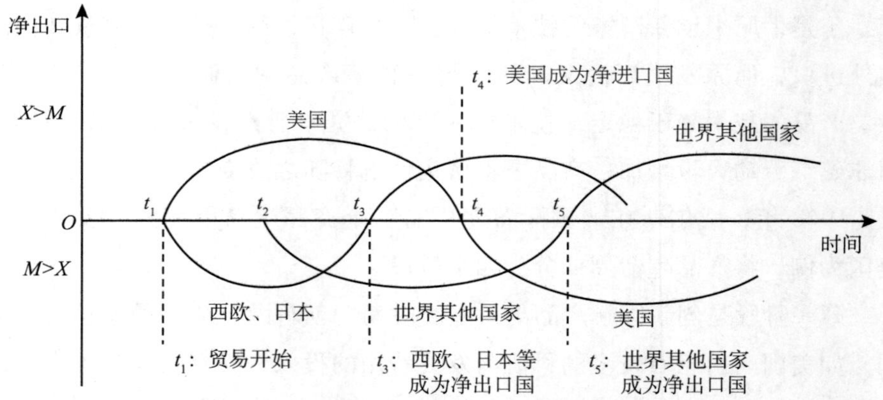

图 2－1　产品生命周期理论对国际贸易的解释

图 2－1 中，横坐标表示时间的推移，纵坐标表示产品净出口状况，横线以下或 0 以下为净进口。创新国革新和生产始于时间 t_0，t_1 为贸易开始时，美国出口，较有购买能力的西欧和日本先进口，然后到 t_2 时其他国家也进口。西欧与日本到 t_3 时已经成为净出口国，这时，产品是“成熟”的，美国则于 t_4 时成为净进口国；到 t_5 时，其他国家也终于成为净出口国，产品“标准化”了。至此，该产品在整个世界的生命周期进入了最后阶段。

三、需求相似理论

需求相似理论又称偏好相似学说或收入贸易说，是由瑞典经济学家林德（S. B. Linder）提出的，用国家之间需求相似来解释工业制成品贸易发展的理论。他认为赫－俄理论只适用于工业制成品和初级产品之间的贸易，而不能适用于工业制成品的贸易。这是因为前者的贸易发展主要由供给方面决定的，而后者的贸易发展主要是由需求方面决定的。需求相似理论认为，发达国家工业制成品双向贸易的增加，主要是由消费者需求偏好来决定的，而人均收入与贸易收入的趋同性，需求结构的相似性，增大了双方贸易的数量和机会。

（一）国内需求是出口贸易的基础

工业制成品生产的初期是为了满足国内的需求。厂商开发新产品，往往是因为国内经济增长、人均收入提高、国内需求强劲。当别国的经济增长、人均收入提高，本国开发的新产品的国内需求与国际需求相一致时，厂商可以将国内需求作为依据，把代表国内大多数消费者需求的产品作为出口产品。因为是最先开发的新产品，并已在国内收回了大量先期投资，因此在向国外出口时，价格上具有很强的优势，可以大量出口。

（二）需求结构越相似，两国贸易量越大

由于该产品是为满足国内市场喜好和收入水平而生产的，故该产品较多地出口到那些喜好相似的国家。两个国家的收入和水平越相似，则两国的需求结构越接近，需求的重合部分越大。若两国需求结构完全相似，则一个国家所有可能进出口的物品，同时也是另一个国家可能进出口的物品。在这种情况下，国内需求就是对外国的进口需求。

（三）影响一国需求结构的决定因素是平均收入水平

一国的需求结构和人均收入是直接相关的。人均收入越相似的国家，其消费偏好和需求结构越相近，产品的相互适应性就越强，贸易交往也就越密，其贸易量就越大。

林德认为，人均收入水平和消费品、资本品的需求结构有着紧密的联系。人均收入水平较低的国家，其选择的消费品质量也较低，因为他们要让有限的收入满足多样化的需求；同时，为了实现充分就业和掌握生产技术，也只能选择通用的技术、简单的资本设备，这又导致了这些国家的消费品结构的低级化。人均收入水平较高的国家，其选择的消费品质量与档次较高，而资本设备需求结构也必须更先进、更高级。因此，人均收入水

平相同的国家之间的贸易范围可能是最大的，而人均收入水平的差异却是贸易发展的潜在障碍。也就是说，即使一个国家拥有比较优势产品，但由于其他国家的收入水平与它不同，而对其产品没有需求，这种比较优势的产品就不能成为贸易产品。

四、产业内贸易理论

产业内贸易理论是20世纪60年代开始在西方产生和发展起来的一种解释国际贸易分工格局的理论分支。

（一）产业内贸易的概念

国际贸易从产品内容上看，大致可分为产业间贸易和产业内贸易两种基本类型。前者是指一国进口和出口属于不同产业部门生产的产品，如出口初级产品，进口制成品；出口自行车，进口计算机等。后者是指一国既出口又进口某种同类型制成品，其贸易对象是同一产业内具有异质性的产品。所谓同类型制成品是指按国际商品标准分类法统计时，至少前3位数都相同的产品。也就是至少属于同类、同章、同组的商品，既出现在一国的进口项目中，又出现在该国的出口项目中。

（二）产业内贸易的特点

一般说来，产业内贸易具有以下特点：

（1）与产业间贸易在贸易内容上有所不同。它是产业内同类产品的交换，而不是产业间同类产品的交换。

（2）产业内贸易的产品流向具有双向性。即同一产业内的产品，可以在两国之间相互进出口。

（3）产业内贸易的产品具有多样性。这些产品中既有资本密集型，也有劳动密集型；既有高技术，也有标准技术。

（4）产业内贸易的产品必须具备两个条件：一是在消费上能够相互替代；二是在生产上需要相近或相似的生产要素投入。

（三）产业内贸易形成的原因

1. 同类产品的异质性是产业内贸易的重要基础

从实物形态上，同类产品可能因商标、牌号、款式、包装、规格等方面的差异而被视为异质产品，即使实物形态相同，也可能由于信贷条件、交货时间、售后服务和广告宣传等方面的差异而被视为异质产品。这种同类的异质性产品可以满足不同消费心理、消费欲望和消费层次的消费需要，从而导致不同国家之间产业内贸易的产生与发展。

2. 规模经济收益递增是产业内贸易的重要成因

大多数经济学家认为，规模经济能够解释产业内贸易的形成。他们指出，生产要素比例相近或相似的国家之间能够进行有效的国际分工和获得贸易利益，主要原因是其企业规模经济的差别。一国的企业可通过大规模的专业化生产，取得规模节约的经济效果，其成本随着产量的增加而递减，使生产成本具有比较优势，打破各生产企业之间原有的比较优势均衡状态，使自己的产品处于相对的竞争优势，在国际市场上具有更强竞争力，扩大了产品出口。这样，产业内部的分工和贸易也就形成了。例如，二战后日本汽车、彩电进入美欧市场就是有力的见证。

3. 经济发展水平是产业内贸易的重要因素

经济发展水平越高，产业部门内异质性产品的生产规模也就越大，产业部门内部分工就越发达，从而形成异质性产品的供给市场。同时，经济发展水平越高，人均收入水平也越高，较高收入水平的消费者的需求会变得更加复杂、更加多样化，呈现出对异质性产品的强烈需求，从而形成异质性产品的需求市场。当两国之间人均收入水平趋于相等时，其需求结构也趋于接近，产业内贸易发展倾向会增强。

五、国家竞争优势理论

20 世纪 70～90 年代，美国哈佛大学商学院教授迈克尔·波特（Michael E. Porter）相继出版了《竞争战略》《竞争优势》《国家竞争优势》三本书，引起了西方经济学界和企业界的高度重视。这三本书分别从微观、中观和宏观三个层面较为系统地论述了“竞争”（企业竞争、产业竞争、国家竞争）问题，系统地提出了竞争优势理论（the competitive advan-tage of nations）。

（一）国家竞争优势理论的内涵

迈克尔·波特的国家竞争优势理论，站在产业层次，以产业经济为突破口，认为国家竞争优势取决于产业竞争优势，而产业竞争优势又决定了企业竞争优势，是一种从企业层面扩展到国家层面，并兼顾微观、中观、宏观三个层次的系统理论。

（二）国家竞争优势的决定因素

波特将竞争优势的各个方面归为四类：生产要素，需求状况，相关产业和支持性产业，企业战略，结构和竞争对手，这四者组成一个系统，共同决定着国家的竞争优势。另外，国家竞争优势还受到机遇和政府作用的影响，但它们都要通过四组基本因素才能影响国家竞争优势，所以属于辅助因素。它们构成著名的“钻石模型”（见图2-2）。

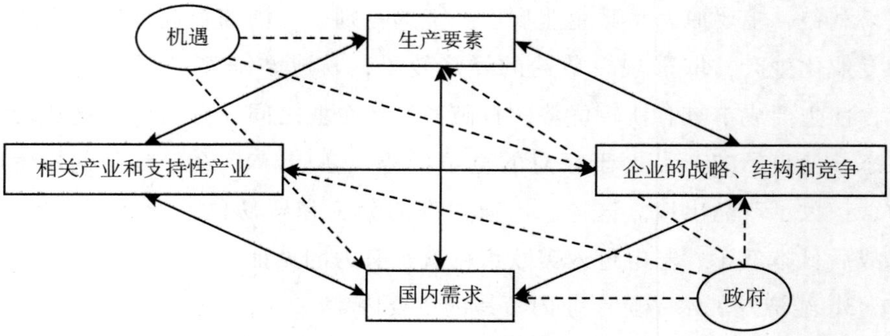

图2-2 国家竞争优势的决定因素

1. 生产要素

生产要素是指一个国家在特定产业竞争中有关生产方面的表现，包括可耕土地、自然资源、人力资源、资本资源、知识资源和基础设施等。这些资源可进一步分为基本要素和高级要素两类，前者是指一国先天拥有或不用太大代价就能得到的要素，如气候、非熟练或半熟练劳动力等；后者是指通过长期投资或培育才能创造出来的要素，如现代化的基础设施、高素质的人力资源或高技术等。在过去，基本要素在许多行业对企业的竞争优势中有决定性的影响。但现在，其重要性日趋减弱，取而代之的是高级要素。高级要素的优势是企业国际竞争力在未来持续而可靠发挥的源泉。

2. 需求状况

需求状况是指本国市场对该项产业提供的产品或服务的需求情况。波特认为，国内需求状况的不同会导致各国竞争优势的差异。国内需求可分为细分的需求、挑剔的需求和前需性需求三种。国内需求对竞争优势最重要的影响是通过国内买主的结构和买主的性质体现的。不同的国内需求使厂商对买方需求产生不同的看法和理解，并做出不同的反应。某国的国内需求给当地厂商及早地提供需求信号或给当地厂商施加压力，要他们比国外竞争者更快地创新，提供更先进的产品，该国最有可能在该产业获得竞争优势。

3. 相关产业和支持性产业的表现

相关产业和支持性产业的表现是指相关产业和上游产业是否具有国际竞争力。相关产业是指因共有某些技术、共享同样的营销渠道或服务而联系在一起的产业或具有互补性的产业。一个国家的产业要想获得持久的竞争优势，就必须在国内具有在国际上有竞争力的供应商和相关产业。支持性产业以下列两种方式为下游产业创造竞争优势：（1）以最有效的方式及早、迅速地为国内公司提供最低成本的投入品；（2）不断地与下游产业合作，促进下游产业的创新。一个国家如果有许多相互联系的有竞争力的产业，该国便很容易产生新的有竞争力的产业。因此，有竞争力的几种相关产业往往同时在一国产生。

4. 企业战略、结构和竞争对手

企业战略、结构和竞争对手是指企业在一个国家的基础、组织和管理形态，以及国内市场竞争的表现，包括公司建立、组织和管理的环境，以及国内竞争的性质。不同国家的公司在目标、战略和组织方式上都大不相同。国家优势来自对它们的选择和搭配，国家竞争优势的获得还取决于国内的竞争程度，激烈的国内竞争是创造和保持竞争优势最有力的刺激因素。

上述四种因素是国家竞争优势的决定因素，其情况如何直接导致国家竞争地位的变化。但除了上述四种因素外，还有两个重要变量，对国家的竞争优势产生重要影响，这就是机遇和政府。在国际上成功的产业大多从机遇中得到过好处。例如，微电子时代的到来，使美国和德国失去了在众多以机电为基础的产业中的支配地位，为日本公司的崛起提供了机会。西方国家对来自中国香港和日本的服装进口施加限制，使新加坡的服装业发展起来。

5. 机遇

机遇包括重要的新发明、重大技术变化、投入成本的巨变（如石油危机时）、外汇汇率的重要变化、突然出现的世界或地区需求、外国政府的政治决定和战争等。机遇对于竞争优势也是非常重要的，其重要性在于它可能打断事物的发展进程，改变一个国家在一个产业中的国际竞争地位，使原来处于领先地位公司的竞争优势无效，使落后国家的公司能顺应局势的变化，抓住机会获得竞争优势。

6. 政府

政府对国家竞争优势的作用主要在于对四种决定因素的影响，政府可以通过补贴、对资本市场加以干预或制定教育政策等影响要素条件，通过确定地方产品标准、制定规则等影响买方需求（政府本身也是某些产品或服务的大买主）。政府也能以各种方式决定相关产业和支持产业的环境，影响企业的竞争战略、结构和竞争状况等，因此政府的作用十分重要。以上六种因素中，前四种因素是国际竞争优势的决定因素，它们的情况如何直接导致国家竞争地位的变化。后两种因素对国家的竞争优势产生影响。

（三）对国家竞争优势理论的评价

（1）该理论深化了对要素竞争优势的认识。例如，在要素基础上形成的竞争优势是动态变化的，要素方面的劣势也能够产生国家竞争优势。要素创造比要素禀赋，对于一个国家的竞争优势来说重要得多。

（2）该理论用贸易和对外投资相结合的思路来解释一国何以能成为一个特定产业中成功维持竞争优势的国际竞争者的母国基地。大多数先行的理论或者只涉及贸易方面，或者只涉及对外投资方面。

（3）该理论强调国内因素对于竞争优势的重要性，并在此基础上强调国家在决定国际竞争力方面的重要作用。波特的理论观点弥补了传统理论的不足，对于发展国家竞争优势无疑具有积极的指导意义。

总之，国家竞争优势理论不仅对当今世界经济和贸易格局进行了理论上的归纳总结，而且为国家未来贸易地位的变化提供了具有一定前瞻性的预测。

小　　结

系统的国际贸易理论是从古典贸易理论开始的。古典贸易理论主要有亚当·斯密的绝对成本理论和大卫·李嘉图的比较成本理论。由于亚当·斯密的绝对成本差异的约束条件在现实生活中难以满足，且存在一定的局限性；大卫·李嘉图放松了绝对成本差异的前提条件，以比较成本的差异为前提进行假设，建立了比较成本理论，从而奠定了自由贸易理论的基础。

汉密尔顿和李斯特的幼稚产业保护理论也是产生于资本主义自由竞争时期，这说明资本主义国家在工业化进程中发展的不均衡性，即使在自由竞争时期，弱国同样惧怕竞争。汉密尔顿和李斯特的贸易保护理论为工业发展较为落后的国家实行贸易保护政策提供了理论依据。

新古典贸易理论承认比较利益是国际贸易发生的基本原因，而且找到了比较利益得以形成的源泉，那就是贸易双方要素禀赋的差异。但是新古典贸易理论的前提过于苛刻，不能解释一些贸易现象。由于“里昂惕夫之谜”的提出，许多经济学家试图对此作出解释，因此丰富和发展了国际贸易理论。

二战后，伴随着科技革命和国际贸易格局的变化，国际贸易理论也呈现出新发展的局面，这些理论发展迅速，而且一直处于发展中，其理论众多，结构庞杂。具有代表性、影响较大的理论主要包括产品生命周期理论、产业内贸易理论等。

思政园地

中国制造业在GDP中的比重，已从2016年开始由最高点约30%持续性下降至27%。因此需要稳住实体经济，稳住制造业。毋庸置疑，中国制造业过于依赖成本优势，且在这一优势不断被削减的时候没有建立起技术和品牌优势，是制造业比重过早下降的主要原因。中国出口的产品当中，有相当一部分属于代工生产，比如手机、电脑等电子产品，以及服装鞋帽等传统产业。代工价值链主要在境外，中国一些企业只负责依托成本和效率优势从事生产环节。当生产环节成本提高后，代工就可能发生转移。也就是说，中国制造的可替代性较高。为了降低生产成本，对冲人工成本的上升，中国制造业正在大规模地使用机器人进行自动化生产，但这种努力的本质依然是维持生产成本优势。

（资料来源：21社论．促进制造业价值链升级　提高中国制造的国际竞争力［N］.21世纪经济报道，2021－03－31（001）.）

思考：如何促进制造业价值链升级，提高中国制造的国际竞争力？

习　题

一、单项选择题

1．“如果国外制造的产品比我们自己制造的更加便宜，我们就应当用我们自己有利的产业生产出来的一部分商品去换他们的产品。”这种观点属于（　　）。

A．绝对成本理论　　　　B．相对成本理论

C．相互相似理论　　　　D．产业内贸易理论

2．如果贸易双方有一方的产品并不具备成本优势，但是仍然参与国际交换，那么可以用（　　）来解释。

A. 绝对成本理论　　B. 相对成本理论

C. 要素禀赋理论　　D. 贸易保护理论

3. 按照要素禀赋理论的解释，在国际贸易中，一国要出口本国（　　）要素所生产的产品。

A. 稀少　　B. 充裕　　C. 低价　　D. 高价

4. 甲国生产一只表需要5个单位劳动时间，生产一个时钟需要8个单位劳动时间，乙国生产表需要6个单位劳动时间，生产时钟需要10个单位劳动时间。请问若两国要进行国际贸易，应该（　　）。

A. 甲国同时生产表和时钟　　B. 乙国同时生产表和时钟

C. 甲国生产表，乙国生产时钟　　D. 甲国生产时钟，乙国生产表

5. 第4题中，甲、乙两国应该按照（　　）原则进行分工生产并交换。

A. 绝对成本理论　　B. 相对成本理论

C. 要素禀赋理论　　D. 产业内贸易理论

6. 根据李斯特的贸易保护理论，在（　　）应当实行贸易保护政策。

A. 原始未开化时期　　B. 畜牧业时期

C. 农业时期　　D. 农工业时期

7. 李斯特主张贸易保护要有一定的期限，最长为（　　）年。

A. 10　　B. 20　　C. 30　　D. 40

8. 里昂惕夫用投入—产出的方法考察美国对外贸易商品结构，发现美国的出口的是（　　）。

A. 劳动密集型产品　　B. 资本密集型产品

C. 技术密集型产品　　D. 资本和技术密集型产品

9. 产业内贸易的重要原因是（　　）。

A. 同类产品的异质性　　B. 贸易两国消费者偏好相似

C. 贸易两国的技术差异　　D. 产品处于不同生命周期

10. 两国的需求结构越相似，两国的贸易量就越大。这属于（　　）。

A. 产品生命周期理论　　B. 产业内贸易理论

C. 需求相似理论　　D. 技术差距理论

二、简答题

1. 绝对成本理论与比较成本理论的区别是什么？

2. 资源禀赋论的主要内容是什么？

3. 简述李斯特幼稚产业保护理论的主要内容，该理论对发展中国家有何指导意义？

4. 谈谈你对里昂惕夫之谜的理解。

5. 论述产业内贸易的原因与结果。

6. 何谓产品生命周期理论?

7. 按照迈克尔·波特的国家竞争优势理论，一国的竞争优势是由哪些因素决定的?

第三章　国际贸易政策

[学习目标]

了解国际贸易政策的概念和内容，掌握国际贸易政策的两种基本类型，理解制定对外贸易政策的主要依据，熟悉对外贸易政策的演变过程，了解当代发达国家对外贸易政策的发展趋势和发展中国家对外贸易政策的选择，并能分析现实问题。

知识目标：能正确表述国际贸易政策的概念、内容及演变过程，区别国际贸易政策的两种基本类型，阐明制定对外贸易政策的主要依据。

能力目标：能应用对外贸易政策分析现实问题。

素养目标：树立正确的国家贸易利益观，深刻认识维护国家正当贸易利益的重要性。

本章重点：

1. 国际贸易政策的基本类型
2. 制定对外贸易政策的主要依据

本章难点：

对外贸易政策各发展过程的特点

开篇案例

新冠肺炎疫情发生后，我国外贸已连续18个月保持正增长，前三季度外贸出口增量占GDP增量的比重达27.8%，创10年来的同期新高。不过，外贸企业尤其是小微企业也面临许多困难和挑战。

面对这样的情况，近期多部门综合施策，为外贸增长“开门稳”添柴加火。

在加强对进出口的政策支持上，国务院常务会议进行部署：一是落实减税降费措施；二是加快出口退税进度，把退税平均时间压缩至6个工作日以内；三是引导银行结合外贸企业需求创新保单融资等产品；四是保持人民币汇率基本稳定，鼓励银行有针对性地开展远期结售汇业务，提升外贸企业应对汇率风险的能力。

商务部会同国家发展改革委、财政部、人民银行等22个相关部门和单位，着眼2022年我国外贸面临的现实困难，出台加强财税金融政策支持、进一步鼓励跨境电商等外贸新业态发展、缓解国际物流等外贸供应链压力、支持重点产业重点企业四方面15条政策措施。

国家发展改革委经济贸易司相关负责人表示，有必要采取跨周期调节措施，确保外贸运行在合理区间。一是抓好稳外贸工作任务落实；二是加强外贸进出口分析研判；三是加强外贸领域重大问题研究；四是大力推动海外仓高质量发展。

在系列稳外贸举措的作用下，2022年我国外贸有望保持韧性。

（资料来源：陈芳．一揽子稳外政策“落子” 出口增速将保持韧性[N]．上海证券报，2022-01-08（002）．）

一国的国际贸易政策随着世界政治、经济与国际关系的变化，本国在国际分工体系中地位的变化，以及本国产品在国际市场上竞争能力的变化而不断变化。因此，在不同时期，一个国家往往实行不同的对外贸易政策，在同一时期的不同国家，也往往实行不同的对外贸易政策。

第一节 对外贸易政策概述

一、国际贸易政策的含义、特征及内容

（一）含义

在当今世界经济中，国际贸易政策在各国经济增长和经济发展中起着重要的作用，它已成为国际贸易环境的重要组成部分。一个国家的对外贸易政策是该国在一定时期内对进口贸易和出口贸易所实行的政策，是一个国家经济政策和对外政策的重要组成部分。这一范畴包含四个基本因素，即贸易政策理论、贸易政策措施、贸易政策目标和贸易政策福利效果。其中，国际贸易政策理论是国际贸易政策得以确立的理论基础。而各种形式的对外贸易干预措施是贸易政策得以贯彻、落实的工具，如关税措施、非关税措施、汇率措施、利率措施、税收措施等，也包括建立某种贸易制

度。至于贸易政策的福利效果，则是以本国获取最大限度的利益为尺度的评估或成本—效益分析。人们评价一个贸易政策的好坏或福利水平的高低，关键在于这种政策是否达到了政府选定的目标。因此，在研究一种贸易政策时，目标是非常重要的，应该说不同的政策目标是评价一个贸易政策优劣的前提。

（二）特征

一个国家的对外贸易政策具有如下特征。

1. 对外贸易政策是一国整体经济政策的组成部分

它服从于国家整体经济发展的需要，并与一个国家经济发展的阶段相适应。在产品短缺的经济阶段，国内有效需求旺盛，对外贸易政策的目标主要在于鼓励紧缺物资的进口；而当经济发展过渡到产品过剩阶段，国内有效需求严重不足，需要通过鼓励出口推动经济增长，对外贸易政策的目标在于鼓励出口。这样，对外贸易政策目标与手段，就要与国家整体经济政策目标和手段相协调。

2. 对外贸易政策与外交政策密切相关

对外贸易政策与外交政策是相互促进、相互服务的，但从整体上说，由于国家经济利益是最大的和最实际的利益，因此，外交政策通常服务于对外贸易政策。

3. 对外贸易政策具有很强的实践性和时效性

各国对外贸易政策的制定、执行要根据世界贸易活动的大环境，针对本国经济发展的实践，不断进行选择和修订。由于世界上国家众多，经济发展水平和发展速度不同，各国的对外贸易政策常常处于频繁变动之中，因此，国际贸易的操作也处于不断变化中。

4. 对外贸易政策与对外贸易措施是既相关又不能混同的一对概念

政府的对外贸易管理是通过各项措施来实施的，对外贸易政策是通过对外贸易措施得到贯彻和体现的，两者密不可分。但是，它们又有根本的区别，主要表现在：（1）对外贸易措施只是管理手段或者说是政策工具，它们体现对外贸易政策的内容，是政策的载体，而不直接等于政策本身。（2）对外贸易政策在对外外贸管理中处于决定的、主导的地位；对外贸易措施是根据对外贸易政策的目标和内容确定的，处于从属地位。（3）对外贸易措施作为手段和工具，其本身是中性的，可以对对外贸易进行不同方向的调节；对外贸易政策却是政府的主观选择，有明显的倾向性，并且是相对稳定的。（4）对外贸易措施依据经济规律、市场经济法则起作用，在对外贸易政策的形成过程中，则渗透着许多非经济因素的影响。

（三）内容

1. 对外贸易总政策

对外贸易总政策是各国从整个国民经济出发，根据本国国民经济的整体状况及发展战略，结合本国在世界经济格局中所处的地位而制定的，是在较长时期内实行的政策。例如，实施保护贸易政策抑或比较开放的自由贸易政策。它是各国发展对外经济关系的基本政策，是整个对外贸易政策的立足点。

2. 进出口商品政策

进出口商品政策是各国在本国对外贸易总政策的基础上，根据经济结构和国内外市场的供求状况而制定的政策。其基本原则是对不同的进出口商品实行不同的待遇。主要体现在关税的税率、计税价格和课税手续等方面的差异。

3. 国别政策

国别政策是各国根据对外贸易总政策，依据对外政治经济关系的需要而制定的国别和地区政策。它在不违反国际规范的前提下，对不同国家采取不同的对外贸易政策和措施。对不同国家规定差别关税率和差别优惠待遇是各国国别政策的基本做法，如对美贸易政策、对日贸易政策等。

二、国际贸易政策的类型

国际贸易政策的类型是指各种贸易政策组合状态的基本倾向。一个国家的对外贸易政策若按政策倾向来划分的话，有两大基本类型，即自由贸易政策和保护贸易政策。

（一）自由贸易政策

自由贸易政策是指国家对进出口贸易活动一般不干预或尽可能不干预，对商品进出口不设置障碍，对进出口商不给予优惠特权，也不对外贸活动进行管制和干涉，从而使商品和服务能自由地进出口和实行自由竞争的贸易政策。

自由贸易政策的渊源可追溯到 15 ~ 17 世纪，最早提倡自由经济思想的是法国重农学派的代表人物弗朗斯瓦·魁奈（Fransois Quesnay）。他认为，自然界有自然法则，人类社会的活动也与自然界一样有其自然秩序，而实现自然秩序的唯一途径就是经济自由。这种思想应用于经济政策上，则反对重商主义的干预与征收高额进口关税的做法，倡导自由经济政策，鼓励以农产品为中心开展自由贸易。

英国学者大卫·休谟（David Hume）在重农主义的影响下，提出了“物价与金银流通的调整机能”理论。该理论认为，一个国家出超，黄金将流入，国内货币供给量自动增加，国内物价上涨，外国产品将变得更便宜，输入将增加；当一个国家入超时，黄金将流出，国内货币供给量减少，物价下跌，本国产品将更具有国际竞争力，输出将增加。这样在物价与金银流动的调整下，贸易不平衡情况会自然得到改善，政府采取干预政策毫无意义。休谟的理论使重商主义发生了根本性动摇。

这一时期，英国发生了产业革命，为解决国内市场狭小、原材料供应不足的矛盾，人们逐渐认识到重商主义的弊端，因此，亚当·斯密的《国富论》应运而生。在亚当·斯密的绝对优势理论的基础上，大卫·李嘉图继而提出了根据各国比较优势来参与国际分工的理论，从而为自由贸易政策提供了强有力的理论依据。

自由贸易政策措施具体有：

1. 取消外贸经营特权

外贸经营特权是指只有具备进出口经营权的公司，才能直接经营进出口业务。没有进出口权的公司则可以采用委托外贸公司代理出口等方式进行。为了促进国际贸易的发展，早期英国废止东印度公司对印度和中国的贸易垄断权，将贸易经营权范围扩大到一般涉外公司。中国改革开放后，中国的外贸经营权逐渐下放。在计划经济体制下，我国的外贸经营还属绝对的“特权”，在高度集中的外贸垄断经营体制下，只有十余家外贸部直属的国营外贸总公司。改革开放40多年来，我国外贸经营权从集权到放权、分权，单一的垄断经营格局最终被主体多元、全面竞争的经营格局取代。

2. 降低关税税率

资本主义自由竞争时期，各发达国家纷纷降低关税；战后贸易自由化时期，各国关税水平更是大幅度降低。目前，发达国家进口工业品的平均关税由二战时的40%下降到3.7%，发展中国家进口工业品的加权平均关税也下降到11%。

3. 签订自由贸易条约

签订自由贸易条约是指一国或多国之间签订双边或多边贸易条约，如欧洲煤钢共同体条约、欧洲经济共同体条约、欧洲联盟条约、美加自由贸易协定、北美自由贸易协定、东南亚自由贸易宣言等。建立国际贸易组织，二战后最初建立了调整缔约方对外贸易政策和国际贸易关系方面的相互权利、义务的关税及贸易总协定（GATT）。由于关贸总协定的临时地位和其局限性，关贸总协定自1948年1月1日起实施，到1994年12月31日结束其历史使命，被世界贸易组织（WTO）取代。

4. 减少非关税壁垒

除关税措施以外的一切限制进口的措施，都是非关税壁垒。如进口配额制、进口许可证制、外汇管制、进口押金制等。作用是放宽或取消进口数量限制；放宽或解除外汇管制等。

在20世纪30年代的资本主义世界性经济危机时期，商品价格暴跌，仅通过大幅度提高关税税率，难以有效地限制商品进口。因此，资本主义国家广泛采用进口配额、进口许可证和外汇管制等非关税壁垒措施。此外，复杂的海关手续，烦苛的技术标准、卫生检疫规章等也被广泛地用来限制进口。第二次世界大战结束初期，许多资本主义国家仍然实行严格的限制进口措施，但从20世纪50～70年代初，发达资本主义国家除了大幅度降低关税外，还放宽和取消非关税壁垒的措施，扩大进口自由化，增加“自由进口”商品，放宽与取消外汇管制，实行货币自由兑换。

（二）保护贸易政策

保护贸易政策，是指国家广泛利用各种限制进口和控制经营领域与范围的措施，保护本国产品和服务在本国市场上免受外国商品和服务等的竞争，并对本国出口商品和服务贸易给予优惠和补贴。

保护贸易政策始于15～16世纪的重商主义时期，当时正是资本主义生产方式的准备阶段，为促进资本原始积累，西欧各国实行强制性的贸易保护政策。通过限制货币（金银）出口和扩大贸易顺差的办法增加货币的积累。至18世纪末19世纪初，随着产业革命的完成和资本主义生产方式统治地位的确立，保护贸易政策的主导地位逐步被自由贸易政策所取代，但是美国和德国还是坚持奉行保护贸易政策，以保护本国的新兴工业即幼稚产业，使之免受英国商品的竞争。到了19世纪末20世纪初，资本主义进入垄断阶段，各国争夺世界市场的斗争加剧，为了垄断国内市场和开拓国际市场，西方发达国家纷纷推行超保护贸易政策。20世纪70年代以后，由于美国经济地位下降，西欧、日本等国崛起，美国在世界市场上的优势地位逐渐丧失，因此导致国内保护主义势力抬头，继而导致美国采取保护贸易政策。

保护贸易政策措施具体有：

1. 关税壁垒

较高的关税税率，可以大幅增加进口商品的成本，抬高进口商品的价格，使进口商品失去与当地商品竞争的能力，进而阻止外国商品的进口，因此，税率较高的关税又称为关税壁垒。重商主义时期，各国使用关税壁垒是为了增加贸易顺差，积累金银货币财富。资本主义自由竞争时期，美国、德国实行保护贸易政策，扶持本国幼稚工业，主要是使用关税壁垒保护国内市场。

2. 非关税壁垒

进入20世纪70年代以后，西方国家普遍出现了较为严重的经济“滞胀”局面。即经济增长缓慢，通货膨胀率和失业率则居高不下。在此情形下，为了增加国内需求，刺激经济增长，西方各国又普遍推行了保护贸易的政策，被称为“新贸易保护主义”，主要采用非关税壁垒限制商品进口。二战后由于关税壁垒受到关贸总协定的制约，以提高关税水平来实现贸易保护已不现实。

各种非关税壁垒措施在20世纪70年代约有530种，到乌拉圭回合多边贸易谈判开始时非关税措施有2,500多种。在这个过程中，非关税措施的歧视性不断增强。发达国家往往根据与不同国家的政治经济关系，采取不同的非关税措施，甚至将非关税措施作为手段，对某些特定的国家进行“报复”，以达到某种政治经济目的。

3. 鼓励出口措施

一国政府为了调动企业及个人的出口创造积极性，扩大本国产品出口，在经济上、立法上、组织上、精神上采取的一切措施和方法。

重商主义时期和自由竞争时期的保护贸易政策主要采取关税壁垒的限入措施，“新贸易保护主义”奖出限入措施的重点就由限制进口转向鼓励出口。

4. 区域性贸易壁垒

同区域内的国家组成区域经济集团对内实行贸易自由化，对外实行贸易保护政策，由此构成区域性贸易壁垒。

自从“新贸易保护主义”兴起，保护贸易壁垒便从国家贸易壁垒转向区域性贸易壁垒。世界经济区域集团化是战后世界经济的一个重要发展趋势，目前世界范围内的多数国家都已不同程度地加入了某个或某几个区域经济一体化组织。在此基础上建立的贸易集团具有排他性，即在对内加强贸易自由化的同时，又联合起来一致对外，排挤和打击集团以外的竞争者。在这种情况下，区域性的贸易壁垒正在逐渐取代国家性的贸易壁垒，在新贸易保护主义的潮流中发挥着越来越大的作用。

三、影响一国对外贸易政策的因素

一个国家在一定时期内是采取自由贸易政策还是推行保护贸易政策，一般要取决于下列因素的综合作用。

（一）经济发展水平和产品竞争能力

一般来说，如果一个国家的经济发展水平较高，技术较为先进，资金较为充裕，产品竞争力较强，就会倾向 4 于推行自由贸易政策，以期在国际市场的自由竞争中获得更大的经济利益；反之，如果一个国家的经济发展水平较低，资金和技术等生产要素处于劣势，其产品在国际市场上缺乏竞争能力，就会倾向于实行保护贸易政策，以避免在国际市场上遭受更大损失。

（二）经济结构与产业结构

在传统产业占主导地位，而现代工业尚未得到成长的国家，为保护传统产业免遭国外同类行业先进力量的冲击，促进幼稚工业的发展，往往会推行保护贸易政策；相反，经济结构和产业结构已高度现代化的国家，则一般通过推行自由贸易政策来获得更多的外部市场。

（三）经济发展战略

一般而论，采取外向型经济发展战略的国家，就会制定较开放和自由式的外贸政策，因为采取外向型经济发展战略的国家对外贸易对其经济发展非常重要，因此会主张在世界范围内实行竞争和合作。相反，采取内向型经济发展战略的国家则对世界范围内的贸易竞争和合作缺乏紧迫感，不仅如此，为了保护本国产业的成长，它们往往还会采取较为强硬的贸易保护政策。

（四）国内经济状况

当一国国内经济发展滞缓，尤其出现经济萧条，进而失业增加，国际收支失衡，外贸逆差扩大。当产品竞争力下降时，它就会倾向于阻碍和排挤外来商品的输入，实行贸易保护主义政策。反之，如果一国国内经济发展势头良好，兴旺繁荣，国际竞争力上升时，其对外贸易政策中的自由主义成分就会增加。

（五）各种利益集团力量的对比

不同的贸易政策对本国不同的利益集团会产生不同的利益影响。如自由贸易政策有利于出口集团、进出口贸易商和消费者，但不利于进口竞争集团，因为在实行自由贸易政策的条件下，这个集团生产的商品面临着进口产品的有效竞争。因此，一般而言，那些同进口商品发生竞争关系的行业及其外围组织，是推行贸易保护主义的中坚力量，而以出口商品生产部门为中心的参与许多国际经济活动的各种经济力量，则是自由贸易的推崇者。

（六）政府领导人的经济思想与贸易思想

虽然各国对外贸易政策的制定与修改是由国家立法机构来进行的，但是政府机构尤其是政府领导人往往拥有某些特殊的合法权利，如在美国，通常授予美国总统在一定范围内制定某些对外贸易法令、进行对外贸易谈判、签订贸易协定、增减关税和确定进口商品数量等权力。因此，政府领导人的经济贸易思想也是影响贸易政策思想的重要因素之一。

（七）本国与他国的政治经济关系

一般情况下，一国往往对那些政治外交关系友好、经济上不与自身构成威胁的国家开发国内市场，扩大贸易水平和技术的出口，而对那些政治上或经济上对立的国家，则倾向于采取保护贸易政策。

第二节　对外贸易政策的历史演变

一国的对外贸易政策随着世界政治、经济与国际关系的变化以及本国在国际分工体系中地位的变化、本国产品在国际市场上竞争能力的变化而不断变化。因此，在不同时期，一个国家往往实行不同的对外贸易政策；在同一时期的不同国家，也往往实行不同的对外贸易政策。

一、重商主义时期（15～17世纪）

在15～17世纪资本主义生产方式准备时期，商业成为人们生活不可或缺的业态，商业资产阶级占据了经济生活的主流地位。为了完成资本的原始积累，英国、法国等欧洲资本主义国家信奉重商主义的学说和政策，积极推行国家干预对外贸易的做法，采取严厉的贸易保护措施。早期重商主义者认为只有货币才是财富，他们追求的目标是获取对外贸易顺差，在国内积累货币财富，把贵重金属留在国内。因此，由政府或国王本人直接垄断或管制对外贸易，采取一系列行政法律措施，严禁奢侈品进口和金银出口。重商主义晚期，工场手工业和航海运输业迅速发展，商业资产阶级认识到不应当对货币的运动过分加以限制。于是，由管制金银的进出口变为管制货物的进出口，试图用更多的出口来获取贸易顺差和金银进口这样，他们除了向原料进口提供优惠外，对其他进口货物则实行保护关税和种种限制措施，同时采用各种强有力的政策手段奖励出口。因此，该时期西欧各国普遍推行的是典型的保护贸易政策，贸易政策代表了商业资产阶级的利益。

二、自由贸易政策和保护贸易政策并行时期（18 世纪中叶～19 世纪末）

18 世纪中叶～19 世纪末，资本主义进入自由竞争时期。资本主义工业生产占据了经济生活中的统治地位。各国在资本主义的经济基础上建立了适合工业资产阶级利益的对外贸易政策。但由于各国工业发展水平不同，采取的贸易政策也不完全相同。

英国首先采取自由贸易政策。一方面，英国在产业革命后，工业迅速发展，“世界工厂”的地位确立并巩固，其产品具有强大的国际竞争力；另一方面，英国需要以工业制成品的出口换取原料和粮食的进口。为此，英国资产阶级迫切要求国内外政府放松对外贸活动的管制。经过长期斗争，英国在 19 世纪初期逐步取得自由贸易政策的胜利。当时的自由贸易政策是国家对进出口贸易不设置任何障碍、不进行干预，让商品在国内外市场自由竞争，所以是一种开放性的贸易政策。

同时期，与英国形成鲜明对照的是美国和西欧的一些国家，如德国推行保护贸易政策。基本原因是这些国家工业发展水平不高。经济实力和商品竞争能力都无法与英国相抗衡，需要采取强有力的政策措施（主要是保护关税措施）以保护本国的幼稚工业，避免遭受英国的商品竞争。因而逐步实行了一系列鼓励出口和限制进口的措施。

三、超保护贸易政策时期（19 世纪末至二战结束）

从 19 世纪末到第二次世界大战期间，资本主义处于垄断时期。在这一时期，垄断代替了自由竞争，成为一切社会经济生活的基础。此时，各国普遍完成产业革命，工业得到迅速发展，世界市场的竞争变得越来越激烈。尤其是 1929～1933 年的世界性经济危机，使市场矛盾进一步尖锐化。于是各国垄断资产阶级为了垄断国内市场和争夺国外市场，纷纷要求实行超保护贸易政策。超保护贸易政策是一种侵略性的贸易保护政策，与自由竞争时期的保护贸易政策相比有着明显的区别。

（1）保护的对象不同。超保护贸易政策不仅保护幼稚工业，而且更多地保护国内高度发展或出现衰落的垄断工业。

（2）保护的目的不同。超保护贸易政策不再是培养自由竞争的能力，而是巩固和加强对国内外市场的垄断。

（3）保护转入进攻性。以前是防御性的限制进口，超保护贸易政策是要在垄断市场的基础上对国内外市场进行进攻性扩张。

（4）保护的措施多样。不仅有关税，还有其他各种各样非关税措施。

（5）保护的阶级不同。它保护的不是一般的工业资产阶级，而是保护垄断资产阶级。两次世界大战期间的超保护贸易政策造成世界贸易量急剧萎缩，以1929年世界贸易水平为100，1932年降为39.1，1934年为34，直到1938年才恢复到40.5。

四、贸易自由化时期（二战后至20世纪70年代初）

二战后，百废待兴，市场需求旺盛，缓解了垄断资产阶级激烈的市场竞争，这为二战后贸易自由化提供了大前提。同时，美国的实力空前提高，强大的经济实力和膨胀的经济，使其既有需要又有能力冲破当时发达国家所流行的高关税政策。日本和西欧为了战后经济的恢复和发展，也愿意彼此放松贸易壁垒，扩大出口。此外，科技的发展和国际分工进一步深化，推动了生产国际化、资本国际化，跨国公司迅速兴起，迫切需要一个自由贸易环境以推动商品和资本的流动。于是，这一时期发达资本主义国家的对外贸易政策先后出现了自由化倾向，这种倾向主要表现在大幅度削减关税和降低或撤销非关税壁垒。其中，关贸总协定（GATT）缔约方的平均进口最惠国税率下降至5%左右。欧洲共同体（简称欧共体，现为欧洲联盟）实行关税同盟，对内取消关税，对外减让关税，使关税大幅度下降。此外，在发展中国家的努力下，发达国家给予来自发展中国家的制成品和半制成品的进口以普遍优惠制待遇。在非关税减让方面，发达国家不同程度地放宽了进口数量限制，扩大进口自由化，增加自由进口的商品。放宽或取消外汇管制。实行货币自由兑换，促进了贸易自由化的发展。

五、新贸易保护主义时期（20世纪70年代后）

（一）新贸易保护主义产生的原因

新贸易保护主义形成于20世纪70年代中期。其间，资本主义国家经历了两次经济危机，经济出现衰退，陷入滞胀的困境，就业压力增大，市场问题日趋严重。以国内市场为主的产业垄断资产阶级和劳工团体纷纷要求政府采取保护贸易措施。此外，由于工业国家发展不平衡，美国的贸易逆差迅速上升，其主要工业产品如钢铁、汽车、电器等，不仅受到日本、西欧等国家的激烈竞争，甚至面临一些新兴工业化国家及其他出口国的竞争威胁。在这种情况下，美国一方面迫使拥有巨额贸易顺差的国家开放市场，另一方面则加强对进口的限制，因此美国成为新贸易保护主义的重要策源地。美国率先采取贸易保护主义措施，引起了各国贸易政策的连锁反应。各国纷纷效尤，致使新贸易保护主义得以蔓延和扩张。

"9·11"事件以后，世界经济也出现衰退，美国、日本和欧盟经济滞涨甚至出现下滑，就业压力增加。为了保护本国市场，各国加大了对国外产品的歧视力度，新贸易保护主义重新抬头。

（二）新贸易保护主义的主要特点

新贸易保护主义是相对于自由竞争时期的贸易保护主义而言的，它与自由竞争时期的保护贸易相同的是它们都是防御性的政策。此外，新贸易保护主义具有以下特点。

1. 限制进口措施的重点发生转移

随着世界经济全球化、世界贸易组织达成的各项协议的实施，世界各国纷纷大幅度降低关税和逐步取消配额、许可证等数量限制。贸易保护措施的重点由关税壁垒转向非关壁垒，技术与贸易壁垒已经成为新贸易保护主义的重要手段。我国出口第一位的机电类产品由于受发达国家在噪声、电磁污染、节能性、兼容性、安全性等方面的技术性限制，仅 1992 年就有 80 多亿美元的出口产品受到影响，每年损失达数亿美元。欧盟于 2009 年用 ERP 指令替代 EUP 指令，提高了进口标准，将产品范围从直接用能产品扩展到间接用能产品，如窗户、淋浴喷头等产品。

2. 贸易保护范围扩大

被保护商品从传统产品、农产品转向高级工业制成品和服务部门。1977～1979 年，美国、英国、法国和意大利限制彩电进口。进入 20 世纪 80 年代后，美国对日本汽车实行进口限制，迫使日本实行"自愿出口限额"。加拿大、德国也相继采取限制汽车进口的措施。此外，在服务贸易领域，发达国家在签证申请、投资条例和收入汇回等方面加强了限制措施。

3. 贸易保护措施法制化、系统化

具体表现在两个方面：一是加强贸易立法。20 世纪 80 年代以来，许多发达国家重新修订和补充了原有的贸易法规和条例，使对外贸易有法可依，各国将对外贸易制度和法规制定了更为详细具体、操作性更强的措施。如美国，《1974 年贸易法》中的第 301 条对美国总统授权，可以对给予美国出口实施不公平待遇的国家进行报复。2009 年 2 月 25 日美国众议院通过的《2009 年综合拨款法案》中的第 727 条限制政府经费用途的方式，不允许美国相关政府部门开展自中国进口禽肉产品的解禁工作，限制了中国禽肉产品对美出口。二是把贸易问题与非贸易问题结合起来，如海关、商检、进口配额制、进口许可证制、出口管制、反倾销等进一步结合，以便各种管理制度和行政部门更好地配合与协调，加强对进出口贸易更为系统的管理。

4. 贸易保护的重点从限制进口转向鼓励出口

20 世纪 70 年代中期以来，随着发达资本主义国家之间贸易战的日益加剧，各国政府仅靠贸易壁垒来限制进口，往往会遭到其他国家的谴责和报复。因此，许多发达资本主义国家把奖出限入措施的重点从限制进口转向鼓励出口。在经济方面，通过采取出口信贷、出口信贷担保、出口补贴、外汇倾销等措施，促进本国商品的出口。在组织方面，发达国家广泛设立各种促进出口机构，协助本国厂商扩大出口。在精神方面，发达国家制定各种评奖制度，对扩大出口成绩显著的厂商给予奖励。

5. 利用区域性经济一体化集团实施新贸易保护

随着经济全球化的发展，为了减少贸易摩擦，新贸易保护主义转变为以区域性经济一体化集团为基础实行贸易保护，既增强了区域内部经济实力，也扩大了贸易保护的范围。成员方在集团内实行统一的规则进行自由贸易，而对非集团成员方建立贸易壁垒，阻止非成员方进入本区域的市场。

小　　结

对外贸易政策是一国政府为了保护本国市场、扩大商品或劳务出口、积累资本和技术而制定的贸易方针、法规及措施。发达国家在 20 世纪 50 ~ 70 年代主要推行贸易自由化政策，之后开始推行新贸易保护主义政策。发展中国家主要有进口替代发展战略和出口导向发展战略。

国家贸易政策通常由对外贸易总政策、进出口商品政策、国别或地区贸易政策构成。

各国在制定对外贸易政策的过程中，需要考虑的因素有经济发展水平和产品竞争能力、经济结构与产业结构、经济发展战略、国内经济状况。

思政园地

"一带一路"（The Belt and Road，缩写B&R）是"丝绸之路经济带"和"21世纪海上丝绸之路"的简称，2013年9月和10月由中国国家主席习近平分别提出建设"新丝绸之路经济带"和"21世纪海上丝绸之路"的合作倡议。它充分依靠中国与有关国家既有的双多边机制，借助既有的、行之有效的区域合作平台，借用古代丝绸之路的历史符号，高举和平发展的旗帜，以共商共建共享为原则，积极发展与沿线国家的经济合作伙伴关系，契合沿线国家经济升级的最迫切意愿，提供了世界经济走出阴霾的最有效方案，共同打造政治互信、经济融合、文化包容的利益共同体、命运共同体和责任共同体。

历史上，陆上丝绸之路和海上丝绸之路就是中国同亚洲、非洲和欧洲的经贸和文化交流的大通道，"一带一路"是对古丝绸之路的传承和提升，获得了广泛认可。对中国自身来讲，是促进我们对外开放和对外经济合作的总规划。对世界来讲，是提供了一个促进各国共同发展、共同繁荣的公共平台，同时是促进构建人类命运共同体的重要实践平台。

秉持共商共建共享原则。8年来，在共商共建共享原则下，中国着力打造共商国际化平台与载体，"一带一路"国际合作高峰论坛成为"一带一路"沿线国家以及国际组织深化交往、增进互信、密切往来的重要平台；中国着力打造共建合作的融资平台，由中国发起的亚洲基础设施投资银行2016年开业以来，在国际多边开发体系中发挥越来越重要的作用；中国致力于将发展成果惠及"一带一路"沿线国家、改善沿线国家民生、推动绿色发展；从倡议到行动，8年的时间坚持共商共建共享，"一带一路"建设正沿着高质量发展方向不断前进，吸引全球目光的同时，也让世界共享中国倡议的智慧成果。8年来，秉持共商共建共享原则，中国与"一带一路"沿线国家双向投资蓬勃发展。2013~2020年，中国对"一带一路"沿线国家累计直接投资达1,360亿美元，沿线国家在我国对外贸易中的比重提高了4.1个百分点。2021年是"十四五"开局之年，"一带一路"不断取得积极成效。上半年，我国与"一带一路"沿线国家货物贸易额8,245.5亿美元，同比增长37.9%。

积极打造廉洁营商环境。诞生8年来，“一带一路”仿佛一把量尺，标注了国际合作的新高度。为使“一带一路”建设走深走实，8年来，中国与沿线国家一道，营造良好法治环境、完善反腐败法治体系和机制建设，不断改善营商环境……

截至2021年，172个国家和国际组织与中国签署了200多份共建“一带一路”合作文件，推动建立了90多个双边合作机制。8年来，“一带一路”沿线国家基础设施联通不断深化，国际互联互通水平持续提升，一大批合作项目落地生根。“丝绸之路经济带”和“21世纪海上丝绸之路”从历史深处走来。世界由接纳到响应，再到积极行动。“一带一路”的发展历程，也映照着中国一步步走向伟大复兴梦想的前行足迹。

（资料来源：吴琼，陈润泽．“一带一路”倡议提出8周年中国与世界深度交融［N］. 法治日报，2021－10－01（005）.）

思考：“一带一路”倡议的国际意义。

习　题

简答题

1. 各国制定对外贸易政策的目的是什么？

2. 简述国际贸易政策的基本类型及其特征。

3. 简述国际贸易政策的历史演变。

4. 既然自由贸易有贸易保护所不具有的诸多好处，为什么到目前为止没有任何一个国家实行完全的自由贸易？

第四章　国际贸易措施

［学习目标］

知识目标：能准确地说出关税的基本含义及主要作用，非关税壁垒的含义及种类，各种鼓励出口的措施和出口限制的措施，列举公平贸易救济措施的主要手段。

能力目标：能对关税措施、非关税措施、不公平贸易救济措施对我国外贸的影响并结合相关案例进行分析，并提出规避风险的方法。

素养目标：深刻认识维护国家正当贸易利益的重要性，以及创新和技术进步的重要性，进一步激发学生参与创新的使命感。

本章重点：

1. 关税的种类
2. 非关税壁垒的种类
3. 公平贸易救济措施的主要手段

本章难点：

1. 非关税壁垒发展的新趋势
2. 反倾销

开篇案例

2006 年，为保护一些南欧制鞋企业的利益，欧盟从当年 10 月起正式对从中国进口的皮鞋征收反倾销税，税率为 16.5%，为期两年，1,200 多家中国鞋企受到影响；同年 10 月 23 日，奥康等 5 家中国鞋企上诉至欧盟初级法院。

2009 年 12 月 22 日，欧盟在“日落复审”（即在征收产品反倾销税期满时进行的行政复审）后宣布，将反倾销措施延长 15 个月。

2010 年 4 月，欧盟初级法院驳回 5 家中国鞋企的诉讼请求。

2010 年 5 月，在其他鞋企宣布放弃上诉的情况下，奥康毅然决定继续上诉至欧盟高等法院。

2012 年 11 月 19 日消息：欧盟高等法院于 2012 年 11 月 15 日下达判决书，最终裁定欧盟初级法院在审理奥康抗辩欧盟反倾销案件上，个别法律条款使用不当，欠公正。依照判决书，奥康赢得了抗辩欧盟反倾销的胜利。

奥康的胜诉，使之前欧盟委员会针对中国和越南产皮鞋征收反倾销税的法律条款失效，原则上由进口商支付的反倾销税可退还；同时，法院也已判决，奥康上诉欧盟初级法院和欧盟高等法院的诉讼费用，将获赔500余万元。

（资料来源：李丽，陈霏菲．奥康在欧打赢反倾销官司［N］．新民晚报，2012－11－20．及相关新闻报道整理。）

第一节　关税壁垒

一、关税概述

关税是最传统的贸易政策工具。第二次世界大战结束后，关税在政策工具中的地位下降，但它仍然是市场经济条件下政府调节对外经济关系的有效手段。

（一）关税的概念

关税（customs duty；tariff）是指进出口货物经过一国关境时，由政府设置的海关向本国进出口商课征的一种税收。由于征收关税提高了进出口商品的成本和价格，客观上限制了进出口商品的数量，故关税又被称为关税壁垒（tariff barrier）。

关税的历史悠久，早在欧洲古希腊、古罗马时代就出现了带有关税性质的税收。英国很早有一种“例行入市税”，是商人在进入市场时向当地领主交纳的通行税，后来把这种税称为“关税”，这个名词一直沿用至今。在封建时期，各国国内诸侯割据，关卡林立，形成了重重征税的内地关税，这不仅限制了对外贸易，也阻碍了国内的商品流通，影响了社会生产力的发展。近代关税制度是在资本主义生产方式确立以后逐渐形成的，它的一个基本特点是国境关税制，即进出口货物统一在一国国境上一次征收关税，而在同一国境内不再重征。英国最早实行这种统一的国境关税制，后来逐渐为世界各国所普遍采用。

关税的征收是通过海关来执行的。海关是设在关境上的国家行政管理机构，它授权于国家，行使国家权力，对外代表国家行使国家主权，对内代表中央政府行使对地方的权力。海关是贯彻执行本国有关进出口政策、法令和规章的重要工具，它的基本职责是根据这些政策、法令和规章对进出口货物、货币、金银、行李、邮件和运输工具等实行监督管理、征收关税、查禁走私、临时保管通关货物和统计进出口商品等。

海关对进出口货物实行监督和管理，需要规定一个地域界限，货物进入这个地域时作为进口，离开这个地域时作为出口，这个地域界限称为关境。一般说来，关境和国境是一致的，但在许多国家两者并不一致。例如，有些国家在国境内设有自由港、自由贸易区和出口加工区等经济特区，这些地区虽然在国境之内，但从征收关税的角度来看，它们是在该国的关境之外，只有进出经济特区的货物才免征关税，这时关境在范围上小于国境。有些国家相互之间结成关税同盟，参加同盟的国家领土合并成为一个关境，成员国之间免征关税，货物自由进出口，只对来自或运往非成员国的货物进出共同关境时征收关税，这时关境则大于成员国各自的国境。

（二）关税的特征

关税与其他税收一样，具有强制性、无偿性和预定性。强制性是指关税由海关凭借国家权力依法强制征收，而不是一种自愿性的捐纳，纳税人必须按照法律规定无条件地履行其义务，否则就要受到国家法律的制裁。无偿性是指关税由海关代表国家单方面地向纳税人征取，作为国库收入，而国家不需给予任何补偿。预定性是指关税由海关根据国家预先制定的法令和规章征收关税，海关与纳税人均不得任意更改有关的法规。除此之外，关税还具有以下特征。

1. 关税是一种间接税

关税的纳税人是进出口货物的当事人，但负税人却最终是消费者。货物被征收关税以后，纳税人会把税款加在商品价格中，通过商品的流转而最终转嫁给消费者。

2. 关税的课税主体和客体

关税的课税主体是本国进出口商，课税的客体是进出境的货物。当商品进出国境或关境时，进出口商根据海关的规定向当地海关交纳关税，海关根据关税法及有关规定，对课税客体即各种进出口商品征税。

3. 关税具有涉外性

关税的征收与减免将在不同程度上影响贸易方国家的经济利益，所以，关税又是国际经济合作与斗争的一个重要手段，有时还会引起国际争端，目前已成为国际谈判和协定的重要内容。

4. 关税是对外经贸政策的重要组成部分

一个国家的海关是实施其外贸政策的主要机构，海关完成这一任务的主要方式是征收关税。国家通过对不同国家和地区、不同种类的商品征以不同的关税，从而把一国的对外贸易政策表现出来。

（三）关税的作用

一国征收关税既会产生积极作用，又会产生消极作用。一国在制订关税政策时应尽量发挥关税的积极作用，并减少消极作用。

1. 积极作用

（1）增加财政收入。这是关税出现之初的基本职能。在资本主义以前和资本主义发展初期，由于各国工业不发达，税源有限，当时征收关税的主要目的是获取财政收入。这种以增加国家财政收入为主要目的而征收的关税，称为财政关税。财政关税是一国财政收入的重要组成部分。

（2）保护国内的产业和市场。对进口货物征收关税，提高了进口货物的成本，削弱了它与本国同类产品的竞争能力，因而可以起到保护本国产业和市场的目的，这样才能起到限制进口的作用，达到保护的目的。在现代国际贸易中，各国设置的关税主要是保护关税。广大的发展中国家往往通过关税来保护本国的幼稚工业，以促进民族工业的发展；而主要的发达国家设置关税则更多的是为了保护本国的成熟工业和衰退工业，以维护其既得利益。

（3）调节进出口贸易。长期以来，关税一直是各国对外贸易政策的重要手段。一国可以通过制定和调整关税税率来调节进出口贸易。在出口方面，通过低税、免税和退税来鼓励商品出口；在进口方面，通过税率的高低、减免来调节商品的进口。对于国内能大量生产或者暂时不能大量生产但将来可能发展的产品，规定较高的进口关税，以削弱进口商品的竞争能力，保护国内同类产品的生产和发展；反之，则制定较低的税率或免税，鼓励进口以满足国内生产和生活的需要。

（4）调整贸易差额。当贸易逆差过大时，可以调高某些产品的进口税率或征收进口附加税，以减少进口，缩小贸易逆差；当贸易顺差过大时，可以通过调低某些产品的进口税率来增加进口，缩小贸易顺差，以缓和与有关国家的贸易矛盾。

(5) 调节国民收入的分配。一般各国对高价的生活奢侈品征收高额关税，对日用必需品征收较低关税或免税。这样可以发挥关税的再分配作用，调节社会的贫富不均。

2. 消极作用

(1) 降低了社会福利。关税提高了进口商品的价格并减少其进口数量，使进口国消费者的消费支出增加或减少消费。

(2) 不适当的关税保护阻碍生产力发展。长期使用过高的关税保护国内产业，会使该产业养成"惰性"，不努力改进技术去提高生产效率与产品质量，反而阻碍生产力发展。

(3) 过高的关税是走私的客观根源，不仅造成财政收入减少，还对国内市场造成一定冲击。

(4) 阻碍世界经济的自然发展，不利于各国充分发挥自己的经济优势。

二、关税的种类

关税可以按照征税商品的流向、课征的方法、税率等不同标准进行分类。

(一) 按征税商品的流向分类

1. 进口税 (import duties)

进口税即进口国海关在外国商品输入时，对本国进口商所征收的关税。进口税是关税中最主要的税种，一般是在外国商品（包括从自由港、自由贸易区或海关保税仓库等地提出运往进口国国内市场的外国商品）进入关境，办理海关手续时征收。进口税可以是常规性的，按海关税则征收的关税；也可以是临时加征的，在正税以外额外征收的附加税。进口税税率根据征税国与贸易伙伴的贸易关系的差异而不同。

征收进口税的目的就是限制外国商品进口，在保护国内生产和市场方面具有很明显的作用。因为关税的征收提高了进口商品的价格，从而降低其与本国同类产品相竞争的能力，达到保护本国产品的目的。同时，进口税也是国家财政收入的来源之一。一般而言，税率越高，其保护程度越强。

2. 出口税 (export duties)

出口税即出口国海关在本国商品输出时，对本国出口商所征收的关税，通常是在本国出口商品出离关境时征收。由于世界各国为了鼓励出口追求贸易顺差和获取最大限度的外汇收入，许多国家特别是西方发达国家已不再征收出口税。征收出口税的主要是发展中国家，且多数以燃料、原料或农产品为征收对象。

出口税的作用是通过增加出口商品负担实现的。一般为保护资源而设置的出口税税率较高，这样才能起到限制出口的目的。具体税率水平视这类商品的重要程度和稀缺状况而定。而以财政收入为目的的出口税税率相对较低。

3. 过境税（transit duties）

过境税也称通过税，即一国对于通过其领土（或关境）运往另一国的外国货物所征收的关税。过境税最早产生于中世纪并流行于欧洲各国，但是作为一种制度，则是在重商主义时期确定起来的。征收过境税的条件是征税方拥有特殊的交通地理位置，征税方可以凭借这种得天独厚的条件获取一定的收入。

但是，较高的过境税可能使过境货物锐减甚至消失，使优越的地理位置不能发挥作用，政府也不能从中获得好处。另外，它也会招致对方报复，对本国出口不利。由于运输业的发展及运输竞争的加剧，货物过境对增加运输收入，促进运输业发展的作用日益增强，加上各国财政来源收入增加，从 19 世纪后期开始，各国相继废止了过境税，代之以签证费、准许费、登记费、统计费、印花税等形式，鼓励货物过境，增加运费收入、保税仓库内加工费和仓储收入等。

（二）按关税征收方法分类

以此分类，关税可分为从量税、从价税、混合税和选择税等。

1. 从量税（specific duties）

从量税是以商品的重量、数量、长度、容税、面积等计量单位为标准计征的关税。从量税的税额是商品数量与单位从量税的乘积。各国征收从量税大都以商品的重量为单位。但各国应纳税的商品重量计算方法不同，一般有毛重、净重和公量三种。

（1）从量税的优点：

①手续简便，无须审查货物的规格、价格和品质，可以节约征收成本费用。

②进口品价格跌落时，仍有适度保护。

③可以防止进口商谎报价格。

（2）从量税的缺点：

①对等级、品质及价格差异的货物，按同一税率征收，税负不合理。

②税率固定，没有弹性、税额不能随物价涨落而增减，失去市场的价格机能。当物价下跌时，保护作用增大；当物价上涨时，保护作用减小。从量税有累退税的特征，进口商品价格越高，其相对税负越轻。

③对部分不能以数量计算的商品不能适用，如古董、字画、钟表、钻石等。从量税通常用于国外质量低次的廉价商品进口。发达国家使用从量税主要针对食品、饮料、动植物油等的进口。美国约有33%的栏目是适用从量税的。由于发展中国家出口以初级产品为主，从量税就使这类产品的税负相对较重。

2. 从价税（advalorem duties）

从价税是以进口商品的价格为标准计征的关税，其税率表现为货物价格的百分比。

（1）从价税的优点：

①税负合理。按货物的品质、价值等级比率课税，品质佳、价值高者，纳税较多；反之则较少。

②税负明确，且便于各国关税税率比较。

③税负公平。税额随物价的涨落而增减，纳税人的负担可以按比例增减。

④物价上涨而进口数量不变时，财政收入增加。

（2）从价税的缺点：

①估价繁难。需有专人才能胜任，因此费用成本高。

②通关不易。在估定货物价格时，海关与纳税义务人容易引起争议。

③调节作用弱，保护性不强。税额随物价涨落而增减，对物价不能产生调节作用。从价税的保护作用也略显不足。当国外市场价格上涨时，国内产业所需的保护要求降低，但实际上进口税额是随物价上涨而增加；反之，国外市场价格跌落时，国内生产所需的保护增强，但关税却随之减少。

（3）完税价格的核定：

从价税的一个关键问题是如何核定完税价格（duty paid value）。完税价格是经海关审定作为计征关税依据的货物价格。由于完税价格标准的选择直接关系到对本国的保护程度，各国对此均十分重视。各国所采用的完税价格的依据各不相同、大体有三种：①以运、保费在内价（CIF）作为完税价格的基础；②以装运港船上交货价（FOB）为征税价格标准；③以法定价格或称进口国官定价格为征税价格标准。世界上大多数国家以运、保费在内价为基础计征关税，也有的国家使用进口地市场价格。

完税价格的认定即海关估价（customs value），是指出口货物的价格经货主（或申报人）向海关申报后，海关按本国关税法令规定的内容审查，估定其完税价格。由于各国海关估价规定的内容不一，有些国家可以利用估价提高进口关税，形成税率以外的一种限制进口的非关税壁垒措施。

3. 混合税（mixed duties）

混合税又称复合税，是对同一种商品，同时采用从量、从价两个标准征收关税的一种方法。按从量税和从价税在混合税中的主次关系不同、混合税有的以从价税为主，另加征从量税；有的是以从量税为主，加征从价税。混合税率适用于耗用原材料较多的工业制成品。美国采用混合税较多，如它对提琴除征收每把 21 美元的从量税外还加征 6.7% 的从价税。

（1）混合税的优点：

兼有从价税和从量税的优点，使税赋适度。当物价高涨时，所征税额比单一从量税多；当物价下跌时，其所征税额又比单一从价税要多，增强了关税的保护程度。

（2）混合税的缺点：

从价税与从量税之间的比例难以确定，且征收手续复杂，成本费用高，不易实行。

4. 选择税（alternative duties）

选择税是指对同一物品，同时有从价税和从量税两种税率，征税时由海关选择。通常按税额较高的税率征收的一种关税。

（1）选择税的优点：

当高价品市价上涨时，选择从价税率；而廉价品物价低落时，选择从量税率。选择税具有灵活性的特点，可以根据不同时期经济条件的变化、政府关税目的，以及国别政策进行选择。如为了增加财政收入或加强保护可以选择税额高的税率。若为了鼓励进口或给予某特定国家进口的优惠，可选择税额低的一种征税。

（2）选择税的缺点：

征税标准经常变化，令出口国难以预知，容易引起争议。

（三）进口附加税的分类

进口附加税（import surtax）是指对进口商品除了征收正常的进口关

税以外，根据某种目的再加征的额外进口税。由于这类关税在海关税则中并不载明，并且是为特殊目的而设置的，因此，进口附加税也称特别关税。

进口附加税通常是一种为特定目的而设置的临时措施。其目的主要有：应付国际收支危机，维持进出口平衡；防止国外商品低价倾销；对国外某个国家实行歧视或报复等。有些进口附加税对所有进口商品征收，有些只针对某项商品征收，以限制这种特定商品的进口。

1971 年上半年，美国首次出现贸易逆差，国际收支恶化，1971 年 8 月 15 日，为了应付国际收支危机，当时的美国总统尼克松宣布实施“新经济政策”，除了停止用美元兑换黄金以外，另外的重要措施之一就是对所有进口商品一律加征 10% 的进口附加税，以限制进口，调节国际收支失衡。

根据不同的目的，进口附加税主要有反贴补税、反倾销税、报复关税等。

1. 反贴补税（countervailing duties）

反贴补税又称抵销税或补偿税，是对于直接或间接接受任何奖金或贴补的外国商品进口所征收的一种附加税。凡进口商品在生产、制造、加工、买卖、输出过程中所接受的直接或间接的奖金或贴补都构成征收反贴补税的条件，不论奖金或贴补来自政府或同业公会等。反贴补税的税额一般按奖金或贴补数额征收。

国际贸易中，一般认为对出口商品采取补贴方式是不合适而且是不公平的，它与国际贸易体系的自由竞争原则相违背。为此，反贴补税被视作是进口国抵御不公平贸易的正当措施。征收的目的在于抵销进口商品所享受的贴补金额，降低其竞争能力，保护本国产业。

2. 反倾销税（anti-dumping duties）

反倾销税是对于实行商品倾销的进口货物所征收的一种进口附加税。其目的在于抵制商品倾销，保护本国的市场和产业。倾销是指低于本国国内市场价格或低于正常价格，在其他国家进行商品销售的行为。它会造成国际市场价格的不合理，挤占了进口国相同产品生产厂商的市场份额，会阻碍进口国相关产业的发展。进口国政府为了保护本国产业免受外国商品倾销的冲击，就有可能考虑对实施倾销的产品征收反倾销税。

但是，对于倾销的认定，对所谓“正常价值”的解释、反倾销的实施方式等，各个国家之间存在着一定的分歧；一些发达国家则利用反倾销限制来自低成本的发展中国家的产品进口，反倾销扩大化的趋势明显。

3. 报复关税（retaliatory duties）

报复关税是指对特定国家的不公平贸易行为采取行动，而临时加征的进口附加税。加征报复关税大致有三种情况：一是对本国输出的物品课以不合理的高关税或差别税率；二是对本国物品输出设置的障碍；三是对贸易伙伴违反某种协定等所采取的措施。20 世纪 80 年代中期，美国曾因日本将高级电子计算机输出苏联，而对日本输入美国的电子产品加征 100% 的关税。美国是 20 世纪 90 年代以来运用“报复性关税”最频繁的国家之一。1999 年 3 月因“香蕉贸易战”，美国对欧盟的部分产品加征报复关税。

三、关税水平

从总体来讲，关税水平（tariff level）是指一个国家的平均进口税率。它有不同的计算方法，简单平均法和加权平均法是两种最基本的方法。

按照差别待遇和特定的实施情况关税有如下不同种税率。

（一）普通税率

普通税率适用于无任何外交关系国家的进口商品，是最高的税率。最惠国税率比普通税率低，两者税率差幅往往很大。例如，美国对玩具的进口征收最惠国税率为 6.8%，普通税率为 70%。第二次世界大战后，大多数国家都加入签订有最惠国待遇条约的关税与贸易总协定（现世界贸易组织），或者通过个别谈判签订了双边的最惠国待遇条约（如中美之间），相互提供最惠国待遇，享受最惠国税率。因此，这种关税实际上已经成为正常关税。

（二）最惠国税率

适用于签有最惠国待遇条款的贸易协定国家的进口商品。最惠国税率是互惠的，且比普通税率低。由于世界上大多数国家都加入了签订有多边最惠国待遇条约的世界贸易组织（WTO），或者通过个别谈判签订双边最惠国待遇条约，因而最惠国税率实际上已成为普遍实施的税率。但最惠国税率并非最低税率。在最惠国待遇中往往规定有例外条款，如在缔结关税同盟、自由贸易区或有特殊关系的国家之间规定更优惠的关税待遇时，最惠国待遇并不适用。

（三）普惠制税率

这是发达国家向发展中国家提供的优惠税率。它在最惠国税率基础上实行减税或免税，通常按最惠国税率的一定比例征收，并且不是互惠的，而是单项的。

普遍优惠制度（generalied system of preferences，GSP）简称普惠制，是当前国际贸易中的一种政策措施。它是工业发达国家承诺对来自发展中国家的某些商品，特别是制成品或半制成品给予普遍的关税减免优惠的制度。普遍性、非歧视性和非互惠性是普惠制的三项主要的原则。普遍性是指所有发达国家对发展中国家出口的制成品或半制成品给予普遍的优惠；非歧视性是指所有发展中国家都不受歧视，无一例外地享受普通优惠待遇；非互惠性是指发达国家单方面给予发展中国家或地区的关税优惠，而不要求发展中国家或地区提供反向优惠。

（四）特惠税率

特惠关税（preferential duties）是一种特别优惠的关税，是对特定的某一国家或地区进口的全部或部分商品，给予特别优惠的低关税或免税待遇。特惠关税最早实行于宗主国与殖民地之间，其目的是保持宗主国在殖民地市场上占据优势。

现在实行的特惠税条约主要是欧盟向非洲、加勒比海和太平洋地区的发展中国家单方提供特惠的《洛美协定》。而《洛美协定》在关税方面的优惠主要有三点：（1）欧盟对来自上述国家或地区的工业品全部给予免税优惠；（2）农产品的96%免税；（3）不需要这些发展中国家给予反向优惠。

四、关税的经济效应

关税的经济效应是指一国征收关税对其国内价格、贸易条件、生产、消费、贸易、税收、再分配及福利等方面所产生的影响。关税的经济效应可以从整个经济的角度来分析，也可以从单个商品市场的角度来考察。前者属于一般均衡分析，后者属于局部均衡分析。本书仅从局部均衡的角度分别讨论小国和大国征收关税所产生的静态经济效应。

（一）小国征收关税的经济效应

小国是指一个国家在国际贸易中所占的比重或份额非常小，以至于其进出口数量的任何变化对世界市场不具备价格影响力的国家。

1. 价格效应（price effect）

价格效应是指征收关税对进口国价格的影响。由于小国对商品的国际价格没有影响力，因此课征关税后，商品的国际价格不变，但国内价格上升，上升幅度相当于关税的单位额度。

2. 贸易条件效应（terms-of-trade effect）

贸易条件效应是指征收关税对进口国贸易条件的影响。由于小国征收关税不能影响该商品的国际价格，故小国的关税贸易条件效应并不存在。

3. 消费效应（consumption effect）

消费效应即征收关税对可进口品消费的影响。因为征收关税后国内价格上升，国内消费减少。

4. 生产效应（production effect）

生产效应即征收关税对进口国进口替代品生产的影响。因为征收关税后国内价格上升，刺激进口替代品的生产扩张，生产效应是进口替代品产量增加。

5. 贸易效应（trade effect）

贸易效应即征税引起的进口量的变化。征收关税后，由于生产增加、消费减少，所以进口数量减少。关税的贸易效应为消费效应与生产效应之和。

6. 财政效应（revenue effect）

财政效应即征收关税对国家财政收入发生的影响。征收关税后，使财政收入增加，此为关税的财政效应。财政收入增加的数量等于关税额乘以进口数量。

7. 收入再分配效应（income-redistribution effect）

征税后，国内价格上升，消费减少，替代品生产增加，因此消费者剩余减少，生产者剩余增加，政府财政收入增加。因为消费者负担增加，社会收入由消费者转移给生产者和政府。

8. 福利效应（welfare effect）

如上所述，征税后，消费者剩余减少，生产者剩余增加，政府关税收入增加。但是生产者剩余增加与政府关税收入增加之和小于消费者剩余减少。因此，整个社会福利减少，这种减少是征税所致的福利净损失或无谓的损失，即关税的社会成本。

（二）大国征收关税的经济效应

大国是与小国相对应的经济学概念，是指一个国家在国际贸易中占有很大的比重，其进出口数量的任何变化对世界市场具有价格影响力的国家。

大国与小国征收关税最主要的差异在于大国征收关税可以影响贸易条件，小国则不然。大国征收关税与小国征收关税产生的经济效应的不同点如下。

1. 贸易条件效应（terms-of-trade effect）

大国征收关税后，使其国内价格提高，并使国际价格下降，表示关税由进出口国共同负担。同时，大国的贸易条件改善。

2. 福利效应（welfare effect）

国际价格下降，出口国承担一部分关税，有可能弥补生产效应的效率损失和消费效应的效用损失，所以大国征收关税的福利效应有可能使整个国家的福利增加。而可以使这种福利增加达到最大的关税税率，称为最适关税。

但是大国征收关税很可能遭到关税报复，因为大国征收关税，使其贸易条件改善，福利水平提高，却使贸易伙伴国贸易条件恶化，福利水平下降。

第二节 非关税壁垒

非关税壁垒泛指一国政府为了调节、管理和控制本国的对外贸易活动，从而影响贸易格局和利益分配而采取的除关税以外的各种行政性、法规性措施和手段的总和。

早在重商主义时期，限制和禁止进口的非关税壁垒就开始盛行。但直到 20 世纪 70 年代以后，非关税壁垒才成为保护贸易政策的主要手段。

一、非关税壁垒兴起的原因

1. 关税的持续下降

二战后，在关贸总协定（GATT）的努力下，关税大幅减让，且以后只降不升，各国不得不转向非关税壁垒来限制进口，保护国内生产和国内市场。

2. 各国保护新兴产业

20 世纪 70 年代中期以后，许多国家相继进行了产业结构调整，在产业调整期间，新兴产业、升级产业比较脆弱，容易受到冲击，为了保护自身的经济利益，各国纷纷采用了非关税措施来限制进口。

3. 科技水平迅速提高

进口商品的检验能力得到相应地提高。通过检验。可获得各种商品的详细信息，为实施技术壁垒提供了可能。例如，对含铅量、噪声大小的测定等。

4. 措施具有隐蔽性而不易被察觉

非关税壁垒在实施中往往可以找出一系列理由来证明它的合理性，从而使受害国难以进行报复。

5. 各国相互仿效

形式多样的非关税壁垒在实施过程中极易被其他国家仿效，也使这些非关税措施迅速兴起并扩大。

二、非关税壁垒的类型

（一）从实施手段的特性角度分类

1. 制度性非关税壁垒

如利用进口配额、许可证、反补贴、反倾销、海关估价、原产地规则、政府采购等制度形成制度性壁垒，对进口进行限制。

2. 技巧性非关税壁垒

如利用技术标准、质量标准、环境标准、劳工标准、商品检验、包装、标签等形成技巧性壁垒。技巧性壁垒的隐蔽性极高，看上去似乎并不违背国际贸易的公共规则、但内容却变幻莫测，行之有效，使人防不胜防。它不仅直接阻碍了来自别国商品的进口，出口国为适应其看似合理的要求，还要对生产要求、技术标准、产品规格等做出一系列的调整，增加了不合理的成本和费用负担。

（二）从影响方式及程度角度分类

1. 直接影响性非关税措施

为了保护国内产业、加强国内产业在国外市场的竞争力，而采取的对外国进口的限制和对本国出口进行限制或激励的措施，如配额、许可证、进口押金制等。这类措施对贸易的限制很明显，也比较直截了当。

2. 间接影响性非关税壁垒

从表面上看是为了其他目的而制定的关税措施，比较含蓄，且不易被发现，但仍被怀疑具有隐藏的限制贸易动机。如质量标准、广告数量、海关程序等。

3. 旁及性或溢出性非关税壁垒

并非主要针对贸易，却不可避免地导致国际竞争条件失常，而对贸易发生影响的一些非关税壁垒措施。这类措施有政府对某种或某类商品在生产、销售和分配方面的垄断，影响贸易的产业结构和地区发展政策，政府特定的国际收支政策措施、关税制度的不同，国家社会保险制度的不同，折旧期限制度的不同，政府资助的防卫、航天和非军事采购引起的需求变动，以及国家标准和规定及做法的变动，国外运输费和国家批准的国际运输协定等。

（三）从实施目的或作用机制角度分类

1. 数量限制型非关税壁垒

通过直接限制进口商品的数量或进口金额从而直接达到有效限制进口的目的，如配额、许可证、国内采购法规、国内含量规定等。

2. 成本价格型非关税壁垒

通过直接影响进出口商品或国内产品的成本，进而削弱外国商品的竞争力来达到限制进口的目的，如运费差别待遇、进口押金制、海关估价做法、环境标准、劳工标准等。

三、非关税壁垒的特征

与关税壁垒相比，非关税壁垒有如下特点。

1. 具有较大的灵活性和针对性

关税是通过一定立法程序制定的具有一定延续性的贸易政策，且受到最惠国待遇条款的约束，进口国往往难以做到有针对性的调整。非关税措施不仅出台迅速、程序简单，而且可以随时调整，在限制进口方面显示出更大的灵活性和针对性。

2. 具有隐蔽性和歧视性

关税税率经法律程序确定后，往往要以法律的形式公之于众，并依法执行。但是，一些非关税壁垒往往不公开或规定极为烦琐，复杂的标准使出口商难以适应。此外，一些国家往往针对某个国家根据本国与他国之间的政治经济关系，采取不同的国别贸易政策，这就大大强化了非关税壁垒的差别性和歧视性。

3. 易达到限制进口的目的

关税措施的实施旨在通过征收高额关税提高进口商品的成本，它对商品进口的限制是相对的。当面对国际贸易中越来越普遍出现的商品倾销和出口补贴等鼓励出口措施，关税就会显得作用乏力。同时，外国商品凭借生产成本的降低，也能冲破高关税的障碍而进入对方国家。而有些非关税壁垒对进口的限制是绝对的，比如用进口配额等预先规定进口的数量和金额，超过限额就禁止进口。这种方法在限制进口方面更直接、更严厉，因而也更有效。

四、常见的非关税壁垒

（一）进口配额

进口配额制（import quota）又称进口限额制，是一国政府对一定时期内（如一季度、一年）对于进口的某些商品的数量或金额加以直接限制。在规定的期限内，配额以内的货物可以进口，超过配额不准进口，或者征收较高关税后才能进口。因此，进口配额制是限制进口数量的重要手段之一。

根据控制的力度和调节手段，进口配额可分为绝对配额和关税配额两种类型。

1. 绝对配额（absolute quotas）

绝对配额指在一定时期内，对某些商品的进口数量或金额规定一个最高限额，达到这个限额后，便不准进口。绝对配额按照其实施方式的不同，又有全球配额、国别配额和进口商配额三种形式。

（1）全球配额（global quota unallocated quota）指对某种商品的进口规定一个总的限额，主管当局通常按进口商的申请先后或过去某一时期内的进口实际额发放配额，直至总配额发完为止，超过总配额就不准许进口。对来自任何国家或地区的商品一律适用。例如，加拿大规定，从1981年12月1日起，对除皮鞋以外的各种鞋类实行为期3年的全球配额。第一年的配额为3,560万双，以后每年进口量递增3%。加拿大外贸主管当局根据有关进口商1980年4月1日～1981年3月31日期间所进口的实际数量来分配额度，但对进口国家或地区不加限制[①]。

由于全球配额不限定进口国别或地区，因而进口商取得配额后可从任何国家或地区进口。这样，邻近国家或地区因地理位置接近、交通便捷、到货迅速，处于有利地位。这种情况使进口国家在限额的分配和利用上难以贯彻国别政策。为了避免或减少这些不足，故不少国家转而采用国别配额。

（2）国别配额（country quota）是在总配额内按国别或地区分配给固定的配额，超过规定的配额便不准进口。为了区分来自不同国家和地区的商品，在进口商品时，进口商必须提供进口商品的原产地证明书。

---

① 冯跃，夏辉．国际贸易理论、政策与案例分析［M］．北京：北京大学出版社，2012．

与全球配额不同的是，实行国别配额可以很方便地贯彻国别政策，具有很强的选择性和歧视性。进口国往往根据其与有关国家或地区的政治经济关系分别给予不同的额度。

一般来说，按照配额的分配由单边决定还是多边协商，国别配额可以进一步分为自主配额和协议配额。

①自主配额（autonomous quota）又称单方面配额（unilateral quota），是由进口国自主地单方面强制规定在一定时期内从某个国家或地区进口某种商品的配额。这种配额不需征求输出国家的同意。自主配额的确定一般参照某国过去一定时期内的出口实绩，按一定比例确定新的进口数量或金额。例如，美国就是采用自主配额来决定每年的纺织品配额。

自主配额由进口国家自行制定，往往带有不公正性和歧视性。由于分配额度差异，易引起某些出口国家或地区的不满或报复，因而更多的国家趋于采用协议配额，以缓和进出口国之间的矛盾。

②协议配额（agreement quota）又称双边配额（bilateral quota），是由进口和出口两国政府或民间团体之间通过协议来确定配额。协议配额如果是通过双方政府协议达成，一般需将配额在进口商或出口商中进行分配，如果是由双边的民间团体达成的，应事先获得政府许可后，方可执行。由于协议配额是双方协商决定的，通常不会引起出口方的反感与报复，并可使出口国对于配额的实施有所谅解与配合，因而较易执行。

目前，双边配额的运用十分广泛。以欧共体（欧盟）的纺织服装业为例，为了保护其日益失去竞争力的纺织服装业，欧共体（欧盟）对80%以上的进口贸易实行双边配额管理。我国纺织品和服装受双边协议限制的对欧出口额约占我国对欧出口总额的1/4。

（3）进口商配额（importer quota）是进口国政府把某些商品的配额直接分配给进口商。进口国为了加强垄断资本在对外贸易中的垄断地位和进一步控制某些商品的进口，将某些商品的进口配额在少数进口厂商之间进行分配。比如，日本食用肉的进口配额就是在29家大商社间分配的。

2. 关税配额（tariff quotas）

关税配额是指对商品进口的绝对数额不加限制，而对在一定时期内，在规定配额以内的进口商品，给予低税、减税或免税待遇，对超过配额的进口商品则征收较高的关税，或征收附加税甚至罚款。例如，在2000年12月16日~2001年12月31日，俄国实行原糖进口配额制。总额为365万吨，第一季度为115万吨，第二季度为150万吨，第三季度为60万吨，第四季度为 40 万吨，对此征收 5% 的关税。超过额度部分征收 30% 的关税，但每公斤关税不低于 0.09 欧元①。

关税配额按征收关税的优惠性质，可分为优惠性关税配额和非优惠性关税配额。

（1）优惠性关税配额是对关税配额内进口的商品给予较大幅度的关税减让，甚至免税，而对超过配额的进口商品征收原来的最惠国税率。欧共体（欧盟）在普惠制实施中所采取的关税配额就属于此类。

（2）非优惠性关税配额是对关税配额内进口的商品征收原来正常的进口税，一般按最惠国税率征收，对超过关税配额的部分征收较高的进口附加税或罚款。例如，1974 年 12 月，澳大利亚曾规定对除男衬衫、睡衣以外的各种服装，凡是超过配额的部分加征 175% 的进口附加税。如此高额的进口附加税，实际上起到禁止超过配额的商品进口的作用。

关税配额与绝对配额的不同之处在于，绝对配额规定一个最高进口额度，超过就不准许进口，而关税配额在商品进口超过规定的最高额度后，仍允许进口，只是超过部分被课以较高关税。可见，关税配额是一种将征收关税同进口配额结合在一起的限制进口的措施。两者的共同点是都以配额的形式出现，可以通过提供、扩大或缩小配额向贸易对方施加压力，使之成为贸易歧视的一种手段。

进口配额制作为数量限制的一种运用形式，受到了自关贸总协定到世界贸易组织旗帜鲜明地反对。总协定曾规定禁止数量限制条款，几乎把它放到与关税减让同等重要的地位，因而不少国家转而采取“灰色区域措施”，如自动出口配额制等。

（二）“自愿”出口限制

“自愿”出口限额（voluntary export quotas）又称自动出口限制或自动出口配额制，是 20 世纪 60 年代以来非关税壁垒中很流行的一种形式。几乎所有发达国家在长期贸易项目中都采用了这种形式。具体是指在进口国的要求或压力下，出口国“自动”规定某一时期内某些商品对该国的出口限制，在限定的配额内自行控制出口，超过配额即禁止出口。

自愿出口限制通常是两个政府之间谈判的结果。进口国和出口国都愿意接受这样的安排。

① 良．俄罗斯将实行原糖进口配额制［J］．世界热带农业信息，2000（10）：8.

1. 对于出口国来说

（1）通过自愿出口限制，作为 WTO 成员方的进口国可以避免违反 WTO 规则。

（2）进口国可以一次性解决对商品种类、商品来源国、商品数量的限制。

（3）自愿出口限制特别容易实施。直接的进口限制如关税和配额，必须通过法律程序（如在美国）或高度透明的管理渠道（如在欧盟），而自愿出口限制可以秘密地进行谈判，不会被公开的政治过程和公众监督所妨碍。

2. 对于进口国来说

（1）可以避免遭受进口国的关税、进口配额等贸易壁垒。

（2）自愿出口限制可以像出口税那样发挥作用，全部租金被转移到出口国，可以提高出口企业的利润和出口国的福利。

（三）进口许可证

进口许可证制（import license system）是指商品的进口事先要由进口商向国家有关机构提出申请，经过审查批准并发给进口许可证后方可进口，否则一律不准进口的制度。它实际上是进口国管理其进口贸易和控制进口的一种重要措施。

1. 按照与进口配额的关系划分

（1）有定额的进口许可证。即进口国预先规定有关商品的进口配额，然后在配额的限度内，根据进口商的申请对每笔进口货物发给一定数量或金额的进口许可证，配额用完即停止发放。可见，这是一种将进口配额与进口许可证相结合的管理进口的方法，通过进口许可证分配进口配额。若为“自动”出口限制，则由出口国颁发出口许可证来实施。例如，德国对纺织品的进口便是通过有定额的许可证进行管理的。德国有关当局每年分三期公布配额数量，然后据此配额数量发放许可证，直到进口配额用完为止。

（2）无定额的进口许可证。这种许可证不与进口配额相结合，即预先不公布进口配额，只是在个别考虑的基础上颁发有关商品的进口许可证。由于这种许可证的发放权完全由进口国主管部门掌握，没有公开的标准，因此更具有隐蔽性，给正常的国际贸易带来困难。

2. 按照进口商品的许可程度划分

（1）公开一般许可证（open general license，OGL），又称公开进口许

可证、一般许可证或自动进口许可证。它对进口国别或地区没有限制，凡列明属于公开一般许可证的商品，进口商只要填写公开一般许可证后，即可获准进口。因此，这一类商品实际上是可“自由进口”的商品。填写许可证的目的不在于限制商品进口，而在于管理进口。比如，海关凭许可证可直接对商品进行分类统计。

（2）特种商品进口许可证（specific license，SL），又称非自动进口许可证。对于特种许可证下的商品，如烟、酒、军火武器、麻醉品或某些禁止进口的商品，进口商必须向政府有关当局提出申请，经政府有关当局逐笔审查批准后方能进口。特种进口许可证往往都指定商品的进口国别或地区。

进口许可证的使用已经成为各国管理进口贸易的一种重要手段。它便于进口国政府直接控制进口，或者方便地实行贸易歧视，因而在国际贸易中越来越被广泛地用作非关税壁垒措施。有的国家为了进一步阻碍商品进口，故意制定烦琐复杂的申领程序和手续，使进口许可证制度成为一种拖延或限制进口的措施。

在中华人民共和国成立初期，为了迅速稳定进出口贸易的秩序，从1951年起，我国对进口商品实行了全面的进口许可证管理。1956年以后，实行国营外贸公司专营对外贸易业务，进口许可证实际上已不起作用，故于1959年取消。1979年改革开放后，我国外经贸体制发生了巨大变化，越来越多的公司、企业拥有了自营出口权。为了便于进口管理，我国自1980年10月起重新恢复进口许可证制；1992年，我国实行进口许可证管理的商品有53类、743个税号。我国加入世界贸易组织后，逐步取消了部分商品的进口许可证。至2022年我国实行许可证管理的进口货物为14种。涉及的货物种类有消耗臭氧层物质、化工设备、金属冶炼设备、工程机械、起重运输设备、造纸设备、电力电气设备、食品加工及包装设备、农业机械、印刷机械、船舶、硒鼓、X射线管等。

（四）最低现价和禁止进口

最低限价（minimum price）就是一国政府规定某种进口商品的最低价格，如果进口商品低于规定的最低价格，则征收进口附加税或禁止进口。例如，1985年智利对绸坯布进口规定了每千克52美元的最低限价，低于这个价格将征收进口附加税。采用这种政策，一国可以有效地抵制低价商品的进口或以此削弱进口商品的竞争力，保护本国产业。

禁止进口（prohibitive import）是限制进口的一种极端措施。当一国政府认为一般的限价已不足以解决国内市场受冲击的困难时，就会颁布法令，公开禁止某些商品的进口。但这种措施很容易引起对方国家的报复，引发贸易战，最终对双方都无好处，因此不宜贸然采用。

（五）专断的海关估价

海关估价（customs valuation system）是指海关按照规定对申报进口的商品价格进行审核，以确定或估计其完税价格。有些国家根据某些特殊规定，提高某些进口商品的海关估价，来增加进口商品的关税负担，阻碍商品的进口，就成为专断的海关估价。各国专断的海关估价制度中，以所谓的“美国售价制”最为典型。“美国售价制”是指美国对于其商品竞争激烈的进口商品征收关税，使进口税率大幅度提高。由于受到其他国家的强烈反对，直到“东京回合”制定了《海关估价守则》后，美国不得已在1981年废止了这一估价制度。

（六）进出口国家垄断

进出口国家垄断（state monopoly）是指在对外贸易中，某些商品的进出口由国家直接经营或者某些商品的进出口专营权给予某个垄断组织。各国垄断的进出口商品主要有四大类：第一类是烟酒，政府可以从烟酒的进出口垄断中获得巨大的财政收入；第二类是农产品，农产品的对外垄断销售，一般是发达国家国内农业政策措施的一部分，这在欧美国家尤为突出；第三类是石油，石油关系到一国的经济命脉，因此，主要的石油出口国和进口国都设立国营石油公司，对石油贸易进行垄断经营；第四类是武器，武器不但关系到国家安全，而且关系到世界和平，因此武器贸易多数由国家垄断经营。

（七）歧视性政府采购

歧视性政府采购政策（discriminatory government procurement policy）又称为“购买国货政策”，是指一些国家通过法令或虽无法令明文规定，但实际上要求本国政府机构在招标采购时必须优先购买本国产品，从而导致对国外产品歧视和限制的做法。主要发达国家都有相应的歧视性政府采购规定，如英国规定，政府机构使用的通信设备和电子计算机必须是英国产品；日本也规定政府机构需要用的办公设备、汽车、计算机、电缆、导线、机床等不得采购国外的产品。

（八）技术性贸易壁垒

技术性贸易壁垒（technical barriers to trade）是指通过颁布法律、法令、条例、规定，建立技术标准、认证制度、检验制度等方式，对外国进口商品的技术、卫生检疫、商品包装和标签标准进行检验及认证，从而提高产品技术要求，增加进口难度，最终达到限制进口的目的。它实际上是一些发达工业国家，利用其科技上的优势，通过商品法规、技术标准的制定与实施，以及商品检验及认证工作，对商品进口实行限制的一种措施。它是一种无形的非关税壁垒，是国际贸易中最隐蔽、最难对付的非关税壁垒之一。

技术壁垒的框架体系主要表现为技术法规与技术标准、包装和标签要求、商品检疫和检验规定、环境壁垒和信息技术壁垒。

（九）绿色贸易壁垒

绿色贸易壁垒（green barriers）是一种新兴的非关税壁垒措施，是指一国以保护有限资源、生态环境和人类健康为名，通过制定苛刻的环境保护标准，来限制国外产品的进口。绿色贸易壁垒以其外表的合理性及内在的隐蔽性成为继关税之后，国际上广泛采用的一种国际贸易壁垒。以保护自然资源、生态环境和人类健康为由，通过制定一系列复杂苛刻的环保法规和标准，对来自其他国家和地区的产品和服务设置障碍，以达到限制进口、保护本国市场的目的。如食品中的农药残留量及其化学物资含量的环保技术标准、保护臭氧层环保技术标准等。

第三节　鼓励出口与出口管制

一、鼓励出口的主要措施

（一）出口信贷

出口信贷（expon credit）是国家为增加本国商品的出口，鼓励本国银行对本国出口厂商、外国进口商或进口方银行提供的一种优惠贷款。其主要目的在于向国外推销商品时，吸引资金不足的进口商进口其商品。

出口信贷的主要特点是：（1）所贷款项仅限于购买提供贷款国家的资本货物、技术或劳务；（2）贷款利率一般低于银行普通贷款利率，其差额由出口国政府补贴；（3）出口信贷的发放一般与国家提供的信贷保险相结合；（4）贷款偿还期限分为短期、中期、长期三种，其中短期出口信贷偿还期以 1 年为限，中期为 1～5 年，长期为 5～10 年。

按照银行提供贷款的对象不同，出口信贷可分为卖方信贷和买方信贷两种形式。

1. 卖方信贷

卖方信贷是指出口方银行向出口商（即卖方）提供的贷款。其贷款合同由出口商与银行签订。卖方信贷通常用于那些金额大、期限长的项目。因为这类商品的购进需要很多资金，进口商一般要求延期付款，而出口商为了加速资金周转，往往需要取得银行的贷款。卖方信贷正是银行直接资助出口商向外国进口商提供延期付款，以促进商品出口的一种方式。卖方信贷的一般做法是，买卖双方在签订买卖合同后，由进口方预先支付买卖合同金额的15%～20%作为定金，其余货款在交货后若干年内分期偿还，并支付延期付款期间的利息。出口商凭出口单据和国外进口商开出的汇票，向本国的专业银行申请取得中长期贷款，作为生产的垫付资金以利中转。待国外进口商归还贷款后，出口商再按贷款合同的规定向银行偿付贷款的本金和利息。由此可见，卖方信贷实际上是一种出口商从供款银行取得贷款后向进口商提供延期付款的商业信用。

2. 买方信贷

买方信贷是指出口方银行直接向外国进口商（即买方）或进口方银行提供的贷款。其附加条件就是贷款必须用于购买债权国的商品，这就是所谓的约束性贷款（tied loan）。买方信贷由于具有约束性而能达到扩大出口的目的。

在买方信贷中，当出口方银行将款项直接贷给外国进口商时，进口商先用自身的资金，以即期付款方式向出口商交纳买卖合同金额15%～20%的定金，其余货款以现金付款方式付给出口商，然后再按贷款合同规定的条件，向供款银行还本付息。当出口方银行将款项交给进口方银行时，进口方银行以即期付款的方式代进口商支付应付的贷款，并按贷款协议规定的条件向供款银行归还贷款和利息等。进口商与本国银行的债务关系按双方商定办法在国内结算清偿。

相比较而言，卖方信贷属于商业信用，风险较大；买方信贷则属于银行信用，风险较小，而且透明度也较高，因此这种方式在目前较为流行。

由于出口信贷能有力地扩大和促进出口，因此西方国家一般都设立专门银行来办理此项业务，如美国进出口银行、日本输出入银行、法国对外贸易银行、加拿大出口开发公司等。这些专门银行除对成套设备、大型交通工具的出口提供出口信贷外，还向本国私人商业银行提供低利率贷款或给予贷款补贴，以资助这些商业银行的出口信贷业务。

我国也于1994年7月1日正式成立了中国进出口银行。这是一家政策性银行，其资金来源除国家财政拨付外，主要是中国银行的再贷款、境内发行的金融债券和境外发行的有价证券，以及向外国金融机构筹措的资金等。其任务主要是对国内机电产品及成套设备等资本品货物的进出口给予必要的政策性金融支持，从根本上改善我国出口商品结构，以促进出口商品结构的升级换代。

（二）出口信贷国家担保制

出口信贷国家担保制（export credit guarantee system）是出口国为了扩大商品出口，设立专门的保险机构，对出口商和商业银行向国外进口商和银行提供的出口信贷进行担保，如果发生收回贷款或不能如期收回贷款的风险是，由担保机构负责偿还贷款，承担外国债务人不能清偿的风险。

1. 出口信贷国家担保制承担的风险种类

（1）政治性风险。如进口国发生政变、革命、暴乱、战争，以及政府实行禁运、冻结资金或限制对外支付等，使外国债务人不能清偿其债务，导致供款方的损失。这类风险的承保金额一般为合同金额的85%～95%。

（2）经济性风险。进口商或供款银行因破产倒闭无力偿付、货币贬值或通货膨胀等经济原因所造成的损失。此类风险担保金额一般为合同金额的70%～80%，有的国家为了扩大出口，有时对于某些出口项目的承保金额可以达到100%。

2. 出口信贷国家担保制的担保对象种类

（1）对出口商进行担保。出口商输出商品时所需的短期或中、长期信贷均可向国家担保机构申请担保。即使有些国家的担保机构本身并不向出口商提供出口信贷，但它也可以为出口商取得商业银行的出口信贷提供便利条件。例如，有的国家采用保险金额抵押的方式，允许出口厂商获得承保权利，并以“授权书”方式转移给供款银行，从而取得出口信贷这种方式使银行提供的贷款得到安全保障，一旦债务人不能按期还本付息，银行可以直接从担保机构得到补偿。

（2）对银行进行担保。即国家担保机构直接对供款银行承担责任，银行所提供的出口信贷均可申请担保。有些国家为了鼓励出口信贷业务的开展和提供贷款安全保障，往往给银行更为优厚的待遇。根据出口信贷期限的不同，担保期限通常分为短期与中、长期。短期信贷担保一般为6个月，最长不超过1年，承保范围包括出口商所有的短期信贷交易。为了简化手续，有的国家还对短期信贷采用综合担保的方式，即出口商只要1年办理1次投保，就可承保在这期间的一切海外短期信贷交易。至于中、长期信贷担保，由于具有时间长、金额大的特点，因而采取逐步审批的特殊担保方式。中、长期信贷担保的期限通常为2～5年。承保的开始时间既可以是出口合同签订的时间，也可以是货物正式装运出口的时间。

对出口信贷进行担保往往要承担很大的风险。由于该措施旨在为扩大出口提供服务，收费并不高，避免加重出口商和银行的负担，因此往往会因保险费收入总额不抵偿付总额而发生亏损。目前，世界上有的发达国家和许多发展中国家都设立了国家担保机构，专门办理出口信贷保险业务。我国的中国进出口银行除了办理出口信贷业务外，也办理出口信用保险和信贷担保业务。

（三）出口补贴

出口补贴（export subsidies）又称出口津贴，指一国政府在出口某种商品时给予出口商现金补贴或财政上的优惠待遇，以降低出口商品的价格，加强其在国际市场上的竞争能力。

1. 出口补贴方式

（1）直接补贴（direct subsidies）即出口某种商品时政府直接给出口商现金补贴。这样做的目的在于弥补出口商品国内价格高于国际市场价格所带来的损失，或者补偿出口商因获得的润率低于国内利润率所造成的损失。有时候补贴金额可能大大超过实际的差价或利润差，这里已含有出口奖励的成分，而不属于出口补贴的范畴。第二次世界大战后，美国和西欧一些国家对某些农产品的出口实行直接现金补贴，对保护国内农产品生产者的利益起到了重要的作用。

（2）间接补贴（indirect subsidies）即政府对某些出口商品不是给予直接的现金补贴，而是给予财政上的优惠，从而间接地推动本国商品的出口。

2. 政府对出口商品给予财政上的优惠措施

（1）出口退税。退还或减免出口商品的销售税、增值税和盈利税等国内税收，以减轻出口商品的纳税负担。按照关贸总协定——世界贸易组织的有关规定，免征或退还相同产品供内销时必须缴纳的国内税不能视为一种补贴，因为这些出口产品未能在生产国国内销售，并且它们在进口国可能被征收同种或类似的国内税。

（2）进口免税。对某些商品，如原材料或半成品，如果确定其不是用于国内消费，而是经加工制造后用于出口的，则允许其暂时免税进口，以降低制成品的成本，提高国际竞争能力。

（3）进口退税。对进口的原料或半成品，如果征收了关税，当其加工制造的成品出口时，政府负责退还其进口时缴纳的关税。

（4）出口免税。对出口商品一般都予以免征出口税，即使对某些商品仍征收出口税，在世界市场商品价格下跌时，也往往予以取消。

3. 其他优惠政策

财政优惠还有诸如延期付税，以减轻出口商品的税收负担；运费优惠，以降低出口商品的成本；低息贷款，以加快出口商的资金周转；采用复汇率，对不同商品实行不同的汇率，鼓励某些商品的出口等。

（四）商品倾销

商品倾销（dumping）是指一同以低于国内市场的正常价格在国际市场上销售商品的行为。其目的在于打击竞争对手，推销国内的过剩商品，拓展或垄断国外市场牟取暴利。

（五）外汇倾销

外汇倾销（exchange dumping）是指一国利用本国货币对外贬值来扩大出口，限制进口的措施。当一国货币对外贬值后，出口商品用外国货币表示的价格降低，而用本国货币表示的进口商品价格就会上涨。从而起到扩大商品出口和限制商品进口的双重作用。

（六）促进出口的组织措施

1. 成立专门组织

研究出口商品发展战略和具体的贸易政策，协调政策制定与落实情况及有关部门之间的关系。美国在1960年成立“扩大出口全国委员会”；1978年成立“出口委员会”和跨部门的“出口扩张委员会”；1979年5月成立“总统贸易委员会”，负责领导美国对外贸易工作。日本于1954年设立了“日本贸易振兴会”和“出口会议和海外商品贸易会议”等。欧洲为了扩大出口也成立了类似组织。

2. 建方商业情报网络

该商业情报网络为出口商提供所需的商业信息和资料。英国的海外贸易委员会设有出口信息服务部，向有关出口商提供信息，以促进商品出口。上面提到的“日本贸易振兴会”，其前身就是日本于1951年设立的“海外市场调查部”，也是一个从事海外市场调查，并向企业提供信息服务的机构。

3. 设立贸易中心，组织贸易博览会

贸易中心是永久性设施，它可提供商品陈列展览的场所、办公地点和咨询服务等。而贸易博览会则是流动性的展出。这些工作可以让外国进口商更好地了解本国商品，从而起到促销的作用。

4. 组织贸易代表团出访和接待来访

加强国际间的经贸联系。许多国家为了发展对外贸易，经常组织贸易代表团出访，并由政府支付大部分出访费用。另外，还设立专门机构接待来访团体，建立和协调与外国企业之间的关系。

5. 组织出口商的评奖活动

对企业出口成绩优秀者给予精神奖励。美国设立总统“优良”勋章和“优良”星字勋章，得奖厂商可以把奖章样式印在它们公司的文件、包装和广告上。英国从 1919 年起开始实行女王陛下表彰出口有功厂商的制度，并规定受表彰的厂商可在 5 年之内使用带女王名字的奖状来对自己的产品进行宣传。我国自改革开放以来，各级政府也组织过评奖活动，例如，给出口业绩优秀的企业授予“出口创汇大户”“出口明星企业”等，并给予一定物质奖励。

（七）经济特区

为了发展转口贸易或鼓励吸收外资，引进先进技术，发展加工制造业，达到扩大出口贸易，增加外汇收入，促进本国或本地区经济发展的目的，一国通常会在其关境境外划出一定的区域，以地区开放的形式发挥作用，这样的区域被称为经济特区。建立经济特区是一国实行对外开放政策和鼓励扩大出口的一项重要措施。

1. 自由港（free port）和自由贸易区（free trade zone）

自由港也称作自由口岸，是外国船舶和货物可以自由进出的港口。自由港一般具有优越的地理位置和港口条件，可以很好地发挥商品集散中心的作用。目前如德国的汉堡和不来梅，意大利的热那亚和里雅斯特，法国的敦刻尔克，丹麦的哥本哈根，葡萄牙的波尔等，都是当今世界著名的自由港。在东亚地区，则以中国香港为世界久负盛名的自由港。

自由贸易区又称对外贸易区或自由区，是自由港的发展和延伸。它以自由港为依托，并将范围扩大到自由港的邻近地区。自由贸易区侧重于商业贸易活动，以促进转口贸易及为转口贸易服务的商品储存和简单再加工为主要功能，这一点与自由港基本相同。但是除此以外，在自由贸易区内还可设立金融中心、证券市场等，因此自由贸易区的功能和业务范围一般要超过自由港。

自由港和自由贸易区的特点：一是贸易自由。即没有贸易管制，也不存在关税壁垒和非关税壁垒，没有国籍限制，除了少数国家禁运商品以外，大部分商品都可以自由进出自由港或自由贸易区，而不必办理报关手续和缴纳关税。二是金融自由。即外汇自由兑换，资金出入、转移及经营自由，没有国民待遇与非国民待遇之分。三是投资自由。即投资不受因国别差异导致的行业限制与经营方式限制。四是运输自由。船舶入港免办海关手续，移民、卫生检查手续从简。五是业务活动自由。对于允许进入自由港和自由贸易区的外国商品，可以依据具体需要进行储存、展览、拆散、分类、分组、修理、改装、重新包装、重贴标签、消洗、整理、加工和制造、销毁、与外国的原材料或所在国的原材料混合、再出口或向所在国国内市场出售。

2. 保税区（bonded area）

保税区又称保税仓库区，它是海关所设置或经海关批准注册并受海关监督的特定地区和仓库。外国商品存入保税区，可以暂时不缴纳进口税，如再出口也不缴纳出口税。运入区内的商品可以进行储存、改装、分类、混合、展览、加工和制造等。因此，对一些没有专门设立自由港或自由贸易区的国家，如日本、荷兰等来说，保税区起到了类似自由港或自由贸易区的作用。

在保税区内，其保税业务体系一般都设有现代而完备的各种设施，能够适应不同种类商品装卸、存储和运输的需要。外国厂商或贸易商在保税业务体系内用当地或他国进口的零部件、中间产品等从事装配和加工活动，由于这些零部件和中间产品等在通关时免征关税、加工后的制成品在销往其他国家和地区时也免缴关税，因此可以增强产品的竞争力。所以，保税业务体系的建立对推动转口贸易和三角贸易，拓展经贸活动具有十分重要的作用。

3. 出口加工区（export processing zone）

出口加工区是一个国家或地区在其港口或邻近港口、国际机场的地方，划出一定的区域，新建和扩建码头、车站、道路、仓库和厂房等基本设施，以及提供免税等优惠待遇，鼓励外国企业在区内投资设厂，生产以出口为主的制成品的加工区域。出口加工区的设立与发展，对吸引外国投资，引进先进技术与设备，促进本国或本地区的生产技术和经济的发展，扩大出口加工工业，增加国家或地区的外汇收入，起到了十分重要的作用。

出口加工区是在20世纪60年代后期和70年代初期，在一些发展中国家或地区建立和发展起来的，并首先在亚洲地区得到迅速发展。1966年，中国台湾建成了亚洲第一个正式以出口加工区命名的高雄出口加工区并获得成功。随后不久，韩国、新加坡、马来西亚、印度尼西亚等国家也建立了自己的出口加工区。

为了发挥和提高出口加工区的作用与经济效益，这些国家或地区一般都对外国企业在区内投资设厂作了许多优惠的规定。例如，对区内外资企业从国外进口生产设备、原料、燃料、零件、元件及半制成品一律免征进口税；提供减免国内所得税、营业税和贷款利息税等优惠待遇；放宽外国企业投资比率和外汇管制；对于外资企业的报关手续、工地仓库和厂房等租金、外籍职工的职务及其家属的居留权等予以优惠措施。但与此同时，许多国家或地区也对区内的外资企业进行了一定的限制和引导。如在投资项目方面，根据国家或地区经济发展和产业结构升级的需要，规定外资企业的投资项目和类别；在投资的审批方面，为了保证投资与加工出口的收益，要求外国投资者必须具备一定的条件；在产品销售方面，规定区内的产品必须全部或大部分出口，即使准许在本国市场上销售，其数量一般也不超过总产量的10%；在招工和工资方面，则限定雇工的最低年龄和工人的最低工资标准，以保护本国公民的利益。

4. 自由边境区（free perimeter）和过境区（transit zone）

自由边境区曾被称作自由贸易区，一般设立在一国的一个或几个省的边境地区，对区内使用的机器设备、原材料和消费品实行减税或免税进口。外国货物可以在区内进行储存、展览、混合、包装、加工制造等业务活动，其目的在于利用外国投资开发边境地区的经济。自由边境区在拉丁美洲的少数国家中实行，与出口加工区不同的是，自由边境区的进口商品加工后大多是在区内使用，只有少数是用于出口。因此，自由边境区享受的优惠待遇是有时间限制的，一旦它们的生产能力得到发展后，政府就逐渐取消某些商品的优惠待遇，直至废除自由边境区。

过境区是沿海国家为了便利内陆邻国的进出口货物，开辟某些海港、河港或国境城市作为货物的自由中转区。对进入过境区的货物，一般予以简化海关手续，免征关税或只征小额过境费用的优惠待遇。与上述地区开放的形式不同，过境货物在过境区可作短期储存，重新包装，但不能加工。

5. 科学工业园区（science-based industrial park）

科学工业园区也称工业科学园、科研工业区、新产业开发区、高技术园区及科学城等，是一种在战后科技革命背景下出现的新兴工业开发基地。它将智力和资金高度集中起来，专门从事新技术研究、试验和生产，以加速新技术研制及其成果应用，为本国或本地区工业的现代化服务。与侧重于扩大制成品加工出口的出口加工区不同，科学工业园区旨在扩大科技产品的出口和扶持本国技术产业的发展。科学工业园区一般设在靠近信息渠道通畅和交通网络发达的大城市附近，有充足的科技资源和教育设施，并以一系列设施先进、资本雄厚、技术密集度高的专业性企业群体为依托。

扫描二维码阅读《上海自贸区简介》

二、出口管制

在国际贸易中，各国政府在鼓励出口的同时，往往还出于一些政治目的、经济利益的考虑，以及为履行贸易协定中应尽的义务，对一些商品实行出口管制、限制或禁止有关商品的出口，或限制禁止某类商品对某些国家的出口，由此形成了出口管制制度。

（一）出口管制的主要原因和目的

1. 政治原因

政治原因往往是实行出口管制的主要原因，也是各国实行国别政策的重要手段之一。一些西方发达国家经常对与自己“敌对”或“不友好”的国家实行出口管制，特别是武器、军事设备、高技术和重要战略物资的出口受到了严格的限制。如美国将阿富汗、叙利亚、伊朗、黎巴嫩等列入恐怖主义国家而实行禁运。此外，冷战结束以后，联合国在国际事务中发挥着日益重要的作用，对发动战争侵略的国家实行制裁，其中，禁运就是迫使发动战争的国家停止侵略行为的主要措施。

2. 军事原因

为了保证世界的和平与安全，国际社会通过了“核不扩散条约”，各国都有义务对可能用于核武器制造的技术与装置、原料的出口实行出口管制。同时，国际社会也禁止生化武器的研究与使用，有关化学武器及原材料的出口也应受到限制。此外，西方国家为了在军事上领先社会主义国家，对武器及相关技术设备和战略物资向这些国家的输出也予以控制。

3. 经济原因

许多国家为了避免本国相对稀缺的商品过量流失而造成不利的影响，常常会对该类商品实行出口管制，以保证国内需要。此外，当一国的某些商品在国际贸易总额中占有很大比重时，为了控制、稳定国际市场价格，改善贸易条件，政府也将对此类商品实行出口管制。

4. 其他原因

如为了人权目的，禁止劳改产品的出口；为了保护地球生态环境和濒危动植物，对一些物资进行全球性的贸易禁运；为了保护历史文物，对一些特殊商品的出口实行管制。

（二）出口管制的对象

1. 战略物资及其相关的尖端技术和先进技术资料

如武器、军用飞机、先进的电子计算机及相关技术资料等。多数国家对这类商品与相关技术资料实行严格控制，只有领取出口许可证后，才能被允许出口。

2. 国内的紧缺物资

这是指国内生产所紧迫需要的原材料和半制成品，以及国内供应明显不足的商品。这些物品如自由输往国外，势必加剧国内的供给不足和市场失衡，从而影响经济的正常发展，因此其出口常受到限制。

3. 需要“自动”限制出口的商品

迫于对方国家或某一集团的强大压力，某些国家不得不对某些具有很强国际竞争力的商品实行出口管制。如根据纺织品“自限协定”，出口国必须自行管理本国的纺织品出口。

4. 本国在国际市场上占主导地位的重要商品和出口额大的商品

发展中国家大多出口商品较为单一，出口市场也较集中，当国际市场价格下跌时，应尽量控制该商品的过多出口，以免加剧国际市场供大于求的不利形势，给本国经济带来更大的经济损失。例如，石油输出国组织对成员国的石油产量和出口进行控制，以稳定石油价格，保护国家利益。

5. 为保持生态平衡而得到保护的某些动植物

如象牙、犀牛角、虎骨等珍稀动物药材、珍稀动物本身及其制品，均在禁止出口商品的范围之列。

6. 历史文物和艺术珍品

各国出于保护本国文化艺术遗产和弘扬民族精神的需要，一般都要禁止该类商品输出，即使可以输出的，也实行较严格的管理。如文物、艺术品、黄金、白银等特殊商品。

（三）出口管制的形式

1. 单方面出口管制

单方面出口管制是指一个国家根据本国的出口管制法案，设立专门的执行机构，对本国某些商品的出口实行管制。早在1917年，美国国会就通过了《1917年与敌对国家贸易法案》，禁止任何私人与美国的敌人及其同盟者在战时或国家紧急时期进行财政金融和商业的往来。二战结束后，为了对当时的社会主义国家如苏联实行禁运，又于1949年通过了《出口管制法案》以禁止和削减经由贸易渠道出口的所有商品和技术资料进入社会主义国家。冷战结束后，美国继续对技术和设备实施严格的单方面出口管制，例如，美国仍对中国实行高技术控制，迫使英特尔公司、美国电报电话公司、国际商用机器公司等只好将它们最好的技术束之高阁。

2. 多边出口管制

多边出口管制指一些国家为协调彼此的出口管制政策和措施，通过达成共同管制出口的协议。建立国际性的多边出口管制机构，共同制订多边出口管制的具体措施，以期达到共同的政治和经济目的。

冷战时期的巴黎统筹委员会就是一个典型的国际性多边出口管制机构。联合国对发动战争侵略的国家实行禁运就是一种多边出口管制措施，如伊拉克发动对科威特的侵略战争后，联合国安全理事会便通过了对伊拉克实行全面禁运的决议。

第四节　公平贸易救济措施

当前，WTO确立的允许成员方在特定条件下采取的贸易救济措施主要有三种，即反倾销、反补贴和保障措施。中华人民共和国商务部贸易救济信息网数据显示，2010～2021年，全球发起的贸易救济案件中，反倾销2,728起，反补贴403起，保障措施224起，特别保障措施4起。其中，对中国发起的贸易救济案件中，反倾销759起，中国占比27.8%；反补贴159起，中国占比39.5%；保障措施202起，中国占比90.2%；特别保障措施4起，中国占比100%。

一、倾销与反倾销

（一）倾销的概念与形式

1. 倾销的概念

倾销是指一国（地区）的生产商或出口商以低于其国内市场价格或低于成本价格，将其商品抛售到另一国（地区）市场的行为。倾销被认为是国际贸易中违反公平竞争与公平贸易规则的不正当商业竞争行为，是一种“不公平”的竞争。为阻止倾销的产生和反倾销措施的滥用，乌拉圭回合谈判达成了《反倾销协议》，为 WTO 制定各种反倾销措施奠定了基础。倾销的构成要素有以下三项：（1）产品以低于正常价值或公平价值的价格销售。（2）这种低价销售的行为给进口国产业造成损害，包括实质性损害、实质性威胁和实质性阻碍。（3）损害是由低价销售造成的，二者之间存在因果关系。

2. 倾销的形式

（1）按照倾销的方式分类，倾销可以分为以下三类：

①商品倾销是指商品以低于国内市场价，甚至低于生产成本价，在国外市场抛售，其目的在于打击竞争对手，打开或扩充国际市场。商品倾销一般简称为倾销，本章所讨论的反倾销就是指商品倾销。

②外汇倾销是指一个国家为降低本国货币对外货币的汇价，使本国的货币贬值（本国货币贬值有利于出口，不利于进口），以争夺国外市场的一种手段。一国货币贬值后，以外国货币表示的出口商品价格降低，从而提高在国际市场上的竞争力，以扩大出口，限制进口。

③间接倾销又称为第三国倾销，是指 A 国厂商向 B 国厂商倾销商品，但 B 国的进口商并不是在国内销售 A 国商品，而是转销到 C 国，并对 C 国的产业造成损害。在这种情况下，C 国依照反倾销法既可以投诉 B 国的倾销行为，也可要求 B 国代为向原产国的厂商采取措施。

（2）按照倾销的目的分类，倾销可以分为以下三类：

①偶然性倾销是指由于生产过剩，国内市场一时无法容纳而只好削价销往国外的倾销行为。这种倾销对进口国的同类产品生产会造成不利影响，但由于时间短暂，进口国一般很少采取反倾销措施。

②掠夺性倾销又称为间歇性倾销，是指一国在其他国家市场倾销商品，在打垮了所有或大部分竞争对手、垄断了这个市场之后，再提高价格的倾销行为。这种倾销严重损害了进口国的利益，因而许多国家都采取征

收反倾销税等措施进行抵制。

③长期性倾销是指长期以低于国内价格在国外市场出售商品的倾销行为。这种倾销具有长期性，其出口价格至少应该等于边际成本，否则货物长物亏损。因此，倾销者往往采取扩大生产规模的方式来降低生产成本。

（二）反倾销实质及内容

1. 倾销的确定

当进口国发现出口国进行商品倾销并给本国造成巨大损害时，往往采取各种措施来抵消或减弱倾销带来的冲击，这就是反倾销的行为。进口国在采取反倾销措施之前，要先确定倾销的存在。判断倾销的标准有三种方式：第一，来自外国的出口产品以低于正常价格在本国市场上销售，即存在倾销的幅度；第二，倾销对本国同类产品工业造成了严重或实质性的损害，或形成了实质性损害的威胁，或阻碍某项新兴工业的建立；第三，二者之间是否存在因果关系。

（1）倾销幅度的确定。倾销幅度即为出口价格低于正常价格的差额。因此，确定倾销幅度的关键是确定出口价格、正常价格和两者之间的比较规则。

①出口价格。出口价格是指出口商将其产品出口给进口商的价格。当不存在出口价格，或因出口商与进口商之间有总公司、分支公司或控股等关系使出口价格不可靠时，可根据被指控倾销商品首次在进口国内向独立商人转售的价格确定。

②正常价格。确定正常价格有三种方法：第一，出口国国内销售价格，它指被指控倾销商品或与其相同的产品在调查期间，在出口国国内市场上销售的价格；第二，向第三国的出口价格，当不存在或无法确定倾销产品的国内销售价格时，进口国可采取倾销产品向第三国出口的可比价格确定正常价格；第三，结构价格，当使用出口国国内销售价格和向第三国出口的价格均无法确定倾销商品的正常价格时，可以采用结构价格来确定。结构价格是指被指控倾销产品的生产成本加合理的管理费用、销售费用和一般费用，以及利润作为出口产品的价格。

③出口价格与正常价格的比较。在确定了出口价格和正常价格之后，应对两种价格做出必要的调整，把两种市场上的相同或同类产品的价格放在同一市场环境中进行比较。

（2）损害的确定。对一项倾销产品是否采取反倾销措施，还需要确定该项产品的倾销是否对进口国的国内产业造成损害，以及损害与倾销之间是否存在因果关系。这里所说的损害是指因倾销行为对一国国内产业造成实质性损害或实质性损害威胁，或对这种产业的建立构成严重阻碍。

①在确定实质性损害时，要考虑以下因素：第一，无论是就绝对数量而言，还是相对于进口国的生产或消费而言，倾销产品的数量是否构成了急剧增长；第二，进口的价格对国内相同或相似产品的价格有巨大抑制或下降影响，并导致对进口产品需求的大幅度增长；第三，进口产品对进口国国内产业相同或类似产品的生产商产生严重的影响或冲击。

②实质性损害威胁是指进口国国内产业虽然尚未处于实质性损害的境地，但已受到威胁，而且其威胁是真实的、迫切的和可以预见的。例如，大量被指控产品已在发运途中，或出口国拥有巨大的生产该同类产品的能力，或出口国计划继续扩大对进口国的出口，或出口商在进口国建立了大量推销网点，市场份额急剧增长等均可被视为造成了实质性的损害威胁。

③严重阻碍某一产业的建立是指倾销产品严重阻碍了进口国建立一个生产该同类产品的新产业。它指的是一个新产业在实际建立过程中受到了严重阻碍，而不能理解为倾销产品阻碍了建立一个新产业的设想或计划，而且要有充分的证据来证明。

（3）倾销与损害之间的因果关系，是指进口国国内产业受到的损害是由于进口产品的倾销直接造成的，而其他因素对产业造成的损害不得归咎于倾销产品。在确定倾销与损害的因果关系时，并不一定要证明倾销的进口产品是造成损害的主要原因，只要能证明是造成损害的原因之一即可。

2. 反倾销调查程序

反倾销调查程序是指一国当局根据国内受到倾销损害的相关产业的起诉，对被指控倾销的产品立案调查的过程。反倾销申诉是反倾销立案调查的依据，调查的发起必须由进口国认为是受损害的产业或其代表所提交的书面申诉开始。在特殊情况下，进口国当局也可以主动开展倾销调查。进口国政府对申诉所提供证据的准确性和充分性进行复查后决定是否立案，立案后进口方当局便可向各个利益关系方发出调查问卷。

（1）申诉与立案。反倾销调查的启动一般应由进口方受到损害的行业或其代表向有关当局提交书面申请，这是反倾销调查的必要条件。一般情况下，进口方当局不会主动发起反倾销调查，特殊情况除外。申诉书主要应包括申诉人的身份、产品产量与价值、被指控产品所属国家及相关企业名称、被指控方产品在其国内的价格等资料。

进口方当局在确认申诉材料真实可靠、决定立案后，就要通知其产品被调查的成员方和调查当局所知道的有利害关系的各方，并予以公告。向被调查方发出的通知应当列明应诉材料的送达地点及时限等。

（2）调查。调查是指进口国有关当局对被起诉方的产品倾销、国内工业损害，以及两者之间的因果关系，从事实和法律上进行查证的过程。反倾销调查一般应在 12 个月内结束，无论如何不得超过 18 个月。如证据不足应立刻终止调查。

（3）裁定。倾销调查的裁定分为初步裁定和最终裁定两种。初步裁定指在调查的基础上，有关当局作出肯定或否定的有关倾销或损害的初步裁定。初步裁定的法律意义在于进口方当局可以视情况采取临时措施与价格承诺措施。最终裁定是指进口方当局最终确认进口产品倾销并造成损害而做出对其征收反倾销税的裁定。

3. 反倾销的具体措施

（1）临时性措施。在反倾销调查中，初步认为存在倾销、国内工业损害及因果关系后，进口方当局可采取措施，以防在调查期间有关工业受到更加严重的损害。临时反倾销措施主要有两种形式：一是征收临时性反倾销税；二是采取担保的方式，即支付现金或担保金，其数额不得高于预计的临时反倾销税。临时反倾销措施只能从开始调查之日起 60 天后采取，实施期限一般不超过 4 个月，最长不超过 9 个月。

（2）价格承诺。在反倾销调查初步裁定存在倾销后，如果出口商主动承诺提高倾销产品的价格或停止以倾销的价格向投诉方市场出口，且进口方反倾销调查当局对其承诺感到满意，反倾销调查程序可以暂时停止，而不采取临时措施或征收反倾销税。如果反倾销当局不能接受其价格承诺，应向出口商说明不接受的理由，并给出口商说明其意见的机会。

在达成价格承诺协议后，出口商要定期提供执行该协议的资料，并允许对资料中的有关数据进行核实。如果出口商违背价格承诺协议，进口方有关当局可以采取措施。价格承诺的有效期限一般不得超过征收反倾销税的有效时限，并应进行必要的审查，以确定是否需要保持价格承诺。

（3）反倾销税的征收。当最终裁定确实存在倾销，并因此对进口国相同或类似产品的产业构成了实质性损害，就可对该倾销产品征收反倾销税。反倾销税的税额不得超过倾销幅度。

如果反倾销调查及最终裁定涉及多个出口国家或地区，并要对不同来源的倾销产品都征收反倾销税，应根据无歧视原则，对所有倾销产品按适当的数额征收反倾销税。反倾销税在抵消倾销损害的期限内有效，但最长一般不得超过 5 年。

二、补贴与反补贴

各国在制定和实施贸易政策时，除了利用关税和非关税壁垒限制进口以外，还采取各种鼓励出口的措施扩大商品出口。为了扩大出口，世界各国纷纷对出口实行补贴，而进口国为了保护本国市场和产业的发展，采取反补贴措施。其结果是，国际贸易中的补贴与反补贴措施影响了国际贸易的健康发展，扭曲或损害了进行国际贸易的各国的利益。

（一）补贴的性质

补贴是指政府为了促进某些产业的发展，对这些产业的生产及产品进行财政补贴和实行优惠待遇，以提高本国出口产品在国际市场上的竞争力和限制外国产品的进入。

一般认为，政府实施补贴是不公平的竞争。由于政府的补贴，使本来不具有比较优势的一些产品人为地降低成本，成为具有比较优势的产品，从而使那些真正具有比较优势的产品处于极为不利的地位。

政府的补贴是一种贸易保护主义的措施。由于政府的补贴和优惠，导致本国没有比较优势的产品大量出口，伤害进口国具有比较优势的同类产品。目前，世界上不只是发展中国家对本国的生产和出口进行着补贴；发达国家对农产品和一些工业产品也实行大量的补贴。

（二）补贴的形式

一般来说，补贴有以下三种主要形式。

1. 生产补贴

生产补贴是政府为了促进某一产品的发展，给予生产企业的津贴。生产补贴可以使生产企业在商品价格低于生产成本时，仍能因有补贴而获得利润，有利于扩大该商品的生产规模或者使生产企业降低相当于所获得补贴部分的生产成本，从而降低商品价格，提高商品在国际市场上的竞争力。生产补贴主要有财政投款、优惠贷款、税收减免三种形式。

生产补贴可以使获得补贴的企业降低生产成本，提高其国际市场竞争力，增加出口。

2. 出口补贴

出口补贴又称为出口津贴，是一国政府为了降低出口商品的价格，增强其在国际市场的竞争力，在出口某商品时给予出口商的现金补贴或财政上的优惠待遇。出口补贴在形式上可以分为直接补贴和间接补贴两类。

（1）直接补贴即政府在商品出口时，利用财政拨款直接付给出口商的现金补贴。直接补贴的目的在于弥补出口商品国内价格高于国际市场价格所带来的亏损，或者补偿出口商所获利润低于国内利润所造成的损失。

（2）间接补贴即政府对某些商品的出口予以财政上的优惠，如退还或减免出口商品缴纳的税费，对进口原料或半成品加工再出口给予免征或退还已交的进口税等。其目的同样在于降低商品价格，增强国际竞争力。

3. 出口信贷

出口信贷是指一个国家为了鼓励商品出口，增强商品的竞争能力，通过银行对本国出口厂商或国外进口商提供的贷款。它是一国出口商利用本国银行的贷款扩大商品出口，特别是金额较大、期限较长的商品，如成套设备、船舶等出口的一种重要手段。出口信贷分为卖方信贷和买方信贷两种。

（三）反补贴

政府的出口补贴扭曲了世界市场的商品价值，直接损害的是相同商品的其他出口国和补贴商品进口国的生产者。因此，政府的出口补贴被认为是一种不正当的贸易政策。

如果进口国对受到出口国补贴的进口商品的损害征收反补贴税，以抵消出口国的补贴影响，其结果就如同出口国政府开出一张现金支票，把本国纳税人的钱无偿地支付给进口国政府。

三、特别保障措施

（一）定义

特别保障措施是世界贸易组织成员利用特定产品过渡性保障机制（transitional product-specific safeguard mechanism）针对来自特定成员的进口产品采取的措施，即在 WTO 体制下，在特定的过渡期内，进口国政府为防止来源于特定成员方的进口产品对本国相关产业造成损害而实施的限制性保障措施。最早的特别保障措施适用于日本。

针对中国的特别保障措施主要包含在《中华人民共和国加入议定书》（以下简称《议定书》）第 16 条和《中国加入工作组报告书》（以下简称《报告书》）第 242、第 245～250 段中。根据《议定书》第 16 条规定，在中国加入 WTO 之日起的 12 年内，如果原产于中国的产品在进口至任何 WTO 成员领土时，其增长的数量或所依据的条件对生产同类产品或直接竞争产品的国内生产者造成或威胁造成市场扰乱，该 WTO 成员可请求与中国进行磋商，包括该成员是否应根据《保障措施协议》采取措施。根据《报告书》第 242 段的规定，在 2008 年 12 月 31 日前，WTO 成员可以对来自中国的纺织品采取特别保障措施；第 245 ~ 250 段中则规定实施特别保障措施的基本程序。

（二）适用程序

根据《议定书》第 16 条和《报告书》第 246 段的规定，适用特别保障措施应当遵循下列程序。

1. 调查

调查是发现事实的根本途径。特别保障措施调查内容包括对来自中国的进口产品数量、市场份额及其对进口国同类产品的价格和国内产业的影响，以及市场扰乱与中国的进口产品增长是否存在因果关系等。

2. 公告和通知

进口成员方应及时公告有关信息，包括调查的启动、调查的结果、拟采取的措施、采取措施的决定及采取措施的气象等。同时，对中国适用特别保障措施的 WTO 成员采取的任何措施和中国采取任何报复行动都应该立即通知保障措施委员会。

3. 磋商

（1）磋商的启动。启动磋商的触发器就是原产于中国的产品进口的数量或所依据的条件对生产同类产品或直接竞争产品的国内生产者造成或威胁造成市场扰乱，则受此影响的 WTO 成员可请求与中国进行磋商。

（2）磋商达成一致，中国主动采取节制出口的行动。如在这些双边磋商过程中，双方同意原产于中国的进口产品是造成市场扰乱的原因并有必要采取行动，则中国应采取行动以防止或补救此种市场扰乱。

（3）磋商没有达成一致。如磋商未能使中国与有关 WTO 成员在收到磋商请求后 60 天内达成协议，则有关 WTO 成员有权在防止或补救此种市场扰乱所必需的限度内，对此类产品撤销减让或限制进口。

4. 临时保障措施

根据《议定书》第 16 条规定，在迟延会造成难以补救的损害的紧急情况下，受影响的 WTO 成员可根据一项有关进口产品已经造成或威胁造成市场扰乱的初步认定，采取临时保障措施，并在立即向保障措施委员会做出有关所采取措施的通知，同时提出进行双边磋商的请求。临时措施的期限不得超过 200 天。临时措施的期限均应计入将来采取保障措施的期限。

5. 报复

WTO 成员只能在防止和补救市场扰乱所必需的时限内根据《议定书》第 16 条采取措施。如果基于进口水平的相对增长而采取的特别保障措施期限超过 2 年，或基于进口的绝对增长而采取的特别保障措施超过 3 年，中国有权采取报复措施，即针对实施该措施的 WTO 成员的贸易暂停实施 GATT 1994 项下实质相当的减让或义务。

小　　结

（1）关税是各国普遍采用的对外贸易政策工具。常见的关税是进口税。关税的征收首先影响到国内该商品的价格，进而产生一系列的经济效应。

（2）非关税壁垒的形成和日益盛行是众多原因造成的，但根本原因是各国经济发展不平衡。非关税壁垒的形式五花八门，但其目的无非是减少进口数量、提高进口商品价格。

（3）二战后，各国采取了一些促进商品出口的鼓励措施，使贸易政策的重心从消极防御转向积极拓展。与此同时，由于某些政治原因和经济利益的考虑，以及履行贸易协定中应尽的义务考虑，有些国家对一些商品实行出口管制，由此形成了出口管制制度。

（4）WTO 确立的允许成员方在特定条件下采取的贸易救济措施主要有三种，即反倾销、反补贴和保障措施。

思政园地

2018 年 3 月，美国总统特朗普在白宫正式签署对华贸易备忘录，宣布对从中国进口的 600 亿美元商品加征关税，并限制中国企业对美投资并购，中美贸易摩擦爆发。其中，美国对中国的限制领域涵盖了高性能机械、医疗生物医药、新材料、农机装备、工业机器人、新一代信息技术、新能源汽车、航空产品、高铁装备等战略行业。

中国出口贸易的最大特点是能够为进口国的消费者提供价廉物美的商品，即消费者剩余和经济福利。美国自己也承认，对华加征关税后，超过 90% 的代价由美国民众和企业承担。拜登上任第一年保留了前任特朗普对中国商品征收 3, 500 亿美元的关税政策。这些关税由美国进口商支付，有的已经执行了近4年的时间。2018年以来，美国进口商为负担这部分关税成本已支付了近1,230亿美元。为了抵销征收关税带来的损失，美国公司不得不提高国内商品价格，实际上受到伤害的是美国消费者。更重要的是，限制自华进口还带来更多负面效应，让美国失去大量就业岗位并导致通胀飙升。美国消费者价格指数和生产者价格指数双双大幅攀升，前者更是在2022年1月创下1982年以来最大增幅。美中贸易全国委员会去年的一份报告分析，若华盛顿继续努力脱离中国市场，美国将可能面临未来5年内实际GDP损失1.6万亿美元，并导致2025年可能减少32万个工作岗位……美国商务部最新数据显示，2021年美国对华商品贸易逆差达到3,553亿美元，仅低于2018年的4,182亿美元。

（资料来源：部分文字节选自张红．对华加征关税越持久，美国越受伤［N］．人民日报（海外版），2022-03-03（006）．）

思考：中美贸易摩擦对中美之间的贸易往来有何影响？该如何维护中国的正当贸易利益？

习　题

一、填空题

1. 进口许可证分为________和________。

2. 公平贸易救济措施主要有________、________和________。

3. 进口配额制主要分为________和________。

二、单项选择题

1. 一国在其国境内设有自由港或自由贸易区时，其关境（　　）。

A. 大于国境　　B. 小于国境

C. 等于国境　　D. 与国境概念无关

2. 许可证制度是一种（　　）。

A. 关税措施　　B. 鼓励出口措施

C. 管制进出口措施　　D. 为了统计目的而采取的措施

3. 海关估价作为一种非关税壁垒措施，是因为（　　）。

A. 估价公证　　B. 估价客观　　C. 估价严格　　D. 估价专断

4. 某国对某种商品规定全年进口额在200万美元以内者征税10%，超过200万美元以上的部分，除原征关税外，再加征60%的关税，这种措施称为（　　）。

A. 混合税 B. 进口附加税 C. 关税配额 D. 罚款

5. 从量税的计算公式为（ ）。

A. 税额 = 商品数量 × 从量税率

B. 税额 = 商品价值 × 从量税率

C. 税额 = 商品数量 × 每单位从量税

D. 税额 = 商品价值 × 每单位从量税

6. 在物价上涨时，征收从量税，其保护作用（ ）。

A. 变大 B. 变小

C. 不变 D. 前三种情况都可能

7. 普惠制中的减税幅度是指（ ）。

A. 最高税率与普惠税率的差幅

B. 普通税率与普惠税率的差幅

C. 特惠税率与普惠税率的差幅

D. 最惠国税率与普惠税率的差幅

8. 关税壁垒通常是指（ ）。

A. 高额进口税 B. 高额出口税

C. 高额过境税 D. 高额附加税

三、判断题

1. 二战后，由于主要资本主义国家不断降低关税，各种非关税壁垒措施层出不穷，因此，关税已不再是资本主义国家保护贸易政策的一项基本措施。（ ）

2. “自动”出口配额制也简称“自动”限制出口，它是出口国为了实现出口管制政策而自动采取的一种出口措施。（ ）

3. 出口税是在商品出口时由出口商向海关缴纳的一种税。由于当前资本主义国家，尤其是发展中国家，经济困难，因此，一般都对出口的商品征收一定的出口税，以增加国家的财政收入。（ ）

4. 以 2010 年为基期，2020 年某国的进口价格指数为 120，出口价格指数为 140，由此可见，该国的贸易条件较之过去明显恶化了。（ ）

5. “自动”出口限制是出口国自愿实行的限制本国某些商品出口的措施。（ ）

6. 对于受补贴的倾销商品，进口国可以既征收反倾销税又征收反补贴税。（ ）

四、问答题

1. 限制进口的非关税措施有哪几种？
2. 鼓励出口的措施有哪些？
3. 出口管制的原因有哪些？
4. 非关税壁垒对国际贸易的影响有哪些？
5. 大国关税与小国关税的经济效应有什么区别？

第五章　区域经济一体化

［学习目标］

知识目标：能说出区域经济一体化理论的基本历史演变与发展情况，正确描述区域经济一体化理论的主要观点与其一体化层次，阐明区域经济一体化的效应与影响。

能力目标：对目前世界主要的区域经济一体化组织对世界和我国经济的影响进行分析。

素养目标：关注中国参与区域经济一体化的情况，树立正确的贸易利益观，进一步深化对人类命运共同体理念的认同。

本章重点：

1. 区域经济一体化概念
2. 区域经济一体化的不同层次
3. 区域经济一体化的效应与影响
4. 区域经济一体化理论

本章难点：

1. 区域经济一体化的效应与影响
2. 关税同盟理论
3. 自由贸易理论

开篇案例

跨太平洋战略经济伙伴协定（TPP）

《跨太平洋伙伴关系协定》（*Trans-Pacific Partnership Agreement*，TPP），最初于2005年由文莱、智利、新西兰和新加坡4个亚太经济合作组织（APEC）成员签署。成员之间彼此承诺在货物贸易、服务贸易、知识产权以及投资等领域相互给予优惠并加强合作。协议采取开放的态度，欢迎任何 APEC 成员参与，非 APEC 成员也可以参与。该协议的重要目标之一就是建立自由贸易区。2008 年，美国、澳大利亚、秘鲁和越南先后加入；2010 年马来西亚加入；2011 年日本、加拿大和墨西哥加入。2016 年 2 月 4 日，在新西兰奥克兰，由 TPP12 个成员国代表参加的签字仪式，《跨太平洋伙伴关系协定》正式签署。随着成员经济体的不断增加，TPP 将形成约 8 亿人口的市场和约占全球经济的四成，规模比有 27 个成员国的欧盟还要大。

与过去常见的经济合作协议不同，TPP 增加了"战略合作"的内容，涵括了知识产权保护、劳工标准、环境标准和促进中小企业发展等内容。TPP 的初步目标，是在 2015 年时实现成员之间的零关税。此外，TPP 还涉及金融监管、竞争政策、经济立法、市场透明、反贪等多个领域。

TPP 已经成为美国在传统的自贸协定和 WTO 之外推动自由贸易的新途径。TPP 更加关注贸易规则的制定，并试图为国际贸易制定新标准。从国际贸易角度看，TPP 提出的"战略合作"内容更有助于美国推行有利于自己的贸易标准。

2017 年 1 月 23 日，时任美国总统的唐纳德·特朗普在白宫签署行政命令，标志美国正式退出《跨太平洋伙伴关系协定》。

2017 年 11 月 11 日，当时的日本经济再生担当大臣茂木敏充与越南工贸部长陈俊英在越南岘港举行新闻发布会，两人共同宣布除美国外的 11 国就继续推进 TPP 正式达成一致，11 国将签署新的自由贸易协定，名为《全面与进步的跨太平洋伙伴关系协定》（*Comprehensive Progressive Trans-Pacific Partnership*，CPTPP）。

2021 年 2 月 1 日，英国政府提出正式申请，加入 CPTPP。

2021 年 9 月 16 日，中国商务部部长王文涛向 CPTPP 保存方新西兰贸易与出口增长部长奥康纳提交了中国正式申请加入 CPTPP 的书面信函。

（资料来源：笔者根据中国经济网相关信息整理。）

第一节　区域经济一体化概述

经济一体化始于 20 世纪 50 年代，即在第二次世界大战结束以后。当时世界经济处于战后的恢复期，急需一些新的经济政策与改革血液为萎靡的世界经济打入一针强心剂。在 20 世纪 50～60 年代，出现了大批的经贸集团，70~80 年代初期处于停滞的状态，80 年代后期又掀起世界范围的经贸集团化的高潮。而如今，各种各样的经济一体化形式与组织遍布世界各地，它影响着世界政治与经济格局。区域经济一体化和贸易集团化已经成为当今世界经济贸易发展的趋势之一。

一、区域经济一体化的概念

经济一体化既可以描述一种状态，也可以描述一种过程。作为一种状态，它是指以前各自独立的各国经济最终达到相互融合。而作为一种过程，它是指国家之间经济边界的逐渐消失。这里的“经济边界”是指任何商品、服务及生产要素流动的界限。从某种意义上来说，经济一体化是一个全球性的现象，它随着国际贸易和国际直接投资的网络而拓宽，在各国政府机构的支持及跨国公司的推动下发展起来。在本章中，经济一体化被局限于由政府主导，在特定的一体化方案下，通过消除国家之间的经济边界而实现两个或多个国家经济的合作。

区域经济一体化是指地理位置毗邻的国家与地区或同属一个区域的国家和地区间，为实现共同的经济与政治目的，通过签订条约或协定制定共同的行为准则，逐步实现彼此间在货物、服务和生产要素的自由流动，进行各种要素的合理配置，促进相互间的经济与发展，取消关税与非关税壁垒，进而协调产业、财政和货币政策；有的甚至通过让渡部分国家主权，建立“超国家”机构，其表现形式是各种形式的经济贸易集团的建立。

二、区域经济一体化的形式

1. 优惠贸易安排（preferential trade arrangement）

优惠贸易安排是区域经济一体化中最低级、最松散的一种形式，成员国之间通过协定或其他形式，对全部或部分商品规定特别的关税优惠，也可能包含小部分商品完全免税的情况。1932 年，英国与英联邦成员国建立的英联邦特惠制、第二次世界大战后初建的东南亚国家联盟、“非洲木材组织”等就属于此种形式的一体化组织。

2. 自由贸易区（free trade area）

自由贸易区是指各成员国之间取消了商品交易的关税壁垒与消除全部贸易壁垒，使商品在区域内完全自由流动，但每个成员国都保留各自对非成员国之间的贸易壁垒。

对外关税税率的不同，必然会导致贸易的偏转，即非成员国将商品出口至低税率的成员国，然后再转出口至高税率的成员国，从而使那些实行高税率的成员国的关税政策失效。因此，成员国政府一般采用原产地规则来阻止非成员国为了逃避高税率而进行的区内转运活动。1994 年建立的北美自由贸易区是目前全世界范围内影响力最大的自由贸易区。

3. 关税同盟（customs union）

关税同盟是指缔约方间完全取消关税和非关税贸易壁垒，实现内部的自由贸易，并对非成员国设定统一的贸易政策的一种地区经济一体化形式。它与自由贸易区最大的不同点在于关税同盟以统一的贸易政策对待非成员国。关税同盟的目的在于使参加国的商品在统一关境以内的市场上处于有利地位，排除非成员国商品的竞争。世界上最早、最著名的关税同盟是比利时、卢森堡和荷兰组成的关税同盟。

4. 共同市场（common market）

共同市场是指取消成员国间所有商品、劳动力和资本流通的壁垒，制定统一的贸易政策对待非成员国的经济一体化形式。共同市场是在综合自由贸易区和关税同盟的基础上，增加了劳动力和资本这两种重要生产要素的自由移动而形成的。但是因为它至少要求经济和劳动力政策的合作，这种一体化形式很难实现。而且由于熟练的劳动力会向高收入国家转移，以及投资会向高回报国家流动，结果就会使各成员国间出现利益不均问题。欧盟在 1992 年由关税同盟过渡到共同市场，使各成员国经济一体化的程度进一步提高。

5. 经济同盟（economic union）

经济同盟就是成员国之间不但商品与生产要素可以完全自由移动，建立共同的对外关税，而且要求成员国制订和执行某些共同经济政策（如货币、财政等经济政策）和社会政策，逐步废除政策方面的差异，使一体化的程度从商品交换扩展到生产、分配乃至整个国民经济，形成一个庞大的经济实体。经济同盟要求成员国让出一定的国家主权，但它仍然赋予各成员国一定的自治权或独立权。目前的欧盟就属于此类经济同盟。

6. 完全的一体化（complete integration）

完全的一体化是经济一体化的最后阶段。在此阶段，区域内各国在经济、金融、财政等政策上完全统一。在各成员国内完全消除商品、资金、劳动力等自由流通的各种障碍，实行单一的货币和统一的经济政策，存在超国家的机构来管理组织区内的经济事务。在除经济之外的其他政策上也比较一致，达到高度统一（见表 5－1）。

表 5－1 区域经济一体化的各种形式

形式	商品关税优惠	自由贸易	共同对外关税	生产要素自由流动	统一的经济政策	统一的经济、政治政策
优惠贸易安排	√	—	—	—	—	—
自由贸易区	√	√	—	—	—	—
关税同盟	√	√	√	—	—	—
共同市场	√	√	√	√	—	—
经济同盟	√	√	√	√	√	—
完全的一体化	√	√	√	√	√	√

三、经济一体化的组织类型

按参与国家的经济发展水平的不同，一体化组织可分为以下两类。

1. 水平经济一体化（horizontal economic integration）

这种经济一体化组织是由经济发展水平大致相近的国家所组成。例如，拉美自由贸易协会、欧洲自由贸易联盟、欧洲联盟等。

2. 垂直经济一体化（vertical economic integration）

这是指经济发展水平、发展阶段差异较大的国家与地区所组成的经济一体化组织。例如，北美自由贸易区中的美国、加拿大、墨西哥，其经济发展水平、实力、阶段均存在一定的差异。

第二节 区域经济一体化现状

区域经济一体化已成为当代世界经济发展的一大特点。现在，世界上有几十个区域经济一体化组织，以下介绍几个有代表性的区域经济一体化组织。

一、欧盟经济一体化

欧盟的建立并非一夜之举，而是经过了漫长的过程和曲折的经历，其产生和发展过程可以追溯到 1952 年开始的西欧煤钢联营。就欧盟的发展过程而言，可以分成三个阶段。

1. 第一阶段（1958～1968年）：建立关税同盟阶段

1957年3月，法国、联邦德国、意大利、比利时、卢森堡和荷兰六国签订了《罗马条约》，内部实行自由贸易，取消相互间的进出口关税和数量限制，撤销相互间的贸易壁垒，对外实行一致的贸易政策，建立共同的对外贸易壁垒。《罗马条约》的目标是建立一个关税同盟。这一目标虽然从一开始就提出了，但真正实现是在1968年以后。

2. 第二阶段（1968～1992年）：实现关税同盟和建立统一市场

在关税同盟建立后的一段时间内，内部贸易的自由化推动了欧共体各国经济的发展。1961～1970年，作为一个集团，欧共体国民生产总值年均增长4%，高于美国同期的2.5%。这无疑给各成员国极大的鼓舞，因此，欧共体决定扩大各国之间的经济合作。

1985年6月，欧洲议会发表了一份白皮书，提出进一步消除内部障碍，建立包括商品、服务、资本、劳动力完全流动的统一市场的具体建议，并于1987年7月1日通过生效《单一欧洲法》，目标是在1992年底建立欧洲统一市场。具体内容包括取消所有有形障碍、技术障碍、税收差别和法律差别，建立允许劳动力、资本流动的统一机制。

这一时期，欧共体不断扩大，并新增6个成员国。

3. 第三阶段（1993年至今）：实行统一市场和建立经济政治共同体

为了继续推动欧洲的联合，12个成员国于1991年12月在荷兰小城马斯特里赫特举行了会议，提出了实现真正的、全面的、欧洲统一的新目标。会议通过了《马斯特里赫特条约》（简称《马约》），旨在将欧洲共同体缔造成一个政治经济一体化的欧盟。

1993年1月1日，拥有12个成员国的欧共体拆除内部边界，取消海关，进入了单一市场，实现了《单一欧洲法》提出的目标。

1993年9月，《马约》生效。

1999年1月1日，欧元诞生。

2002年1月1日，欧元正式流通。至此，除英国等3国外，欧洲实现了货币统一。

七次扩张后，欧盟成为一个拥有28个成员国，人口超过5亿人的大型区域经济一体化组织，地域范围从西欧逐步拓展到中东欧地区（见表5－2）。

表5－2 历次欧盟成员国扩张情况

过程	成员国
欧共体成立：1957年6月	法国、德国、意大利、荷兰、比利时、卢森堡
第一次扩张：1972～1973年	英国、丹麦、爱尔兰
第二次扩张：1979～1981年	希腊
第三次扩张：1985～1986年	西班牙、葡萄牙
第四次扩张：1994～1995年	奥地利、瑞典、芬兰
第五次扩张：2004年5月1日	波兰、匈牙利、斯洛伐克、拉脱维亚、立陶宛、爱沙尼亚、塞浦路斯、捷克、斯洛文尼亚、马耳他
第六次扩张：2007年1月1日	罗马尼亚、保加利亚
第七次扩张：2013年7月1日	克罗地亚

虽然欧洲一体化取得了巨大成就，但是对于区域内外的各种原因，欧盟内部矛盾重重。2016年6月23日，英国举行了脱欧公投，结果超过半数（51.9%）的投票者支持脱欧。2017年3月16日，英国女王伊丽莎白二世批准“脱欧”法案；2020年1月30日，欧盟正式批准了英国脱欧；同年12月，经过多轮激烈谈判，欧盟与英国终于就包括贸易在内的一系列合作关系达成协议。

二、北美自由贸易协定（NAFTA）

（一）北美自由贸易区的历程

1. 美加自由贸易区

关于建立北美自由贸易区的设想，最早出现在1979年美国国会关于贸易协定的法案提议中，1980年美国前总统里根在其总统竞选的有关纲领中再次提出。但由于种种原因，该设想一直未受到重视，直到1985年才开始起步。

1985年3月，加拿大前总理马尔罗尼在与美国总统里根会晤时，首次正式提出美、加两国加强经济合作、实行自由贸易的主张。由于两国经济发展水平及文化、生活习俗相近，交通运输便利，经济上的互相依赖程度很高，所以自1986年5月开始，经过一年多的协商与谈判，于1987年10月达成了协议；次年的1月2日，双方正式签署了《美加自由贸易协定》。经美国国会和加拿大联邦议会批准，该协定于1989年1月生效。

《美加自由贸易协定》规定，在10年内逐步取消商品进口（包括农产品）关税和非关税壁垒，取消对服务业的关税限制和汽车进出口的管制，开展公平、自由的能源贸易。在投资方面，两国将提供国民待遇，并建立一套共同监督的有效程序和解决相互间贸易纠纷的机制。另外，为防止转口逃税，还确定了原产地原则。美国、加拿大自由贸易区是一种类似于共同市场的区域经济一体化组织，标志着北美自由贸易区的萌芽。

2. 北美自由贸易区

由于区域经济一体化的蓬勃发展和《美加自由贸易协定》的签署，墨西哥开始把与美国开展自由贸易区的问题列上了议事日程。1986 年 8 月，两国领导人提出双边的框架协定计划，并于 1987 年 11 月签订了一项有关磋商两国间贸易和投资的框架原则和程序的协议。在此基础上，两国进行多次谈判，于 1990 年 7 月正式达成了美墨贸易与投资协定（也称“谅解”协议）。同年 9 月，加拿大宣布参与谈判，三国于 1991 年 6 月 12 日在加拿大的多伦多举行首轮谈判。经过 14 个月的磋商，终于在 1992 年 8 月 12 日达成了《北美自由贸易协定》。该协定于 1994 年 1 月 1 日正式生效，北美自由贸易区宣告成立。

（二）北美自由贸易区的特点

1. 南北合作

北美自由贸易区是拥有 4.5 亿人口，生产 17 万亿美元的商品和服务，包含两个发达国家和一个发展中国家，是世界上第一个由发达国家和发展中国家组成的经济集团。既有经济实力强大的发达国家（如美国），也有经济发展水平较低的发展中国家，区内成员国的综合国力和市场成熟程度差距很大，经济上的互补性较强。各成员国在发挥各自比较优势的同时，通过自由的贸易和投资，推动区内产业结构的调整，促进区内发展中国家的经济发展，从而缩小与发达国家的差距。

2. 大国主导

北美自由贸易区是以美国为主导的自由贸易区，美国的经济运行在区域内占据主导和支配地位。由于美国在世界上的经济发展水平较高，综合实力较强；加拿大虽是发达国家，但其经济实力远不如美国；墨西哥是发展中国家，对美国经济的依赖性很强，因此，北美自由贸易区的运行方向与进程在很大程度上体现了美国的意愿。

3. 减免关税的不同步性

由于墨西哥与美国、加拿大的经济发展水平差距较大，而且在经济体制、经济结构和国家竞争力等方面存在较大的差别，因此，自《美加自由贸易协定》生效以来，美国对墨西哥的产品进口关税平均下降 84%，而墨西哥对美国的产品进口关税只下降43%；墨西哥在肉、奶制品、玉米等竞争力较弱的产品方面，有较长的过渡期。同时，一些缺乏竞争力的产业部门有10~15年的缓冲期。

（三）北美自由贸易区的成就

1. 促进了地区贸易增长

北美自由贸易协定自生效以来，由于关税的减免，有力地促进了地区贸易的增长。根据国际货币基金组织的数据，NAFTA成员国之间的货物贸易额增长迅速，三边贸易额翻了一番，从1993年的3,060亿美元增长到2003年的6,210亿美元①。2010年，三国的GDP总额达到17万亿美元，约占全世界总额的30%②。

2. 发达国家继续保持经济强势地位

自由贸易区内经济一体化加快了发达国家与发展中国家间的贸易交往和产业合作。自由贸易区还强化了各国的产业分工和合作，资源配置更加合理，协议国之间的经济互补性提高了各国产业的竞争力。如墨西哥、加拿大的能源资源与美国互补，加强了墨西哥、加拿大能源生产能力。特别在制造业领域，墨西哥的人力资源与美国的技术资本互补，大大提高了美国制造业的竞争力，使美国将一些缺乏竞争性部门的工作转移到更有竞争性的部门，把低技术和低工资的工作转变为高技术和高工资的工作。

3. 发展中国家受益明显

北美自由贸易区建立之后，墨西哥与伙伴国的贸易一直增长迅速，墨西哥出口的全球排名从1996年的第21位很快跃升到2005年的第13位③。2012年，美国是墨西哥最大贸易伙伴，两国贸易额达4,730亿美元。墨西哥对美国出口2,878.1亿美元，自美国进口1,851.1亿美元④。而北美自由贸易区成立之前，1993年两国的贸易总额仅为896亿美元。根据墨西哥统计局2021年的数据显示，墨西哥和加拿大继续夯实了作为美国最大贸易伙伴的基础，墨西哥和加拿大与美国的货物贸易总额分别为6,042

---

① 叶书宏．综述：北美自由贸易区给墨西哥带来的利和弊［N/OL］.（2003－12－27）［2022－01－20］. https：//news. sina. com. cn/w/2003－12－27/161614464205. shtml.

② 资料来源：世界银行统计数据2010。

③ 中华人民共和国商务部新闻办公室．易小准谈中国在区域经济合作大趋势下的抉择与作为［N/OL］.（2007－05－29）［2022－01－20］. http：//bgt. mofcom. gov. cn/artical/c/d/200705/20070504725277. shtml.

④ 中华人民共和国商务部．国别报告:2012年墨西哥货物贸易及中墨双边贸易概况［R/OL］.（2013－04－23）［2022－01－20］. https：//countryreport. mofcom. gov. cn/record/view/10209. asp？news_id＝33691.

亿美元，两国在美国的贸易往来中各占14.5%的份额，并继续成为美国最大的贸易伙伴。

三、亚太经济合作组织（APEC）

亚太经济合作组织（简称亚太经合组织，Asia - Pacific Economic Cooperation，APEC）成立之初是一个区域性经济论坛和磋商机构，经过十几年的发展，已逐渐演变为亚太地区重要的经济合作论坛，也是亚太地区最高级别的政府间经济合作机制。它在推动区域贸易投资自由化，加强成员间经济技术合作等方面发挥了不可替代的作用。

亚太经合组织诞生于全球冷战结束的年代。20世纪80年代末，随着冷战的结束，国际形势日趋缓和，经济全球化、贸易投资自由化和区域集团化的趋势渐成为潮流。同时，亚洲地区在世界经济中的比重也明显上升。在此背景下，1989年1月，澳大利亚前总理霍克提出召开亚太地区部长级会议，讨论加强相互间经济合作。

1989年11月，亚太经合组织第一届部长级会议在澳大利亚首都堪培拉举行，标志着亚太经合组织的正式成立。1991年11月，亚太经合组织第三届部长级会议在韩国首都汉城（现称首尔）举行，会议通过的《汉城宣言》正式确立该组织的宗旨和目标为："为本地区人民的共同利益保持经济的增长与发展；促进成员间经济的相互依存；加强开放的多边贸易体制；减少区域贸易和投资壁垒。"

亚太经合组织的组织机构包括领导人非正式会议、部长级会议、高官会、委员会和专题工作组等。其中，领导人非正式会议是亚太经合组织最高级别的会议，其首次会议于1993年11月在美国西雅图召开。会议形成的领导人宣言是指导亚太经合组织各项工作的重要纲领性文件。亚太经合组织的正式工作语言是英语。

截至2020年11月，亚太经合组织共有21个成员，即澳大利亚、文莱、加拿大、智利、中国、中国香港、印度尼西亚、日本、韩国、马来西亚、墨西哥、新西兰、巴布亚新几内亚、秘鲁、菲律宾、俄罗斯、新加坡、中国台北、泰国、美国和越南。1997年，温哥华领导人会议宣布APEC进入十年巩固期，暂不接纳新成员。

亚太经合组织总人口达26亿人，约占世界人口的40%；国内生产总值之和超过19万亿美元，约占世界的56%；贸易额约占世界总量的48%。这一组织在全球经济活动中具有举足轻重的地位。

四、中国—东盟自由贸易区

东盟国家是中国友好近邻。中国与东盟 1991 年开启对话进程，1996 年成为东盟全面对话伙伴。2000 年 9 月，在新加坡举行的第四次东盟与中国（10 +1）领导人会议上，中国国务院前总理朱镕基提出建立中国—东盟自由贸易区的建议，得到东盟有关国家的赞同。2001 年 11 月，在文莱举行的东盟首脑会议期间，中国和 10 个东盟成员国[①]宣布了将在未来 10 年内建成自由贸易区的目标。2002 年 11 月 4 日，第六次东盟与中国领导人会议在柬埔寨首都金边举行。中国国务院前总理朱镕基和东盟 10 国领导人签署了《中国与东盟全面经济合作框架协议》，宣布 2010 年建成中国—东盟自由贸易区，从而启动了中国—东盟自由贸易区的进程，这是中国—东盟自贸区 1.0 版。2015 年 11 月 22 日，《中国—东盟自贸区升级议定书》正式签署，2019 年 10 月 22 日对所有成员全面生效，形成了中国—东盟自贸区 2.0 版。2022 年是中国—东盟建立对话关系 30 周年，启动中国—东盟自贸区 3.0 版建设（见表 5 -3、表 5 -4）。

表 5 -3　　中国—东盟自由贸易区发展进程

时间	发展进程
1995 ~ 2002 年	中国与东盟双边贸易额年均增长 15%
2003 年	中国与东盟双边贸易额达到了历史性的 782 亿美元，比上一年增长 42.9%
2004 年	2004 年 1 月 1 日，中国—东盟自由贸易区早期收获计划实施，下调农产品的关税，到 2006 年，约 600 项农产品的关税降为 0
	2004 年底，双边签署了《货物贸易协议》和《争端解决机制协议》，标志着自由贸易区建设进入实质性执行阶段
2005 年	2005 年 4 月，时任中国国家主席的胡锦涛访问文莱、印尼和菲律宾时提出，到 2010 年，中国和东盟双边贸易额达到 2,000 亿美元
	2005 年 7 月 20 日，中国—东盟自由贸易区《货物贸易协议》降税计划开始实施，中国和东盟的 7,000 种产品在大幅降低关税、免配额及其他市场准入条件进一步改善的情况下，更加顺畅地进入对方市场，这有利于东盟国家的产品扩大对中国市场出口，也有助于中国企业以更低成本从东盟进口原材料、零部件和设备
2007 年、2009 年	2007 年 1 月，中国与东盟签署了《自由贸易区服务贸易协议》，2009 年 8 月签署《中国—东盟自贸区投资协议》，标志着双方圆满完成了中国—东盟自贸区协议的谈判

① 东盟 10 国：文莱、柬埔寨、印度尼西亚、老挝、马来西亚、菲律宾、新加坡、泰国、缅甸、越南。

续表

时间	发展进程
2010 年、2015 年	根据 2002 年签署的《中国与东盟全面经济合作框架协议》，除少数敏感产品外，中国与相对发达的东盟 6 个老成员国和 4 个新成员国将分别在 2010 年和 2015 年实现关税降为 0 的目标，涉及产品 7,000 余种
2010 年	2010 年 1 月 1 日，中国—东盟自贸区正式建成，这是中国—东盟自贸区 1.0 版。中国—东盟自由贸易区建成后，东盟对中国的出口增长 48%，中国对东盟的出口增长 55%，对东盟和中国国内生产总值的增长贡献分别达到 0.9%（约合 54 亿美元）和 0.3%（约合 22 亿美元），将为中国和东盟商界创造无穷商机和广阔前景
2015 年	2015 年 11 月 22 日，《中国—东盟自贸区升级议定书》正式签署，2019 年 10 月 22 日对所有成员全面生效，形成了中国—东盟自贸区 2.0 版
2022 年	2022 年，中国与东盟建立对话关系 30 年之际，启动中国—东盟自贸区 3.0 版建设。提升贸易和投资自由化、便利化水平；拓展数字经济、绿色经济等新领域合作，共建经贸创新发展示范园区；高质量共建“一带一路”；进一步打造“一带一路”国际产能合作高质量发展示范区，欢迎东盟国家参与共建国际陆海贸易新通道

表 5-4　　中国—东盟自由贸易区部分关税削减时间

起始时间	关税税率	覆盖关税条目	参与的国家
2000 年	对所有东盟成员国 0~5%	85% 的 CEPT 条目	原东盟 6 国
2002 年 1 月 1 日	对所有东盟成员国 0~5%	全部 CEPT 条目	原东盟 6 国
2003 年 7 月 1 日	WTO 最惠国关税税率	全部	中国与东盟 10 国
2003 年 10 月 1 日	中国与泰国果蔬关税降至 0	中泰水果蔬菜	中国、泰国
2004 年 1 月 1 日	农产品关税开始下调	农产品	中国与东盟 10 国
2005 年 1 月	对所有成员开始削减关税	全部	中国与东盟 10 国
2006 年	农产品关税降至 0	农产品	中国与东盟 10 国
2010 年	对所有东盟成员国关税降至 0	全部减税产品	原东盟 6 国
	关税降至 0	全部产品（部分敏感产品除外）	中国与原东盟 6 国
2015 年	对所有东盟成员国关税降至 0	全部产品（部分敏感产品除外）	东盟新成员国
	对中国—东盟自由贸易区成员国关税降至 0	全部产品（部分敏感产品除外）	东盟新成员国
2018 年	对东盟自由贸易区和中国—东盟自由贸易区所有成员国关税降至 0	剩余的部分敏感产品	东盟新成员国

资料来源：广西东南亚研究会．中国—东盟年鉴 2006 [M]．北京：线装书局，2016.

中国东盟自由贸易区是世界贸易体系中，东亚地区的第一个自由贸易区，也是中国参加的第一个自由贸易区。它是世界上人口最多的自由贸易区，达19亿人，接近全球30%的人口，近6万亿美元的国内生产总值（注：2009年6月6日数据）、1.2万亿美元贸易总量的经济区①。从人口数量看，这将是世界上最大的自由贸易区；从经济规模上看，将是仅次于欧盟和北美自由贸易区的全球第三大自由贸易区。由中国和东盟10国共创的世界第三大自由贸易区，是发展中国家组成的最大的自由贸易区。

中国—东盟自由贸易区的建立，促进双方经贸关系飞速发展。2002年，中国与东盟的贸易额为547.67亿美元；2012年，双方贸易额为4,000.93亿美元，是2002年的7.3倍；2020年，尽管受疫情影响，中国与东盟贸易额仍高达6,846.0亿美元，是2002年的12.5倍。其中，中国对东盟出口3,837.2亿美元，自东盟进口3,008.8亿美元。越南、马来西亚、泰国为中国在东盟的前三大贸易伙伴。2020年，中国对东盟全行业直接投资143.6亿美元，其中，前三大投资目的国为新加坡、印度尼西亚、越南②。

中国与东盟在交通物流、便利通关、信息服务、电子商务、跨境金融等各个领域的合作日渐深入，双方贸易与投资更加便利、高效。在零关税的引领下，中国—东盟关系得到进一步发展与巩固。

扫描二维码阅读《RCEP 正式生效！聚集全球最大自由贸易区四大看点》

五、区域经济一体化的作用

目前，全球范围内的区域经济一体化组织越来越多，它对各个国家和地区的平稳快速发展起到了巨大的促进作用。主要表现在以下七个方面：

1. 合理利用和配置人力、物力资源

人力和物力资源在各国的分布是不平衡的。一国的各类物质资源和各层次劳动力的供给与需求的不平衡是绝对的。各生产要素的你多我少，我多你少的现象是普遍存在的。因此，一个国家和一个地区要合理利用和配置其人力和物力资源，以提高其经济发展速度和质量，就需要进行多国合作来互通有无与多寡。相邻相近的或特定的地理范围的国家或地区实行区域经济一体化，可以解决这一问题。

2. 发展规模经济，提高劳动生产率的需要

在技术和资金日益密集的现代化生产中，要增强企业竞争力，就需要扩大经济规模，提高劳动生产率。实行区域经济一体化，使各成员国的生

---

① 经济参考报．中国—东盟自贸区助推东亚共同体［N/OL］．（2009-10-26）［2022-01-20］．http：//www.jjckb.cn/yw/2009-10/26/content_187227.htm.

② 中国政府网．据统计 十年间中国—东盟双边贸易额增长7.3倍［N/OL］．（2013-07-13）［2022-01-20］．http：//www.gov.cn/govweb/wszb/zhi60575/content_2453244.htm.

产要素和商品可以自由流动，自然有利于企业经济规模的扩大和劳动生产率的提高。

3. 降低生产和流通成本，稳定物价的需要

相邻相近的国家实行区域经济一体化，成员国间降低或取消关税，与邻近国家的贸易比重提高，使进口原材料和出口产成品的运输费用减少，自然使企业生产和流通成本降低，利润增加。产品的生产和流通费用降低，市场商品可供量的增加，则有利于物价的稳定，通货膨胀的控制。

4. 扩大商品贸易和要素市场的需要

实行区域经济一体化，在成员国之间通过签订政府条约或协定，规定相互取消或降低关税和贸易限额等非关税壁垒，允许商品和要素自由流动，实际上就是把各成员国以往一国统一的市场范围，扩大为多国统一的市场范围，使商品的要素市场范围绝对地扩大了。各成员国在区内减免关税，提供贸易和投资等便利的同时，对区外国家的关税和非关税壁垒依旧，那么，各成员国的商品和要素市场就相对扩大了。

5. 稳定货币汇率，防范金融危机的需要

任何国家，要稳定其货币汇率，防范金融危机或减少其损害，当然主要是靠自己，这是毫无疑问的。但是，在金融和资本日益国际化，伺机出击、无孔不入的国际投机资本高达成千上万亿美元（高于世界上大多数国家的国内生产总值）的今天，单靠一国特别是实力弱小的国家的一国之力，是难以与强大的国际投机者抗衡的。发生于 1997 ~ 1998 年的东亚金融危机就是一个例子。因此，相邻相近而又在经济上利害与共的国家联合起来，实行区域经济一体化，以共同稳定汇率，防范金融危机，是非常必要的。

6. 协调一致，增强对外竞争实力的需要

经济实力弱小或相对弱小的国家，在世界市场上面对实力强大的国家或集团的激烈竞争，处于十分不利的地位。这些国家要摆脱其在市场竞争中的困境，就有必要成立区域经济一体化组织，通过多国联合来增强竞争实力。欧洲共同体成立的主要意图，就是为了增强成员国与美国和苏联的整体竞争抗衡实力；北美自由贸易区则是美国等面对日益紧密联合起来的欧洲的经济一体化挑战而成立的。

7. 实现地区和平与稳定的需要

在完全自愿平等的原则下实行区域经济一体化，各成员国的经济利益就捆绑在了一起。各成员国间有了矛盾和摩擦，也能够通过平等协商来解

决。各成员国跨国公司的相互投资、市场的相互渗透和融合，彼此生存空间的共享或趋向共享，使彼此不再需要诉诸武力解决争端。政治关系取决于经济关系，经济上的一体化，会使极端的政治即战争失去生存的土壤。欧洲实行经济一体化的主要目的，就是为了在欧洲永远消除战争，实现欧洲持久的和平与稳定。

第三节　区域经济一体化理论

区域经济一体化的产生和发展引起了许多经济学家对这一现象的研究和探讨，形成了一些理论。

一、关税同盟理论

关税同盟是区域经济一体化的典型模式，很多区域经济一体化的理论把关税同盟作为基本的研究对象，用来描述区域经济一体化对贸易、投资、社会福利等产生的经济效应。关税同盟的经济效应可以分成静态经济效应和动态经济效应两类。

（一）静态经济效应

1. 贸易创造效应

贸易创造效应是指关税同盟内部取消关税，实行自由贸易后，关税同盟内某成员国国内高成本的产品被同盟内其他成员国低成本的产品替代；从成员国进口产品，创造了过去未发生的那部分新的贸易。如图 5－1 所示，设 A、B、C 分别代表 3 个国家。纵轴 P 表示价格；横轴 Q 表示数量；S 和 D 分别表示 A 国国内的供给曲线和需求曲线。P_T 表示 A 国的价格；P_C 表示 A 国进口 C 国产品的价格；P_B 表示 A 国进口 B 国产品的价格。A 国与 B 国组成关税同盟前，A 国从 C 国进口商品，进口价格是 P_C，加上关税 P_CP_T，因而 A 国的国内价格是 P_T。A 国在 P_T 价格条件下，国内生产供应量 S_0，国内需求量 D_0，供需缺口为 S_0D_0。A 国通过向 C 国进口 S_0D_0 数量的商品来达到国内的供求平衡。现在来看 A 国与 B 国组成关税同盟所带来的贸易创造效应。A 国与 B 国组成关税同盟意味着两国间取消关税，实行自由贸易，并实施共同的对外关税。虽然 C 国的成本和价格比 B 国低，但是，如果共同对外关税能达到这样一种效果，即从 C 国进口的加上共同对外关税后的实际价格比从 B 国进口的价格高，显然，A 国的贸易商就会

从 B 国进口商品，而不会从 C 国进口。A、B 两国组成关税同盟后，由于 A 国从 B 国进口的价格 P_B 比同盟前的进口价格 P_T 要低，导致国内价格下降至 P_B 水平。在 P_B 价格水平上，A 国国内生产供应量缩减至 S_1，国内需求增加至 D_1，A 国进口 S_1D_1 量的商品来满足国内需求。把 A 国参加关税同盟前的进口量与参加同盟后的进口量相比，我们可以看到 A 国增加进口量 S_1S_0 和 D_1D_0。这部分增加的进口量就是贸易创造效应。其中，S_1S_0 为生产效应，D_1D_0 为消费效应。

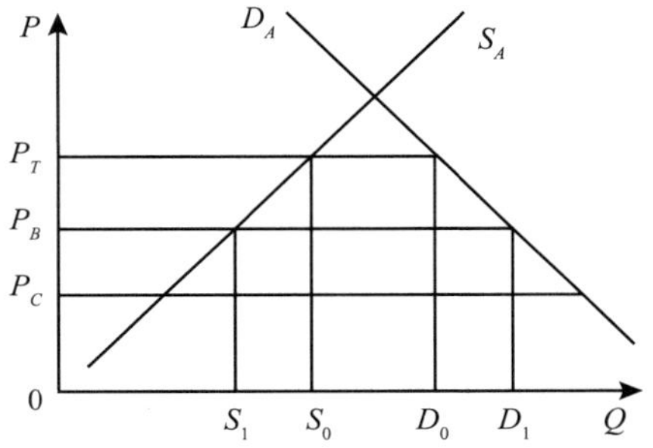

图 5－1　关税同盟的贸易创造效应

贸易创造效应通常被视为一种正效应。因为，A 国国内商品生产成本高于 A 国从 B 国进口的商品生产成本。关税同盟使 A 国放弃了一部分商品的国内生产，改为由 B 国来生产这部分商品。从世界范围来看，这种生产转换提高了资源配置效率。

2. 贸易转移效应

贸易转移效应是指由于关税同盟对内取消关税，对外实行统一的保护关税，成员国把原来从同盟外非成员国进口低成本生产的产品转为从同盟内成员国进口高成本生产的产品，从而使贸易方向发生了转变。我们仍以图 5－1 来加以说明。A 国与 B 国组成关税同盟后，由于 P_B 低于 P_C 与 P_CP_T 共同对外关税之和，A 国就不再从 C 国进口，而转向从 B 国进口。S_0D_0 的商品数量由关税同盟前从 C 国进口转移到关税同盟后从 B 国进口，这就是贸易转移效应。贸易转移效应通常被视为一种负效应。因为，A 国从 C 国进口的商品生产成本低于 A 国从 B 国进口的商品生产成本，贸易转移导致不得不放弃低成本的商品生产，而高成本的商品生产得以扩大。从世界范围来看，这种生产转换降低了资源配置效率。

3. 贸易扩大效应

贸易扩大效应是指在关税同盟后，在贸易创造和贸易转移的综合影响下，产生贸易总量增加的结果。在图 5 - 1 中，A 国和 B 国组成关税同盟后，A 国的贸易创立 S_1S_0 和 D_1D_0，加上贸易转移 S_0D_0，大于关税同盟前 A 国的贸易量 S_0D_0，这就说明 A 国的贸易由于参加关税同盟而扩大了。

贸易创造和贸易转移效应是从生产方面考察关税同盟的贸易影响的，而贸易扩大效应则是从需求方面进行分析的。关税同盟无论是在贸易创造还是在贸易转移的情况下，由于都存在使需求扩大的效应，从而都能产生贸易扩大的结果。

4. 社会福利效应

关税同盟不仅会对成员国的对外贸易产生影响，而且会对成员国的社会福利变化产生影响。如图 5 - 2 所示，关税同盟建立后，A 国的价格从 P_T 下降至 P_B，消费需求增加了 D_0D_1，获得消费者剩余 P_TCFP_B。但 A 国的价格下降导致国内生产供应缩减 S_1S_0，生产者剩余减少 P_TGHP_B。同盟建立后，A 国不能对 B 国的进口商品征收关税，因而关税收入减少 $GCXW$。A 国的社会福利净增加或净减少并不确定。因为福利所得的消费者剩余 P_TCFP_B 与福利所失的生产者剩余 P_TGHP_B 及关税收入中的一部分 $GCVU$ 相抵后还剩下消费者剩余 GUH 和 CFV 两个三角形。然后，我们把这两个三角之和的福利所得与关税收入中 $UVXW$ 福利所失的大小进行比较。如果 $GUH + CFV$ 大于 $UVXW$，则 A 国的福利得到净增加；反之，A 国的福利净减少。

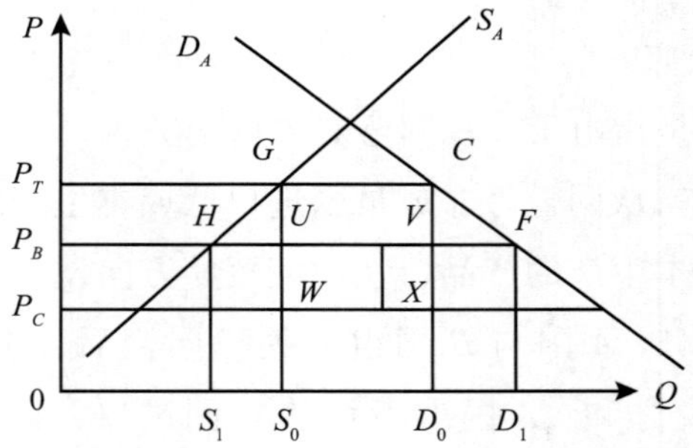

图 5 - 2 关税同盟的社会福利效应

那么，一国加入关税同盟后的福利在什么情况下是净增加，在什么情况下是净减少呢？一国福利变化主要受三种因素的影响：（1）加入同盟后国内价格下降的幅度。如果价格下降幅度足够大，加入同盟后就能获得净增加。（2）国内价格供给和需求弹性。一国国内价格供给和需求弹性越大，该国加入关税同盟后获得的消费者剩余就越多，失去的生产者剩余就越少；从而就越有可能获得社会福利的净增加。（3）加入关税同盟前的关税水平。一国加入关税同盟前的关税水平越高，加入关税同盟后国内价格下降的幅度就越大，因而就越有可能获得福利的净增加。

（二）动态经济效应

关税同盟的动态效应是指关税同盟对成员国就业、产出、国民收入、国际收支和物价水平会造成什么样的影响，动态效应主要包括规模经济效应、竞争效应、投资效应和技术进步效应。

1. 规模经济效应

关税同盟建立以后，突破了单个国内市场的限制，原来分散的国内小市场结成了统一的大市场，使市场容量迅速扩大。各成员国的生产者可以通过提高专业化分工程度，组织大规模生产，降低生产成本，使企业获得规模经济递增效益。尽管向世界其他国家出口也可以达到规模经济的要求，但是世界市场存在激烈竞争和许多不确定性，而区域性经济集团的建立则可以使企业获得据以实现规模经济的稳定市场。但有学者认为，如果成员国的企业规模已经达到最优，则建立区域性经济集团后再扩大规模反而会使平均成本上升。

2. 竞争效应

关税同盟的建立促进了成员国之间的相互了解，但也使成员国之间的竞争更加激化。参加关税同盟后，由于各国的市场相互开放，各国企业面临着来自其他成员国同类企业的竞争，在这种竞争中，必然有一些企业被淘汰，从而形成关税同盟内部的垄断企业，这样有助于抵御外部企业的竞争，甚至有助于提升关税同盟企业在第三国市场上与别国企业的竞争力。

3. 投资效应

关税同盟的建立会促使投资的增加。一方面，随着市场容量的扩大将促使同盟内企业为了生存和发展而不断增加投资；另一方面，同盟外的企业为了绕开关税同盟贸易壁垒的限制，纷纷到同盟内进行投资，在同盟内部设立“关税工厂”（tariff factory），这样，客观上就增加了来自关税同盟以外的投资。

4. 技术进步效应

加入关税同盟后，市场扩大，竞争加强。为了在竞争中取胜，厂商务必要努力利用新技术开发新产品。而投资增加，生产规模扩大，使厂商愿意投资于研究和开发活动，这样促使技术水平不断地得到提高。

二、自由贸易区理论

自由贸易区是经济一体化最基本的形式，它通过消除区内贸易壁垒来实现成员国之间的贸易自由化，是比关税同盟在一定程度上应用更为广泛的一体化形式。按照国际经济学的解释，自由贸易区是指两个或者两个以上的国家或行政上独立的经济体之间达成协议，相互取消关税和与关税具有同等效力的其他措施而形成的国际区域经济一体化组织。世界贸易组织对自由贸易区的解释为：由两个或两个以上的关税领土所组成的一个对这些组成领土产品的贸易，实质上已取消关税和贸易限制的集团（关贸总协定其他条款规定者除外）。与关税同盟等其他国际区域经济一体化形式相比，自由贸易区有以下两个显著特征：（1）自由贸易区成员国在实行内部自由贸易的同时；对外不实行统一的关税和贸易政策。（2）实行严格的原产地规则，只有原产于区域内或主要在区域内生产的产品才能进行自由贸易。

比较全面地研究自由贸易区理论的是英国学者罗布森（Robson），他将关税同盟理论应用于自由贸易区，提出了专门的自由贸易区理论。与关税同盟的情况一样，自由贸易区也可以有贸易创造效应和贸易转移效应，但与关税同盟的这两种效应在实际运作中存在着差异（见图 5－3）。

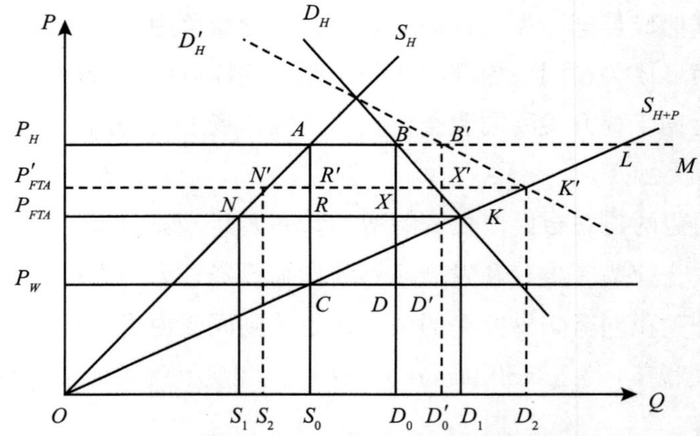

图 5－3 自由贸易区的创造效应和贸易转移效应

假设两个国家，*H* 国和 *P* 国。在某种产品的生产上，*H* 国的效率比 *P* 国低。这两个国家对该产品的进口各自实施不同的关税：*H* 国实施非禁止性关税，*P* 国实施禁止性关税。D_H 为 *H* 国的需求曲线，S_H 为 *H* 国的供应曲线。S_{H+P}为 *H* 国和 *P* 国全部供应曲线。P_H 是 *H* 国加入自由贸易前的国内价格；P_W 是外部世界的价格。P_{FTA}是两国组成自由贸易区后的区内价格。

H 国在加入自由贸易区前，从世界市场以 P_W 进口，征收 P_WP_H 关税后，国内价格为 P_H。其国内生产供应为 S_0，需求为 D_0，进口数量为 S_0D_0。H 国与 P 国组成自由贸易区后，只要整个自由贸易区仍为净进口方，则在 H 国原产于区内的产品价格就不会下降到 P_W 以下，同时也不会超过 P_H。从 H 国来看，包括区内和区外产品的有效供给曲线是 $P_{FTA}KLM$。该曲线与 H 国的需求曲线 D_H 一起决定了区内价格 P_{FTA}。在 P_{FTA}价格水平上，H 国的生产供应为 S_1，消费需求为 D_1，从 P 国进口 S_1D_1 数量的产品。其中，S_1S_0 和 D_0D_1 是贸易创造的结果，S_0D_0 是贸易转移的结果。

另外需要说明的是，P 国国内价格始终在 P_{FTA}以下。如果 P 国的全部生产供应能够满足 H 国的进口需求，P_{FTA}就与 P 国的国内价格相同。若不然，P_{FTA}就会高于 P 国国内价格，以实现 P 国出口供应和 H 国进口需求的平衡。那么，P 国向 H 国出口后，其国内需求如何得以满足呢？P 国的做法是从外部世界进口来满足国内需求。这种贸易流向就是所谓的“贸易偏转”（Trade Deflection），原产地规则对此是无能为力的。

自由贸易区给 H 国带来的福利效应是：获得消费者剩余 P_HBKP_{FTA}，减去失去的生产者剩余 P_HANP_{FTA}及关税收入损失的一部分 ABXR 后，余下两个三角形 ANR 和 BXK 所表示的消费者剩余。另外，关税收入损失中另一部分 RXDC 与两个三角形所表示的消费者剩余相抵，如果前者（RXDC）小于后者（ANR + BXK），这意味着 H 国的社会福利有净所得；反之，H 国的福利有净损失。由此看来，自由贸易区给 H 国带来的福利变化是不确定的。

H 国加入自由贸易区的贸易效应和福利效应与 H 国的需求曲线弹性有密切的关系。以上是我们对 H 国需求曲线为 D_H 的分析。如果 H 国的需求曲线为 D'_H，区内价格为 P'_{FTA}、该价格将更接近于上限 P_H。此时，H 国对本国市场的供给限度为 S_2，国内市场需求为 D_2，向 P 国进口 S_2D_2。其中，S_2S_0 和 D'_0D_2 为贸易创造，$S_0D'_0$为贸易转移。H 国福利增加或减少需比较两个三角之和（$AN'R' + B'X'K'$）与矩形（$R'X'D'C$）的大小。

H 国的福利变化与关税同盟情形相似，但从 P 国来看，自由贸易区与关税同盟福利变化是不同的。在关税同盟条件下，P 国的价格必然上升，因而会带来消费者剩余的损失和负的生产效应。然而，在自由贸易区条件下，P 国的价格可以不变，这样就没有消费者剩余的损失和负的生产效应，而且，在贸易偏转中，P 国从外部世界进口还可获得关税收入。因此，在自由贸易区条件下，P国福利水平的提高优于关税同盟。此外，从外部世界来看，在关税同盟条件下，外部世界的出口会减少，社会福利水平随之下降；而在自由贸易区条件下，外部世界的出口不但不会减少，反而还会增加。这样，外部世界的福利水平也可得到提升。

国际货币基金组织专家也认为，自由贸易区可以使进口国避免因单边降低壁垒而蒙受不必要的贸易转移损失。这样就可以获得区域外低成本供应来源。同时，已经实行比较自由的贸易体制或愿意放开贸易政策的成员国将不再受自由贸易区的限制。

三、大市场理论

大市场理论是针对共同市场提出的，大市场理论的主要代表人物是西托夫斯基（T. Scitovsky）和德纽（J. F. Deniau）。

（一）大市场理论的核心内容

1. 打破分割，扩大市场范围，获得规模经济效应

在组建区域经济集团之前，各国之间推行狭隘的贸易保护政策，把国际市场划分得过于细小又缺乏弹性，企业无法实现规模经济和大批量生产的利益。共同市场的目的就是把分散、孤立、缺乏联系的封闭市场统一起来，实现大批量生产、专业化分工和新技术的广泛应用，进而获得规模经济利益。西托夫斯基针对当时西欧国家的企业满足于狭隘的国内市场和受保护而缺乏竞争的情况，提出了“小市场的恶性循环”命题。他认为，在狭隘的市场中，企业行为保守，新兴企业无法进入。在这样一个缺乏竞争的垄断市场中，商品价格过高，社会公众缺乏购买力，导致商品销售量小，企业资本周转率降低，无法大批量生产商品，因而企业为获得高利润，不得不采取高价格，这样就陷入了高利润、高价格、低资本周转率、狭小市场的恶性循环的怪圈中。而通过建立各国统一大市场，就可以打破这种不合理的经济运行模式。大市场建立起来以后，市场规模扩大、产量增加，企业可以实现规模经济，从而降低成本，这样可以使产品的需求量增加，企业的利润也会随之增加。此时，该行业会吸引更多的企业进入，促使竞争加剧。企业间竞相通过技术改造、增加投资等方式降低成本，新一轮的良性循环由此得以建立①。

① Scitovsky T. Economic Theory and Western European Integration［M］. Calif：Stanford University Press，1958.

2. 激发竞争，促使经营观念与制度环境发生转变，获得规模经济

共同市场为企业获得规模经济提供了保证，但不是大市场所追求的目标。西托夫斯基认为，大市场的经济效应，主要来源于激发竞争所产生的动态经济效应。大市场的建立是为企业展开自由竞争、激活创新能力提供服务和外部环境的，只有通过大市场激发竞争获得规模经济，才是大市场理论的核心和目标，这也是自由贸易精神的体现①。德纽认为，大市场能使机器设备被充分利用，并随规模经济和新技术的应用进一步刺激竞争，形成价格下降、消费扩大、投资增加的滚雪球式扩张。在这样的环境中，规模较小、实力较弱的企业将逐渐被淘汰，只有大企业才能生存下来，并进入以规模经济为主导的市场扩大、竞争加剧的良性循环中②。

（二）评价

在大市场理论的两个核心中，规模经济以共同市场的建立为保证，但不是大市场所追求的最终目标，它为激化竞争创造了条件。西托夫斯基认为，大市场下的竞争激化所带来的一系列动态经济效应才是建立共同市场的利益所在。由此可见，大市场理论仍属于传统贸易理论的范畴，是对关税同盟理论的发展和补充，反映了自由贸易的思想。

大市场理论对共同市场提供了强有力的理论基础，但仍不十分完备。原因有以下四个方面。第一，大市场理论无法解释国内市场存量相当大的国家也在同其他国家实行区域经济一体化。第二，大市场理论所强调的扩大市场后出现的累积的动态过程，不一定通过共同市场的形态才能完成。根据大市场理论，建立共同市场是为了克服企业家的保守态度，但从国内经济政策入手，克服国内的行业垄断弊端，不一定建立共同市场，同样可以使市场具有竞争力。第三，即使不组成共同市场，只要有世界性的自由贸易，也可以取得大规模市场的各种利益。第四，刺激竞争的规模经济作为共同市场产生的依据有些牵强。

思政园地

2020 年 11 月，中国、日本、韩国、澳大利亚、新西兰及东盟 10 国签署了《区域全面经济伙伴关系》（RCEP）。5 天后，中国国家主席习近平在

---

① Scitovsky T. Economic Theory and Western European Integration [M]. Calif: Stanford University Press, 1958.

② Deniau J F. The Common Market: Its Structure and Purpose [M]. New York: Frederick A. Praeger. 1960.

亚太经合组织领导人会议上表示，中国将积极考虑加入《全面与进步跨太平洋伙伴关系协定》（CPTPP）。2021 年 9 月 16 日，中国商务部部长王文涛向 CPTPP 保存方——新西兰贸易与出口增长部长奥康纳提交了中国正式申请加入 CPTPP 的书面信函。

CPTPP 的前身是 TPP（《跨太平洋伙伴关系协定》），于 2015 年 10 月 5 日达成基本协议，使参与其中的 12 个成员国间，贸易自由度达到了一个新的水准。奥巴马在基本协议达成后，对 TPP 的意义表示称："世界经济规则要由我们制定，而不是中国那样的国家。"2017 年 1 月 23 日，美国前总统唐纳德·特朗普在白宫签署行政命令，标志美国正式退出 TPP。2017 年 11 月 11 日，日本经济再生担当大臣茂木敏充与越南工贸部长陈俊英在越南岘港举行新闻发布会，两人共同宣布除美国外的 11 国就继续推进 TPP 正式达成一致，11 国签署了新的《全面与进步跨太平洋伙伴关系协定》（CPTPP）。CPTPP 成员国有：澳大利亚、日本、加拿大、新西兰、新加坡、越南、墨西哥、秘鲁、智利、文莱、马来西亚 11 国，共覆盖近 5 亿人口，为全球第三大自贸区。其成员国拥有合计约 88.5 万亿元人民币的经济总量，占全球 GDP 的 13.5%。

中国加入 CPTPP 具有重要的现实意义：地区间经济合作不是零和博弈、你输我赢的政治游戏，是相互成就、互利共赢的发展平台。中国提出坚持开放包容、坚持创新成长、坚持互联互通、坚持合作共赢 4 项倡议，早日建成亚太自由贸易区，维护地区和平与稳定，积极推动多边主义发展，引导国际社会共同塑造更加公正合理的国际新秩序，维护世界合作正确方向，积极构建人类命运共同体，实现全球的繁荣与富强。

中国加入 CPTPP 是融入世界贸易体系和国际分工的必由之路，中国作为负责任大国，以多边主义的方式推进全球资本治理架构的革新，让亚太经济合作组织行稳致远，积极构建开放型世界经济，促进自由开放贸易与投资，引导经济全球化朝着更加开放、包容、普惠、平衡、共赢的方向发展，更好地维护国际自由贸易秩序。

中国加入 CPTPP 为其拓展与亚太国家经贸合作提供了重要机遇，有利于遏制贸易保护主义和孤立主义，有利于中国在获得更大的世界市场的同时，进一步加快产业链、供应链合理分工，推动区域经济一体化和全球范围内的贸易自由化。

（资料来源：部分内容摘自胡志勇．中国加入 CPTPP 的时代意义［N］．光明日报，2021－10－19.）

请思考：中国既然已经是 RCEP 的缔约方，为什么还要加入逾半成员国与 RCEP 重合的 CPTPP？

小　结

（1）国际区域经济一体化已成为必然趋势，各国经济相互依存，相互渗透。从一体化最低层次的优惠贸易安排到一体化最高层次的政治同盟，每种一体化形式都综合了它前一层经济一体化形式的优点。

（2）区域经济一体化的理论研究加速发展了经济一体化进程。其中，尤为突出的是关税同盟理论，它是经济一体化组织的基本形式，也是国际一体化进程的核心内容。区域经济一体化的理论还包括如自由贸易区理论、共同市场理论与协议性国际分工原理等理论。

习　题

一、单项选择题

1. 签订有自由贸易协定的由两个或两个以上的国家或地区组成的贸易区域，它是（　　）。

A. 关税同盟　　B. 自由贸易区　C. 共同市场　　D. 特惠贸易安排

2. 区域经济一体化的最后阶段是（　　）。

A. 政治同盟　　B. 经济同盟　　C. 共同市场　　D. 关税同盟

3. 在经济一体化组织中，对非同盟国家实行统一的关税率而缔结的同盟是（　　）。

A. 经济同盟　　B. 政治同盟　　C. 关税同盟　　D. 自由贸易区

4. 下列经济一体化组织属于特惠贸易安排的是（　　）。

A. 东南亚国家联盟　　B. 亚太自由贸易区

C. 欧洲煤钢联营　　D. 欧洲联盟

5. APEC 属于（　　）。

A. 部门经济一体化　　B. 全盘经济一体化

C. 水平经济一体化　　D. 垂直经济一体化

6. 1994 年 1 月 1 日成立的北美自由贸易区，将经济发展水平不同的国家联系在一起，它属于经济一体化组织中的（　　）。

A. 部门经济一体化　　B. 垂直经济一体化

C. 水平经济一体化　　D. 全盘经济一体化

7. 由于关税同盟对外实行保护贸易，导致从外部非成员国低成本的进口，转向从成员国的较高成本的进口，它是关税同盟的（　　）。

A. 贸易创造效应　　B. 贸易转移效应

C. 关税同盟的动态效应　　D. 关税同盟的静态效应

8. 对发展中国家经济一体化现象阐述最准确的是（　　）。

A. 协议性国际分工理论　　B. 综合发展战略理论

C. 关税同盟理论　　D. 大市场理论

9. 关税同盟理论的代表人物是（　　）。

A. 小岛清　　B. 西托夫斯基

C. 鲍里斯·塞泽尔基　　D. 维纳

10. 到目前为止，欧盟的成员国共有（　　）个。

A. 15　　B. 25　　C. 27　　D. 28

二、判断题

1. 北美自由贸易区是当今世界第一个由发达国家和发展中国家联合组成的经济贸易集团。（　　）

2. 关税同盟是比自由贸易区更高层次的经济一体化组织。（　　）

3. 从世界范围看，贸易创造造成福利水平的下降。（　　）

4. 亚太经济合作组织已实现了贸易自由化。（　　）

5. 中国尚未参加任何区域经济合作组织。（　　）

6. 共同市场理论主要是探讨在关税同盟的基础上消除生产要素自由流动的障碍后成员国所获得的经济效应。（　　）

7. 关税同盟的建立必将使成员国福利水平上升。（　　）

8. 自由贸易区内各成员国的商品实现了自由流动。（　　）

9. 欧元区包括所有欧盟成员。（　　）

10. 从世界范围看，贸易转移造成福利水平的下降。（　　）

三、简答题

1. 什么是贸易创造？

2. 贸易转移效应是指什么？

3. 经济一体化理论包括哪些理论？

4. 经济一体化对国际贸易有哪些影响？

5. 简述经济一体化的主要类型。

第六章　关贸总协定与世界贸易组织

［学习目标］

知识目标：知道关税与贸易总协定（GATT）的基本历史、发展背景及被世界贸易组织（WTO）取代的原因，能准确地掌握世界贸易组织的宗旨与目标、职能与组织结构、基本原则。

能力目标：能分析世界贸易组织给中国带来的影响，认识中国在塑造世界经济政治新秩序中的重要作用。

素养目标：树立正确的国家利益观，知晓建立国际经济新秩序的重要性。

本章重点：

1. 关贸总协定的发展
2. WTO 的组织结构、职能与地位
3. WTO 的基本原则
4. 中国加入 WTO 后的权利与义务
5. 中国加入 WTO 后给中国带来的影响

本章难点：

1. WTO 的职能
2. WTO 的基本原则
3. 中国加入 WTO 后的权利与义务

开篇案例

2008 年 3 月 28 日，中国商务部宣布，取消包括塑料、钢材在内的 338 个税目“自动进口许可证”管理，这意味着相关产品的进口门槛有望降低。中国商务部表示，对 2007 年《自动进口许可管理货物目录》进行了调整，取消共计 338 个税目的自动进口许可管理，并自 2007 年 4

月 1 日起生效。涉及的产品包括内窥镜等医用设备，VCD、DVD 播放器等电子设备，鼓风机等机械设备，塑料原料，钢坯、钢板等部分钢材设备等。

WTO 规则对进口货物的管理措施：一是禁止进口，二是限制进口，三是对部分实行自由进口的货物实施自动进口许可。自动进口许可证是指在任何情况下对申请一律予以批准签发的进口许可证，任何企业都可办理，主要用于统计进出口业务量。

商务部表示，上述调整的目的在于改善贸易平衡现状，扩大进口便利化措施。根据海关总署公布的数据，2008 年 2 月，中国的外贸顺差达到 237.57 亿美元。

（资料来源：佚名．钢材、塑料进口门槛降低［N/OL］.（2017 - 03 - 29）［2021 - 5 - 5］. http：//www. iianews. com/ca/_01 - ABC00000000000031978. shtml. ）

20 世纪 90 年代后半期，世界贸易体制上的最大变化就是世界贸易组织（World Trade Organization，WTO）取代了运行了将近半个世纪的关贸总协定（General Agreement on Tariff and Trade，GATT）。WTO 的产生给当代国际贸易提出了新的规范，在保证世界贸易健康稳定和持续发展方面发挥了重要的作用。中国经过 15 年的艰苦努力，于 2001 年 12 月 11 日正式加入世界贸易组织，成为该组织的第 143 个成员方。

第一节　关税与贸易总协定

关税与贸易总协定（简称关贸总协定）是世界贸易组织的前身，是关于调整缔约方对外贸易政策和国际贸易关系方面的相互权利、义务的国际多边协定。

关贸总协定是由包括中国在内的 23 个国家于 1947 年 10 月 30 日在日内瓦签订的，并于 1948 年 1 月 1 日生效；1995 年 12 月正式退出历史舞台；1996 年 1 月 1 日为世界贸易组织所取代。47 年内，该总协定的成员不断增加，截至 1994 年底，已有正式缔约方 128 个。缔约方之间的贸易额不断提高，约占世界贸易的 90% 以上。其规范的领域不断扩大，由关税到非关税措施，由货物贸易延伸至服务贸易、知识产权保护和投资措施。关贸总协定的多边贸易规则成为世界各国普遍接受的共同准则，它对世界贸易乃至整个世界经济的发展发挥了非常重要的作用。从 1947 年关贸总协定建立到 1994 年终止，世界贸易增加了 10 余倍。

一、关贸总协定的产生

第二次世界大战以后，除美国之外的发达资本主义国家均留下了战争重创，在恢复本国国民经济的同时，都关心世界经济的重建。当时，国际经济关系上有三大问题急需解决，一是在金融方面，重建国际货币制度，维持各国间汇率的稳定和国际收支平衡，因金本位制度在战前经济大危机中已经崩溃；二是在国际投资方面，创立处理长期国际投资问题的国际组织；三是在贸易方面，重建国际贸易秩序，扭转贸易保护主义和歧视性贸易政策，促进国际贸易自由化。美国作为战后超级政治经济大国，积极倡导和推动了战后国际经济关系三大问题的解决。前两个问题的解决方式是分别产生国际货币基金组织（International Monetary Fund，IMF）和世界银行（International Bank of Reconstruction and Development，IBRD）。对于第三个问题的解决，由于拟议中的国际贸易组织（International Trade Organization，ITO）的夭折而由关贸总协定代行。

国际贸易组织的构想是由美国国务院提出的。1946 年 2 月，联合国经济与社会理事会通过决议，决定召开联合国贸易与就业会议，负责国际贸易组织的筹建和宪章的起草工作。1947 年 4 月，在日内瓦举行的第二次筹备会议上通过了《国际贸易组织宪章》草案，并达成了 123 项双边关税减让协议。之后，参加国将这些协议与草案中有关贸易政策的部分加以合并，经修改后称为《关税与贸易总协定》，并将其作为一项过渡性的临时协议来处理各国在关税和贸易方面的问题，待《国际贸易组织宪章》生效后就用宪章的有关部分代替它。同年 10 月 30 日，23 个国家签署了《关税与贸易总协定临时适用议定书》，并自 1948 年 1 月 1 日起临时生效。

1947 年 11 月，在哈瓦那召开的世界贸易和就业会议上通过了《国际贸易组织宪章》，即《哈瓦那宪章》。但由于美国国会对其他国家提出的修正案不予批准，其他各国也持观望态度，《哈瓦那宪章》没有得到必要数量国家的批准，因而成立国际贸易组织的计划未能实现。关贸总协定就成为各缔约方在贸易政策方面确立某些共同遵守的准则，推行多边贸易和贸易自由化的一项唯一的、带有总括性的多边协定，一直沿用至世界贸易组织正式成立，才结束其临时性地位。

二、关贸总协定的宗旨和原则

关贸总协定的宗旨是：各缔约方本着提高生活水平，保证充分就业，保障实际收入有效需求大量而稳定地增长，充分利用世界资源，通过扩大商品生产和交换，达到促进经济发展的目的，并以此来处理它们在贸易和经济发展上的相互关系，彼此减让关税，取消其他贸易壁垒和消除国际贸易上的差别待遇。本着以上宗旨制定了如下原则。

（一）非歧视原则

非歧视原则是关贸总协定最重要的原则，它要求总协定的缔约方在实施某种限制或禁止措施时，不得对另一缔约方实行歧视待遇。这一原则体现在总协定的最惠国待遇条款和国民待遇条款中。

1. 最惠国待遇条款

最惠国待遇条款是指缔约方一方现在和将来所给予任何第三国的一切特权、优惠及豁免，也同样给予缔约对方。换言之，即要使一切外国人或外国企业处于同等地位，享有同样的待遇，不给予歧视待遇。

最惠国待遇分为无条件的最惠国待遇和有条件的最惠国待遇两种。后者是指如果一方给予第三国的特权、优惠及豁免是有条件的，则另一方必须提供同样的补偿才能享有这种优惠待遇。WTO 的最惠国待遇是无条件的最惠国待遇。

2. 国民待遇条款

国民待遇条款是指缔约一方保证缔约另一方的产品、服务或服务提供者及知识产权所有者和持有者所享有的待遇，不低于本国同类产品、服务或服务提供者及知识产权所有者和持有者所享有的待遇。

（二）互惠贸易原则

互惠贸易原则是指要求缔约方之间在互惠互利基础上大幅度、普遍地降低关税，以及在修改关税减让表的谈判中要实现互惠互利；此外，当新成员加入时，要求申请加入方保证通过关税及其他一些事项的谈判，新加入的缔约方要做出一定的互惠承诺，付一定的“入门费”作为享受其他缔约方给予优惠的先决条件。

（三）关税保护和关税减让原则

总协定主张各缔约方应主要通过关税来保护国内工业，且要求缔约方之间通过关税减让逐步降低关税，原则上不允许采用非关税壁垒进行保护。

（四）一般取消或禁止数量限制原则

关贸总协定原则上禁止采用进出口数量限制。缔约方要求任何缔约方除征收税捐或其他费用外，不得设立或维持配额、进出口许可证或其他措施以限制或禁止其他缔约方领土上产品的输入，或向其他缔约方领土输出或销售出口产品。

（五）公平贸易原则

关贸总协定认为倾销和出口补贴是不公平的贸易手段，允许缔约方采取措施来抵消倾销行为和出口补贴对进口国造成的损害。

（六）透明度原则

关贸总协定要求缔约方应及时公布所制定和实施的贸易措施及其变化情况（如修改、增补或废除等），实施有关法律、法规和判决时应坚持公正、合理、统一的原则。

（七）对发展中国家的特殊待遇原则

关贸总协定规定了给予发展中国家在贸易与经济发展方面的关税和其他特殊优惠待遇。如允许发展中国家的关税制度有更大的弹性；允许发展中国家在一定的范围内进行出口补贴；允许发展中国家享受普惠制待遇等。

（八）磋商调解原则

关贸总协定规定大部分贸易争端通过有关缔约方直接协商解决，经缔约方协商未能解决的问题，总协定理事会可设立专家小组来审查，寻求双方均满意的解决办法。

三、关贸总协定的成果和作用

（一）关贸总协定的成果

关贸总协定以多边贸易谈判为其主要活动内容。自 1947 年以来，在关贸总协定的主持下，共举行了八轮多边贸易谈判，每一轮谈判都取得了一定的成果（见表 6 - 1）。

表 6－1 关贸总协定八轮谈判的主题及成效

序号	年份	会议地点	参与国数量（个）	谈判主题及成效
1	1947 年 4 ~ 10 月	瑞士日内瓦	23	关税，达成双边减税协定 123 项，涉及商品关税 45,000 项
2	1949 年 4 ~ 10 月	法国安纳西	33	关税，达成双边协议 147 项，增加关税减让 5,000 项
3	1950 年 9 月 ~ 1951 年 4 月	英国托奎	39	关税，达成双边协议 150 项，增加关税减让 8,700 项，参加谈判国家的贸易额占当时世界进口额的 80% 和出口额的 85% 以上
4	1956 年 1 ~ 5 月	日内瓦	28	关税，达成的关税减让涉及 25 亿美元的贸易额
5	1960 年 9 月 ~ 1962 年 7 月	日内瓦（狄龙）	45	关税，关税减让影响的贸易额约为 49 亿美元
6	1964 年 5 月 ~ 1967 年 6 月	日内瓦（肯尼迪）	54	关税、反倾销措施，使工业国的进口关税下降了 35%，影响贸易额 400 亿美元
7	1973 年 9 月 ~ 1979 年 4 月	日内瓦（东京）	99	关税、非关税措施、“框架协议”，各国的减税幅度在 25% ~ 93%，达成 9 项关于非关税壁垒协议和允许发展中国家享有优惠待遇的“授权条款”
8	1986 年 9 月 ~ 1994 年 4 月	日内瓦（乌拉圭）	124	关税、非关税措施、法规、服务、知识产权、争端解决、投资措施、农产品、纺织品及服装、自然资源、WTO 的产生等

资料来源：［美］约翰·J. 怀尔德，肯尼斯·L，怀尔德．国际商务（第一版）［M］. 陈焰，译．北京：北京大学出版社，2006.

（二）关贸总协定的作用

关贸总协定从 1948 年 1 月 1 日开始实施，到 1995 年 1 月 1 日 WTO 正式运行，共存续了 47 年，拥有 128 个缔约方（截至 1994 年底），其内容和活动涉及的领域不断扩大，缔约方不断增多，为推进国际贸易自由化乃至世界经济的发展起到了非常重要的奠基作用。主要体现在以下四个方面。

1. 促进贸易自由化和国际贸易的发展

在关贸总协定主持下，经过八轮多边贸易，各缔约方的关税水平均有较大幅度的降低。发达国家加权平均关税从 1947 年的 35% 下降到 4% 左右，发展中国家的平均税率降至 12% 左右，在第七、第八轮贸易谈判中对取消一些非贸易措施逐步达成协议，这些都对促进贸易自由化和国际贸易的发展起到了积极的作用。

2. 对缔约方之间的贸易摩擦和矛盾起到了缓和的作用

关贸总协定及其一系列协议是各缔约方之间谈判互相磋商让步的产物，执行协议产生的贸易纠纷可以通过协商、调节、仲裁的方式解决，这对缓和各缔约方的贸易摩擦和矛盾起到积极作用。

3. 为 WTO 法规体系的建立奠定了基础

关贸总协定及其一系列协议已发展为一套国际贸易政策体系，成为国际贸易的交易规则。

关贸总协定的基本原则及谈判达成的一系列协议，形成了一套国际贸易政策与措施的规章制度和法律准则，成为各缔约方处理彼此间权利与义务的基本依据，并具有一定的约束力。关贸总协定要求其缔约方在从事对外贸易和制定修改其对外贸易的政策措施，处理缔约方间经贸关系时，遵循相关基本原则和一系列协议。这就为建立 WTO 的规范法规体系奠定了坚实的基础。

4. 对维护发展中国家利益起到了积极作用

随着发展中国家加入关贸总协定成为缔约方的数量增加，关贸总协定填补了有利于发展中国家的条款，并为发达国家、发展中国家维护自身利益和促进其对外贸易的发展起到了一定的促进作用。

总之，回顾战后半个世纪的实践证明，关贸总协定在多边范围内削减关税和非关税壁垒，促进国际贸易自由化，增加贸易政策的平等和透明度，缓解贸易争端，扩大国际贸易规模，促进世界经济的发展起到了重要的作用。但是，关贸总协定由于产生时代背景的特殊性，决定了其发展过程中不可避免地存在着一定的局限性。

（三）关贸总协定的局限性

1. 在法律地位上缺乏权威性

关贸总协定仅是根据《关贸总协定临时适用议定书》生效的临时协议，并不是正式生效的国际公约。从传统的法律和组织来看，关贸总协定是众多国际机构中级别较低的一个，没有自己的组织基础。

2. 在法律承诺上缺乏严格的约束力

关贸总协定是各缔约方在经济利益关系调整过程中妥协的产物，由一些“原则”和一系列“例外”所组成。这使各缔约方在援引例外条款时难以有效地加以约束。如各缔约方同意临时接受关贸总协定的法律义务，并且同意"在不违背国内现行立法的最大限度内临时适用总协定第二部分"。即使不能完全遵守关贸总协定规定也不需要改变其现有的国内立法，这使一些国家以此为理由在贸易立法或政策制定中有时偏离关贸总协定的基本义务，削弱了关贸总协定的权威性。

3. 在管理范围上缺乏全面的适应性

关贸总协定主要管辖货物贸易，而农产品、纺织品和服装还不受关贸总协定自由化的约束，这与世界产业结构向服务业、第三产业转变的发展趋势不相适应，与国际服务贸易及投资的迅速发展和与贸易有关的知识产权保护的要求不相适应。

4. 在争端解决机制的实施上缺乏相应的公平公正性

关贸总协定的争端解决机制在作出决策时要求所有缔约方"完全协商一致"后作出决策。因此，关贸总协定很难在公正、客观基础上，就缔约方之间的贸易争端作出裁决，有贸易大国操作或控制争端解决结果的可能性。这极大地削弱了关贸总协定解决贸易争端的能力。

鉴于上述关贸总协定的局限性，各缔约方普遍认为有必要在关贸总协定的基础上建立一个正式的国际经贸组织——世界贸易组织。

第二节　世界贸易组织

世界贸易组织（简称世贸组织）是根据乌拉圭回合多边贸易谈判达成的《建立世界贸易组织协议》（*Agreement Establishing the World Trade Organization*）于1995年1月1日建立的，取代了1947年的《关税与贸易总协定》，并按照乌拉圭回合多边谈判所达成的一整套协定和协议的条款为国际法律规则，对各成员之间在经济贸易关系方面的权利和义务进行监督、管理和履行的正式国际经济贸易组织。

世贸组织成立于1995年1月1日，1995年与关贸总协定并行了1年，1996年1月1日起取代总协定。世贸组织总部设在瑞士日内瓦，现任总干事麦克·穆尔（Mike Moore），截至2007年2月，已有成员方150个，成员之间的贸易量占世界贸易的95%以上。

一、世界贸易组织的产生

世界贸易组织的产生是"乌拉圭回合"谈判的重要成果之一。在

“乌拉圭回合”谈判时期，GATT 的成员由最初的 23 个发展到 128 个，调节的世界贸易量达到 95%，与成立初期相比，世界经济格局和运行方式都发生了巨大变化。最重要的特征是区域经济一体化的不断加强和以贸易、金融、投资三位一体的经济全球化运行方式取代了过去比较单一的货物贸易方式。除货物贸易外，其余经济活动则缺少比较权威的多边法则来进行约束和调节，相对于发展变化的世界经济贸易形势，GATT 无论就其范围和规则的刚性都难以符合现实要求。各种绕过 GATT 规则的“灰色区域”的措施和手段频频出现。一些国家特别是一些贸易大国，往往将单边手段置于多边规则之上，这使许多国家强烈感到对 GATT 这一旧有的多边体系进行彻底更新的必要。

在“乌拉圭回合”谈判中，由于服务贸易、与贸易有关的知识产权和与贸易有关的投资措施问题等新议题的出现，使这些问题很难在 GATT 的旧框架内进行谈判。为此，在 1990 年初，欧共体时任主席国意大利首先提出了建立一个多边贸易组织的倡议。这个倡议后来以 12 成员国名义正式提出，得到美国、加拿大等主要西方大国的支持，同年 12 月召开的布鲁塞尔部长会议上正式作出决定，责成体制职能小组负责“多边贸易组织协议”的谈判。历经一年的紧张谈判，于 1991 年 12 月形成了一份《建立多边贸易组织的协议》。经过两年的修改和完善，最终于 1993 年 12 月 15 日“乌拉圭回合”结束时，根据美国建议改为世界贸易组织。上述协议于 1994 年 4 月 15 日在摩洛哥的马拉喀什部长会议上获得通过，《建立世界贸易组织协议》连同其四个附件加上《部长会议宣言》及决定共同构成了“乌拉圭回合”。根据协议，世界贸易组织于 1995 年 1 月 1 日开始运行，1996 年 1 月 1 日完全取代 GATT，成为规范和协调当代全球经济贸易关系最权威的组织。

二、世界贸易组织的宗旨、目标、内容及原则

（一）宗旨

世界贸易组织的宗旨是提高人民生活水平，保证充分就业，保证实际收入和有效需求的大幅度稳定增长；扩大货物、服务的生产和贸易；坚定地走可持续发展之路。各成员应促进对世界资源的最佳利用，寻求保护和维护环境，并以符合不同经济发展水平下各成员需要的方式，加强采取各种相应的措施；积极努力确保发展中国家，尤其是最不发达国家在国际贸易增长中获得与其经济发展水平相适应的份额和利益。

（二）目标

世界贸易组织的目标是建立一个完整的包括货物、服务及与贸易有关的投资和知识产权等更具活力、更持久的多边贸易体系，并包含关贸总协定贸易自由化的成果和“乌拉圭回合”多边贸易谈判的所有成果。

（三）内容

《建立世界贸易组织协议》，由序言、16 条案文和 4 个附件组成。序言和 16 条案文主要规定了世界贸易组织的宗旨和目标、职能、组织机构、成员资格、决策方式，以及特定成员之间互不适用多边贸易协议等内容，4 个附件就规范和管理多边贸易关系作了实质性规定。附件 1 包括多边货物贸易协定；服务贸易总协定及其各附件；与贸易有关的知识产权协定。附件 2 是关于争端解决规则与程序的谅解。附件 3 为贸易政策审议机制协议。附件 4 是诸边贸易协议，包括民用航空器贸易协议；政府采购协议；国际奶制品协议；国际牛肉协议。

（四）基本原则

世贸组织的基本原则是由若干规则及其例外所构成的，主要包括贸易自由化原则、非歧视原则、最惠国待遇原则、国民待遇原则、互惠原则、关税约束与减让原则、透明度原则、有利于发展中国家的普惠制原则，以及这些原则的例外。

1. 市场准入和贸易自由化原则

WTO 是一个多边贸易组织，主张各成员方开放市场，提高市场准入度，从而实现各成员国之间的贸易自由化，但这必须以各成员方实行市场经济为基础。因此，WTO 成员必须是实行市场经济的国家，成员国的市场经济和成员国之间的贸易自由化是 WTO 的最基本原则。

2. 非歧视原则

非歧视原则是指一成员方在实施一种优惠和限制措施时，不得对其他成员方采取歧视性的待遇。非歧视原则是世贸组织的基本原则，又可以称为无差别待遇原则，是与歧视待遇原则相对应的一项基本原则。它要求成员双方在实施某种优惠和限制措施时，不能对成员对方实施歧视待遇。非歧视原则是 WTO 的基石和核心。它体现在 WTO 的所有文件和协议中。正是这一原则，WTO 筑起了国际自由贸易的舞台，数以百计的国家加入 WTO，使 WTO 发展成为一个具有重大影响的国际组织。

3. 最惠国待遇原则

最惠国待遇原则是指成员方现在和将来给予另一方的优惠、特权和豁免，都不应低于该成员方给予任何第三方的优惠、特权和豁免，否则就有差别待遇或者歧视。最惠国待遇原则的本质要求是作为当事方的成员方处理同其他成员方关系与处理同另一其他成员方关系时，不能有歧视。最惠国待遇原则要求在世贸组织成员间进行贸易时，彼此不能实施歧视待遇，各成员间要一律平等，只要其进出口产品是相同的，那么享受的待遇也应该是相同的。世贸组织的成员方之间签订最惠国待遇的目的是消除成员方之间在贸易、关税、航运、公民法律地位等方面的歧视，即消除特惠和差别待遇，使所有的成员方获得同等的贸易机会和条件，促进成员方之间的贸易往来和经济发展，推动自由贸易的发展。

最惠国待遇可分为无条件的最惠国待遇与有条件的最惠国待遇、互惠的最惠国待遇与非互惠的最惠国待遇、无限制的最惠国待遇与有限制的最惠国待遇。

（1）无条件的最惠国待遇与有条件的最惠国待遇。无条件的最惠国待遇是指某成员方现在或者是将来给予任何第三方的一切优惠待遇、豁免或特权应该无条件地、无补偿地适用于另一成员方。有条件的最惠国待遇是指如果一方给予第三方的优惠是有条件的，那么对另一方必须提供同样的条件才能够享有这样的优惠、豁免或特权。无条件的最惠国待遇最早用于英国与其他国家签订的通商条约中，后来在欧洲大陆被广泛使用，所以又叫作“欧洲式”的最惠国待遇条款。有条件的最惠国待遇最早用于美国与其他国家签订的贸易条件中，被加拿大、美国等国家广泛使用，所以又叫作“美洲式”的最惠国待遇条款。

（2）互惠的最惠国待遇与非互惠的最惠国待遇。互惠的最惠国待遇是指缔约双方给予的最惠国待遇是相互的、同样的，一方给予某一成员方优惠待遇，那么它可以从受惠国得到同样的待遇。非互惠的最惠国待遇是指一缔约方有义务给予另一缔约方以最惠国待遇，但是它无权从另一方享有同样的最惠国待遇。

（3）无限制的最惠国待遇与有限制的最惠国待遇。无限制的最惠国待遇是指对最惠国待遇的适用范围不加以任何限制，不仅适用于商品进出口征收的关税以及手续、方法，也同样适用于移民、投资、商标、专利等各个方面。有限制的最惠国待遇是指将其适用的范围限制在经济贸易关系的某一些领域，规定仅在条约规定的范围内适用，除此之外都不适用。

4. 国民待遇原则

国民待遇原则指的是缔约方一方保证缔约方另一方的公民、企业和船舶在本国境内享受与本国公民、企业和船舶同等程度的待遇。国民待遇条款的适用对象也是外国公民或企业的经济权利。如外国产品应该缴纳的国内税捐、利用铁路运输和转口过境的条件、船舶在港口的待遇、商标注册、著作权，以及发明专利权的保护等。但是与最惠国待遇处理不同的外国公民、商品、企业法人关系时，要求一视同仁、没有歧视；国民待遇要求在处理本国与外国的公民、商品、企业法人关系时，要求一视同仁、没有歧视。但是国民待遇只有在一种产品、服务、知识产权的产品进入本国市场以后才可以适用。在实现所有的世贸组织成员平等待遇的基础上，世贸组织成员的商品或服务进入另一成员方领土以后，也应该享受后者为自己商品或服务给予同样的待遇。

国民待遇的适用范围也是有一定限制的。国民待遇一般适用于外国自然人与法人从事商业、外国天然物产和制造品所应该缴纳的国内税捐、利用铁路运输和转口过境的条件、船舶在港口的待遇，以及与商标权、著作权和发明权等相关的知识产权。至于本国人所享有的其他一些权利，如沿海贸易权、领海捕鱼权、沿海和内河航行权、购买土地权、零售贸易权及充当经纪人等，一般不属于国民待遇的适用范围。根据现行的国际公约规定和有关国家之间双边条约的规定，以及一些国家国内立法的规定，一般只有在船舶遇难救援、商标注册、申请发明权、著作权，以及民事诉讼权等方面，才给予外国自然人和法人以国民待遇。

5. 互惠待遇原则

在国际贸易过程中互惠是指两国互相给予对方以贸易上的优惠待遇，互惠是利益和特权的相应让与，是两国之间确立起商务关系的一个基础。互惠原则是世贸组织的一个基本原则。一方面，互惠原则明确了各成员在谈判中应该建立一种什么样的经贸关系；另一方面，互惠互利又是世贸组织谈判的基础。互惠有双边互惠和多边互惠之分。多边互惠是将双边互惠的原则扩大适用到多个成员方之间，主要适用于关税减让。世贸组织通过成员方之间互相提供互惠待遇来保持其贸易平衡，维持各成员方在经济往来中的权利与义务的均衡，促进世界贸易向着自由化的方向发展。

6. 关税约束与减让原则

约束关税与减让是指一种要求关税水平不得高于承诺的受法律约束的水平。各成员方应当不使自己的关税超过承诺过的水平。发达国家通常将其关税约束在适用的水平，发展中国家通常采取最高约束税率的承诺，其约束水平通常要比适用水平高。

多年来，在关贸总协定和世贸组织的倡导之下，各个成员方定期举行了关税谈判，使各个国家的关税水平逐步降低。关税谈判在未来的农业产品谈判中还将起到作用。世贸组织的成员在加入谈判时，或通过多边贸易谈判达成关税减让协议时所达成的关税税率，是一种有约束性的税率，称为约束税率。约束税率是一国承诺开放本国市场的重要基础，也是一国在世贸组织中获取利益的重要条件。

7. 透明度的原则

透明度原则是指缔约方有义务公布法律、法规、司法判决和一般援用的行政决定，以及货物贸易与服务贸易有关的国际协议和协定，缔约方还有义务以合理公正的方式来管理这些工具。

透明度原则是世贸组织的一项重要原则，根据该原则的规定，世贸组织的成员应该公布有效实施的现行的贸易法规，如海关法规、有关商品进出口管理的法规和行政规章制度、有关进出口货物征收的国内税法规和规章、有关进出口商品的检验、检疫的法规和规章、有关进出口货物及其支付方面的外汇管理和对外汇管理的一般法规和规章、利用外资的立法及规章制度、有关知识产权保护方面的措施和规章、有关出口加工区、自由贸易区、边境贸易区、经济特区的法规和规章、有关服务贸易的法规和规章、有关仲裁的程序规定、成员方政府及其机构所签订的有关影响贸易政策现行的双边和多边的贸易协议、其他影响贸易行为的国内立法和行政规章等。

8. 普惠制原则

普惠制是发达国家单方面作出的对发展中国家出口制成品和半制成品的关税减让，这种特别优惠不是对等的，不要求发展中国家和地区对发达国家作出同等的关税减让。普惠制的给惠国应该包括所有的发达国家和地区，受惠国应该包括所有的发展中国家和地区，受惠产品应该包括发展中国家和地区所有的出口制成品和半制成品。它应该使所有的发展中国家和地区都能享受这种优惠的待遇，不能有任何的歧视，对所有的发展中国应该一视同仁。

三、世界贸易组织的职能、地位与机构

（一）世界贸易组织的职能

WTO 作为正式的国际贸易组织在法律上与联合国等国际组织处于平

等地位。它的职责范围除了关贸总协定原有的组织实施多边贸易协议及提供多边贸易谈判所和作为一个论坛之外，还负责定期审议其成员的贸易政策和统一处理成员之间产生的贸易争端，并负责加强同国际货币基金组织和世界银行的合作，以实现全球经济决策的一致性。它主要的五大职能如下。

1. 管理监督职能

管理和监督各成员方达成的协议与安排的贯彻和实施，并为执行上述各项协议提供统一体制框架，以保证世界贸易组织宗旨和目标的实现。

2. 谈判职能

为多边谈判提供场所和论坛，并为多边谈判的结果提供框架。

3. 解决贸易争端职能

按有关诉讼程序提起诉讼，解决贸易争端。

4. 监督和审议职能

监督和审议成员的贸易政策和规章，促进贸易体制一体化。

5. 协调职能

协调 WTO 与其他世界组织的关系，保证全球经济决策的一致性。

（二）世界贸易组织的法律地位

根据 WTO 协议规定，WTO 具有法人资格，各成员应赋予 WTO 及其官员代表为履行其职责所需要的特权和豁免权。具体内容如下。

WTO 具有法人资格，它是根据《维也纳条约法公约》依法成立的永久性世界性组织，独立行使民事权和承担民事责任。

WTO 每个成员方向世贸组织提供其履行职责时所必需的特权和豁免权；WTO 官员和各成员方代表在其独立执行与世贸组织相关的职能时，享有每个成员方提供的特权和豁免权。

WTO 官员、每个成员方、成员方代表的特权和豁免权等同于联合国大会于 1947 年 11 月 21 日通过的《联合国专门机构特权和豁免权公约》所规定的特权与豁免权。也就是说，世贸组织的官员和各成员代表享有联合国官员同等的特权和豁免权，包括不逮捕权在内的外交特权及不课税等特权和豁免权。

（三）世界贸易组织的组织机构

WTO 不同于 GATT，它是一个世界性的法人组织，与联合国等国际组织有着平等的地位，有着一套完整的组织机构。其中主要由五个部门组成（见图 6－1）。

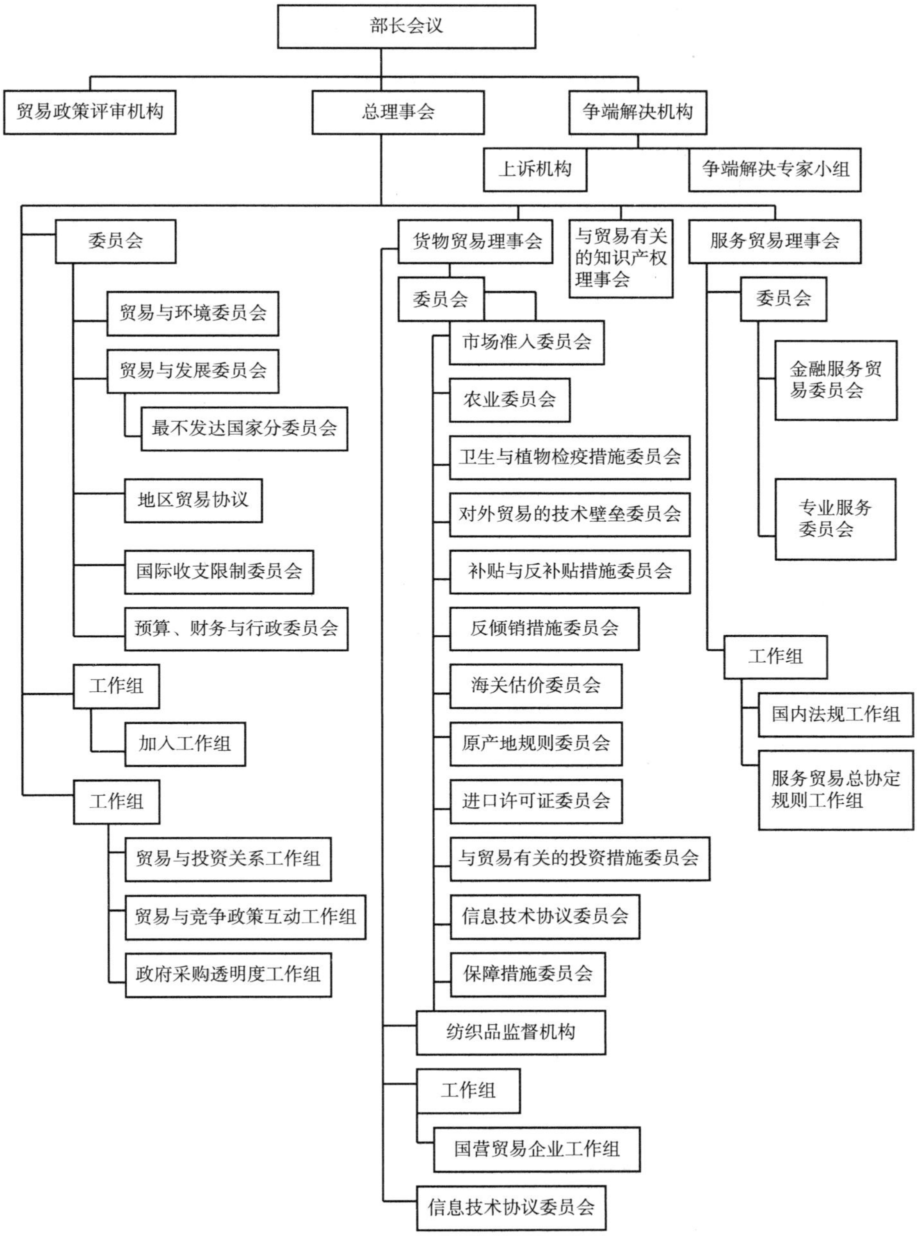

图 6－1　世界贸易组织的组织机构

资料来源：冷柏军，张玮．国际贸易理论与实务（第二版）［M］．北京：中国人民大学出版社，2019.

1．最高决策机构——部长会议

部长会议是最高权力机构，它是由各成员代表组成，往往这些代表都是各国对外经济部门的负责人。部长会议至少每两年召开一次会议，其职责是履行 WTO 的职能，并为此采取必要的行动。另外，部长会议下设专门的委员会，如贸易与环境委员会、贸易与发展委员会等。

2. 常设权力机构——总理事会

总理事会是部长会议下设机构，它是由各成员方代表组成，在部长会议休会期间代行其职能。总理事会同时履行争端解决机构、贸易政策机制评审机构的职责。

3. 部门贸易理事会

理事会是总理事会附属机构，有货物贸易理事会、服务贸易理事会和与贸易有关的知识产权理事会。货物贸易理事会，负责各项货物贸易协议的执行；服务贸易理事会，监督服务贸易协议的执行；知识产权理事会，监督与贸易有关的知识产权协议的执行。

4. （综合）委员会

总理事会下设贸易与环境委员会、贸易与发展委员会、国际收支限制委员会等，负责处理诸如贸易与发展、环境、区域贸易协定以及行政事务。各委员会行使有关协议赋予的职责及总理事会赋予的其他职责，并向总理事会报告工作。

5. 下属机构

几乎每一个理事会/委员会都有下属机构，例如，货物贸易理事会有多个专门委员会处理各专门问题（如农产品、市场准入、补贴与反补贴措施、反倾销措施）。

6. 秘书处和总干事

秘书处是WTO常设的服务机构，负责处理日常工作。部长会议任命总干事，总干事按照部长会议通过的有关规定任命秘书处其他官员，并规定其职责。

四、世界贸易组织的作用

世界贸易组织的建立与运行，对20世纪90年代中后期以至21世纪的世界经济贸易的发展产生了重要影响。

（一）为全球多边贸易体制提供了完整的法律框架

世界贸易组织扩大和拓宽了多边贸易体制的协调领域和范围，它不仅覆盖所有货物贸易，而且扩展到服务贸易、知识产权贸易及与贸易有关的投资措施。世界贸易组织将货物、服务、知识产权融为一体，置于其管辖的范围之内。同时，世贸组织还努力通过加强贸易与环境保护的政策对话，强化各成员对经济发展中的环境保护和资源的合理利用。

世界贸易组织具有健全的机构和组织规则，以及良好的运行机制，这对推动开放市场、拓展贸易，及时处理国际经济贸易中的重大问题，进而健全国际贸易制度提供了充分的条件和机会。

（二）通过多边贸易谈判推动贸易自由化

世界贸易组织运行后就展开了贸易自由化的一系列谈判。1997 年相继达成了《基础电信协议》《信息技术协定》《金融服务协议》。其中，《基础电信协议》促进了 60 多个国家开放本国电信市场；《信息技术协定》的实施使 40 多个国家取消了包括计算机软件、硬件、通信设备、半导体及其生产设备和科学仪器等在内的 200 多种信息技术产品的关税，约占世界信息技术产品贸易额的 95%。70 多个国家和地区根据《金融服务协议》对外开放银行、保险、证券和金融信息市场，允许外国在国内建立金融服务公司，并按竞争原则运行；外国公司享受同国内公司同等的进入市场的权力；取消跨边界服务限制；允许外国资本在投资项目中的比例超过 50%。

2001 年 11 月 9～14 日，国际贸易谈判第九个回合谈判在卡塔尔首都多哈召开，又称多哈回合谈判。多哈回合谈判的宗旨是促进世界贸易组织成员削减贸易壁垒，通过更公平的贸易环境来促进全球特别是较贫穷国家的经济发展，谈判包括农业产品和非农产品的市场准入、服务贸易、规则谈判、争端解决、知识产权、贸易与发展以及贸易环境等 8 个主要议题。谈判的关键是农业和非农产品市场准入问题，主要包括削减农业补贴、削减农产品进口关税及降低工业品进口关税三个部分。

多哈回合也是一个充满艰辛的谈判，原计划在 2005 年 1 月 1 日之前结束所有谈判，但由于各成员利益诉求不同，导致谈判一拖再拖。2006 年 7 月，由于世贸组织 6 个主要成员国美国、欧盟、日本、澳大利亚、巴西和印度未能就农业和非农产品市场准入问题达成协议。从关贸总协定创建以来，多哈回合贸易谈判第一次没有签订任何协定而宣告失败。多哈回合的失败并没有破坏以前贸易谈判所取得的进步，前八个回合谈判削减的关税率依然有效。

几经波折后，WTO 第九届部长级会议于 2013 年 12 月 7 日在印度尼西亚巴厘岛落幕。会议达成了“巴厘一揽子协定”，发表了《巴厘部长宣言》。这是 WTO 成立以来首份全球性多边贸易协定，实现了 WTO 成立 18 年以来多边谈判零的突破，也意味着多哈回合谈判的 12 年僵局获得了历史性突破。

（三）较为客观公正地解决了成员间的贸易争端，缓和了成员之间的贸易摩擦

世界贸易组织的争端解决机制可以迅速有效地解决成员方之间的贸易争端，维护各成员自身经贸利益，为各成员遵守与执行世界贸易组织各协定和协议提供保障。世界贸易组织各成员在共同遵守规则的基础上，按世贸组织的规则本身，而不是按某一成员国内部贸易立法或政策措施来采取国家间的贸易争端。未经世贸组织授权，不允许某一成员单方面采取行动。一旦世贸组织做出裁决，则争端双方必须要执行裁决结果。

世界贸易组织运行以来，在调节处理国际贸易争端方面发挥了重要的作用。自 1995 年 1 月 1 日 WTO 成立至 2020 年底，WTO 共受理了 598 起争端协商请求，对其中 356 起争端启动专家组程序，有效避免了贸易摩擦发生，维护了多边贸易秩序①。

第三节　世界贸易组织与中国

一、中国“复关”与“入世”

（一）中国与 GATT 的历史回顾

中国是 GATT 的缔约方。1947 年 4 月，当时中国的南京政府参加了在日内瓦举行的、由联合国经济社会理事会召开的国际贸易与就业会议第二届筹备委员会，并先后同美国、英国、法国、加拿大等国举行了 GATT 第 1 轮谈判。同年 10 月 30 日签署了《关税与贸易总协定》。1948 年 3 月 24 日，中国签署了联合国世界贸易与就业会议的最后文件，成为国际贸易组织临时委员会成员。同年 4 月 21 日，按《临时适用议定书》规定，中国把接受《关贸总协定临时适用议定书》的文件呈交给 GATT 存放，30 日后即 5 月 21 日，中国成为 GATT 的缔约方。

1949 年 4 ~ 10 月，中国参加了在法国安纳西召开的 GATT 第 3 届缔约方大会，参加了 GATT 第 2 轮多边贸易谈判，并与新加入 GATT 的丹麦、意大利等 6 国举行了关税减让谈判。1950 年 3 月 6 日，台湾当局宣布退出

---

① 屠新泉．继续为多边贸易体制贡献中国力量［Z/OL］．综合研发研究院官方账号，2021 - 12 - 20.

关贸总协定。由于作为中国唯一合法政府的中华人民共和国已经成立，台湾当局无权作出这样的决定，所谓“退出”的宣布是“非法的、无效的”。但使中国失去了创始缔约方的地位。

改革开放以来，随着中国经济的发展和国际经贸活动的广泛开展，中国与 GATT 及其他世界经济组织的关系越来越密切。1982 年 11 月，中国政府派团列席关贸总协定第 36 届缔约方大会。1985 年 11 月 6 日，关贸总协定理事会通过中国的申请，决定给予中国关贸总协定理事会观察员地位。经过充分准备，1986 年 7 月，中国政府向 GATT 正式提交了关于恢复中国在 GATT 创始国地位的申请，并阐明了中国对恢复 GATT 缔约方地位的原则立场。此后，中国便开始了艰苦的“复关”谈判。

（二）中国申请“复关”的原则和进程

1. 中国申请“复关”的原则

（1）鉴于中国恢复在 GATT 缔约方地位的特殊性，中国政府提出了“复关”必须坚持的三项原则：

一是中国申请的是恢复缔约方的席位，而不是加入和重新加入 GATT；二是中国政府不是以承诺承担具体进口义务为条件，而是以关税减让为“复关”基础；三是作为发展中国家，中国必须以发展中国家身份恢复缔约方的地位。

（2）根据这三项原则、中国政府在谈判中还提出了三条具体要求：

一是按照 GATT 原则，美国应给予中国多边无条件最惠国待遇；二是根据 GATT 和“授权条款”，中国应在缔约方中享受发达国家给予的普惠制待遇；三是按照 GATT 有关规定，欧共体应取消对中国的歧视待遇。

中国政府是遵循权利与义务平衡的原则提出三项原则和三条要求的，是完全符合关贸总协定的原则和宗旨的。按照上述原则和条件恢复中国在关贸总协定中的缔约方地位，有利于维护和发展国际多边贸易体制，有利于维护和发展 GATT 的原则和宗旨。

2. 中国“复关”谈判的进程

中国“复关”谈判的进程可划分为以下三个阶段。

从 1986 年 7 月至 1989 年 6 月为第一阶段。这一阶段的谈判工作比较顺利，取得了一定成效。1987 年 3 月 GATT 理事会主席三次主持非正式磋商，邀请主要缔约方和中国代表参加，正式宣布成立中国问题工作组。工作组的职权范围是审议中国的外贸制度，起草确定相应的权利与义务的议定书，提供进行关税减让表谈判场所，讨论中国与 GATT 的其他问题。

从1989年6月至1992年9月为第二阶段。这一阶段由于国内外发生了一些风波，“复关”谈判工作一度受挫，处于停止状态。

从1992年10月至1995年1月为第三阶段。这一阶段的谈判取得了实质性进展。谈判开始涉及权利与义务的确定和关税减让等实质性问题。1992年10月，中美签署《中美市场准入谅解备忘录》，美国承诺：“坚定地支持中国取得GATT缔约方地位。”1994年4月，中国代表团出席了在马拉喀什召开的GATT部长级会议，签署了《最后文件》。同年8月，中国提出了农产品、非农产品和服务贸易关税减让表，并与缔约方举行了谈判。同年11月，中国代表团就市场准入和议定书与缔约方举行谈判。上述谈判由于多种原因未能达成协议，中国“复关”的愿望未能实现。

3. 中国加入WTO

1995年1月1日WTO成立，中国“复关”的谈判转为“入世”谈判。

1995年3月，前美国贸易代表坎特访华，与时任我国外经贸部部长的吴仪就“复关”问题达成8点协议，同意在灵活务实的基础上进行中国“入世”的谈判。1999年11月，中美就中国加入WTO问题达成协议；2000年5月，中国与欧盟就中国加入WTO问题达成协议；2001年9月，中国与墨西哥就中国加入WTO问题达成协议。至此，中国全部完成了与WTO成员的双边市场准入谈判。2001年9月12日至17日，WTO中国工作组第18次会议在日内瓦进行，会议通过了中国加入WTO多边文件，提交部长级会议审议和批准。会议宣布中国加入WTO谈判工作全部结束。2001年11月10日，在多哈召开的世界贸易组织第4次部长级会议上，审议并通过了中国加入WTO，11日中国政府代表递交了江泽民签署的中国加入世界贸易组织批准书。

2001年12月11日，中国在经历了15年的谈判之后，终于取得了最后胜利，正式成为WTO成员。15年谈判的时间之长，内容之广，谈判之艰苦是世界贸易谈判史上没有过的。

二、中国“入世”后应享有的权利与承担的义务

（一）中国“入世”后应享有的权利

1. 享受非歧视待遇

我国加入世界贸易组织后，可以充分享受多边无条件的最惠国待遇和国民待遇，即非歧视待遇，中国企业可以在WTO范围内自动享受其他成员方开放市场和扩大货物、服务市场准入的利益。入世前，双边贸易中受

到的一些不公正的待遇被取消或将逐步取消。

2. 全面参与多边贸易体制

加入世界贸易组织前，我国作为观察员参与多边贸易体制，只有发言权，没有表决权。正式成为世界贸易组织成员后，我国既有发言权又有决策权。我国可以全面参与世界贸易组织各理事会和委员会的所有正式和非正式会议，维护我国在世界贸易组织中的地位与合法利益；可以全面参与新一轮多边贸易谈判和多边贸易规则的制定，充分表达和反映中国及发展中国家的意见和要求；可以全面参与贸易政策审议，对包括美国、欧盟、日本、加拿大等重要贸易伙伴的贸易政策进行质询和监督，敦促其他世界贸易组织成员履行多边义务。

3. 享受发展中成员的大多数优惠待遇或过渡期安排

我国作为发展中国家，能够享受世界贸易组织各项协议中给予发展中成员的特殊和差别待遇，承担较低水平的义务、享有更长的过渡期，享受发达国家对发展中国家或地区提供的技术援助和人才培训。

4. 利用争端机制解决贸易争端

伴随着国际贸易的发展，贸易成员之间的贸易活动日益频繁，贸易争端也会越来越多。以往在双边贸易中，发达国家常常利用国内的、单边主义的，甚至是过时的法律条款对中国实行歧视。近年来，我国已成为国际反倾销的最大受害者和主要指控对象，对我国反补贴、保障措施和特殊保障措施案件的数量有增无减，知识产权摩擦日益加深。加入 WTO 后，我国就可以利用 WTO 解决争端机制和程序，求得公平解决，避免美国等发达国家对我国实施单方面的报复，维护我国正当权益。

（二）中国“入世”后应承担的义务

1. 关税减让

中国入世前，发达国家的加权平均进口税率已降到 3.7%，发展中国家为 11%，而我国的进口关税相对比较高。中国“入世”的首要义务是削减关税。中国承诺，我国自 2002 年 1 月 1 日起，履行关税减让义务。关税总水平由 15.3% 降至 12%。2002 年，我国共有 5,300 多个税目的税率不同程度地降低，降幅达 73%，降低关税后，工业品的平均税率为 11.6%，农产品为 15.8%，水产品为 14.3%。我国关税总水平 2003 年为 11.5%；2004 年为 10.6%；2005 年为 9.9%；2006 年为 9.9%；2007 年为 9.8%。其中，在 2008 年，工业品年降至 8.9%，农业品降至 15.2%。至此，我国基本完成了关税减让任务（见表 6-2）。

表 6－2　　2000～2008 年我国关税总水平的变化情况　　单位：%

年份	关税总水平	工业品平均水平	农产品平均水平
2000	15.6	14.7	21.3
2001	15.30	13.0	19.9
2002	12.00	11.4	18.1
2003	11.00	10.3	16.8
2004	10.40	9.50	15.6
2005	9.90	9.00	15.3
2006	9.90	9.00	15.2
2007	9.80	8.95	15.2
2008	9.80	8.90	15.2
2009	9.80	8.90	15.2

资料来源：笔者根据中华人民共和国商务部（http：//www.mofcom.gov.cn）数据整理。

2. 逐步取消非关税壁垒

WTO 规定，不得设立或维持配额、进口许可证或其他措施，以限制或禁止其他缔约方本土产品的输入，或向其他缔约方领土输出或销售出口产品。中国原来是实行贸易管制的国家，也存在种种非关税措施。中国承诺，入世后 2～3 年内，在大部分领域取消配额和数量限制，5 年内取消所有非关税措施和数量限制。到 2005 年，我国全部取消 400 种进口配额，并根据加入承诺对配额体制进行了完善。

3. 取消出口补贴

WTO 规定，各成员方应力求避免对产品的输出实行补贴。我国在调整税率的基础上，对所有产品，包括工业制成品和初级产品实行企业自主经营、自负盈亏的经营机制，已达到了 WTO 的有关要求。我国承诺，“入世”后逐步取消对农产品的出口补贴，中国的农产品市场将做重大开放，尤其是对玉米、小麦、棉花、大豆这样的大宗商品。中国将在农业领域建立一个最高关税限额体系。此外，在其他领域中国也做出了一些巨大的让步，比如，在工业方面，钢铁、木制品、电子设备等。

4. 增加贸易的透明度

透明度原则是 WTO 的一项基本原则。它要求各成员方必须公布本国有关外贸政策的法规和条例，要求经常提供国内经济贸易情况的报告，并定期接受检查。中国除公开颁布一些重要法律、法规外，由于体制上的原因，还存在着大量的“内部”规定。加入 WTO 后，中国政府承诺，凡是不公开的都不执行。中国政府正在按照 WTO 要求，认真清理现有的法律、法规。为此，中共中央办公厅和国务院办公厅联合确定了清理法律的三项原则和 20 条禁令。三项原则是：法制统一，非歧视，公开透明。20 条禁令概括起来有三个方面的要求：

（1）凡是只能由中央决定的事项，地方不得做出规定，已做出的规定一律废除或修改，如外汇分配制度、人民币汇率制度、非关税措施等。

（2）按照 WTO 要求，所有成员方政府不能做出的规定，地方政府更不能规定，已经规定的，无条件废除或修改，如外销比例、技术含量、外汇平衡等。

（3）按照我国法律规定，地方可以结合本地实际做出的规定，也必须符合 WTO 协定和我国的承诺，如对出口企业提供的补贴和奖励等。

5. 开放服务贸易市场

WTO 规定，各成员方对服务贸易实行同货物贸易相同的、无条件的最惠国待遇、国民待遇、透明度原则。同时，要求各成员方逐步降低贸易壁垒，开放银行、保险、运输、建筑、旅游、通信、法律、会计、咨询、商业批发和零售等行业。加入 WTO 后，我国逐步地、不同程度地开放了服务业，包括银行、保险、分销、电信、法律、会计等在内的 10 余个服务部门，100 个分部门的对外开放都已经达到了入世承诺的水平。入世后，我国开放服务贸易承诺具体如表 6－3 所示。

表 6－3　　我国开放服务贸易承诺

服务部门	最终执行期	承诺内容
法律服务（不包括中国法律业务）	加入后 4 年内	代表处可从事营利性活动，无数量和地域限制。外国律师事务所在华代表处的所有代表每年在华居留时间应不少于 6 个月。不允许外国律师事务所驻华代表处雇用中国注册律师
会计服务	加入时	只允许获得中国主管部门颁发的中国注册会计师执业许可的人在华设立合伙会计师事务所或有限责任会计公司。允许外国会计师事务所与中国会计师事务所结成联合所。将在国民待遇的基础上向那些通过中国注册会计师资格考试的外国人发放执业许可证。已成立的中外合作会计师事务所不仅限于中国主管部门颁发许可的注册会计师

续表

服务部门	最终执行期	承诺内容
医疗和牙医服务	加入时	允许外国服务提供者与中方合作伙伴一起设立中外合营医院和诊所，允许外方控股。根据中国的实际需要，设有数量限制 允许具有本国颁发的专业证书的外国医生，在获得卫生部的许可以后，在中国提供短期的医疗服务。短期医疗服务的期限为6个月，并可以延长至1年
广告服务	加入后4年内	允许外国服务提供者在华设立外资独资子公司
包装服务	加入后3年内	允许设立外资独资子公司
会议服务	加入时	只允许设立合营企业，但允许外资控股
翻译服务	加入时	只允许设立合营企业，但允许外资控股

资料来源：笔者根据中华人民共和国商务部（http：//chinawto. mofcom. gov. cn）数据整理。

6. 扩大对知识产权的保护范围

WTO与贸易有关的知识产权协议要求各成员方扩大对知识产权的保护范围。中国作为发展中国家，在知识产权保护和管理方面与发达国家尚有一定差距。加入WTO后，中国将根据WTO及有关规定的要求，扩大对知识产权的保护范围。中国政府承诺，加强知识产权保护方面的立法，加大对知识产权保护的力度，严厉打击侵权行为。加入WTO以来，我国各级政府及执法部门在知识产权保护方面做了大量工作，取得了显著成效，为世界所公认。

7. 放宽对引进外资的限制

WTO与贸易有关的投资措施协议要求各成员方放宽对引进外资的限制，扩大外商的投资领域，并且要求给予外国投资者“国民待遇”。我国认真履行入世时的承诺，全面遵守该协定，取消了外汇平衡要求、贸易平衡要求、当地含量要求和出口实绩要求等与贸易有关的投资措施。

小　　结

扫描二维码阅读《中国入世后实质性、大幅度降低进口关税》

（1）关贸总协定和世界贸易组织的产生，对过去70多年的世界经济的发展起到了一个决定性的作用，其不仅规定了组织适用的宗旨、基本原则和有关规则，并规范各成员方的贸易行为，协调贸易关系，在促进将来的国际贸易发展方面发挥了和正在发挥着重大作用。

（2）WTO 的这些规则涉及当今世界经济所覆盖的每一个领域，包括国际货物贸易、服务贸易、与贸易有关的知识产权和国际投资领域。在经济发展中，经济规则也不断地被修补与被完善。

（3）中国自 2001 年加入世界贸易组织，可以平等地享受成员方应有的权利，也要承担相应的义务。加入世界贸易组织有利有弊，有机遇有挑战。中国必须抓住机遇，加快改革，以适应 WTO 发展各方面要求。

思政园地

入世 20 年来，中国成为了利用 WTO 规则最好的国家之一，这样的成功在 WTO 历史上也是独一无二的。当时，冷战已经结束，全球化也处于高潮期，各经济体都迎来了蓬勃发展的大时代。中国加入 WTO，正是顺着这个势头，无论是中国经济还是世界经济，都发展得更高更快。50 多年前恢复中国在联合国的合法席位，确立了中国在全世界的政治地位；20 多年前的中国“入世”则确立了中国在世界经济体系中的地位。

在 2008 年之前，中国作为新加入 WTO 的成员，主要目标是履行各项承诺，在各类谈判中主要扮演着观察者和学习者的角色。而在 2008 年之后，中国承诺基本履行完毕，在时任 WTO 总干事拉米的推动下，中国开始进入 WTO 的核心决策集团，在一些谈判中作为核心成员，各方对中国的期待值也有所提高，希望中国提出新的出价。与此同时，与中国有关的争端解决案件也逐渐多了起来，直到目前，中国已经成为第三大被诉国，中国也积极利用 WTO 争端解决机制维护自身合法权益。

当前，WTO 的发展面临较大挑战。当下的国际生产力已经发生变化，但生产关系未发生相应变化，形成了一种不匹配的格局。这种不匹配主要是 WTO 受制于其自身因素，导致 WTO 不能及时跟着生产力的变化而变化，使一些国家对 WTO 有了变革的诉求。中国一直对 WTO 进行必要改革持开放、包容、建设性的态度，维护一个强有力的多边贸易体制也切实符合中国的经贸利益和治理需求。

（资料来源：屠新泉．“全民入世”推动中国开放发展［N］. 中国贸易报，2021 - 12 - 02.）

请分析：结合对外开放实践，你认为中国应如何应对国际贸易规则重构？

习　题

一、单项选择题

1. 世贸组织协议的范围（　　）。

A. 只包括商品　　　　B. 只包括服务

C. 只包括政府采购　　　　D. 包括商品、服务和政府采购

2. 世界贸易组织（World Trade Organization，WTO），成立于（　　）。

A. 1948年1月1日　　　　B. 1995年1月1日

C. 1994年1月1日　　　　D. 1999年1月15日

3. 通过最惠国待遇原则和国民待遇原则体现的是（　　）。

A. 关税保护原则　　　　B. 关税减让原则

C. 公平贸易原则　　　　D. 非歧视待遇原则

4. 世贸组织的常设机构是（　　）。

A. 部长会议　　B. 总理事会　　C. 理事会　　D. 委员会

5. 决定成立世贸组织的时间与地点是（　　）。

A. 1994年4月15日，摩洛哥的马拉喀什

B. 1947年10月30日，日内瓦

C. 1994年4月15日，乌拉圭

D. 2001年11月9日，多哈

6. 关贸总协定的最惠国待遇是（　　）。

A. 有条件的　　B. 无条件的　　C. 双边的　　D. 普遍的

7. 世界贸易组织的最高权力机构是（　　）。

A. 部长会议　　　　B. 缔约方全体大会

C. 总理事会　　　　D. 理事会

8. 我国于哪一年提出恢复在关税与贸易总协定中原始缔约方地位与资格的申请？（　　）。

A. 1986年　　B. 1988年　　C. 1993年　　D. 1994年

9. 世界贸易组织的基本原则，是各成员处理贸易关系必须遵循的基本行为准则。其中最重要的是（　　）。

A. 非歧视原则　　　　B. 透明度原则

C. 自由贸易原则　　　　D. 公平竞争原则

二、判断题

1. 原产地规则是确定一种产品的国家产地所必需的标准。其重要意

义在于许多情况下关税与限制的实施将取决于进口原产地。（　　）

2. 世界贸易组织的最高权力机构是总干事。（　　）

3. 世界贸易组织的形成是乌拉圭回合多边贸易谈判的取得成果。（　　）

4. 总理事会是世界贸易组织的日常办事机构。（　　）

5. 数量限制的具体表现方式主要有配额、进口许可证、自动出口限制、数量性外汇管制。（　　）

三、简答题

1. 关贸总协定为什么会被世界贸易组织所取代?

2. 世界贸易组织的宗旨和基本原则是什么?

3. 简要比较一下国民待遇原则与最惠国待遇原则的异同。

4. 就发展经济而言，中国加入世贸组织后会面临哪些机遇和挑战?

5. 简要陈述 WTO 的组织结构。

下篇

国际贸易实务

第七章　商品的品名、品质、数量和包装

［学习目标］

知识目标：能表述合同的标的物及其品质、数量与包装的基本概念，准确说出品质的表示方法、不同度量衡制度下的计量单位，包装的种类和运输标志。

能力目标：能正确表述合同中质量、数量与包装的条款并加以应用。

素养目标：懂得在贸易中要发扬精益求精的工匠精神，不断提升产品品质、质量，提高出口商品的附加值，由中国制造向中国创造转变。

本章重点：

1. 品质的含义及表示方法
2. 商品的数量及计量单位
3. 包装的种类和运输标志
4. 合同中的品质、数量和包装条款

本章难点：

1. 品质的含义及表示方法
2. 包装的种类和运输标志

开篇案例

日本某商人曾按凭样品成交方式，从加拿大进口一批饲料用途的谷物。由于加拿大商人的交货品质太好，使日本海关认为是供人食用的粮食而征收高关税，使日商增加了税收负担。因此，日商诉诸法院要求加拿大商人赔偿因交货品质与样品不同所造成的关税差额损失。你认为，此案应如何判决？请说明理由。

商品的品名、品质、数量和包装是进出口双方交接货物的基本依据，

关系到买卖双方的权利和义务，是贸易合同中的主要条款。本章从签订合同和履约两个方面进行介绍，内容包括国际货物买卖合同中关于商品的品质、数量、包装的基本内容及其在订立合同时应注意的事项。

第一节 合同的标的物

国际贸易买卖合同的“标的”（subject of matter）就是进入国际市场的有形商品，即货物。商品的品名、品质、包装是交易磋商时首先要谈妥的问题，此外，合同的标的必须用一定的数量来表示。而对商品的品名、品质、包装和数量的检验，也是与合同标的密切相关的问题。

一、品名

（一）商品名称的含义

商品的名称（name of commodity）或称“品名”，是指能使某种商品区别于其他商品的一种称呼或概念。商品的名称在一定程度上体现了商品的自然属性、用途以及主要的性能特征。

（二）命名商品的方法

1. 以其主要用途命名

这种方法在于突出其用途，便于消费者按其需要购买。如织布机、旅游鞋、防水服和杀虫剂等。

2. 以其所使用的主要原材料命名

这种方法能通过突出所使用的主要原材料反映出商品的质量。如棉布、羊绒衫、玻璃杯和冰糖雪耳等。

3. 以其主要成分命名

以商品所含的主要成分命名，可使消费者了解商品的有效内涵，有利于提高商品的身价。一般适用于以大众所熟知的名贵原材料的商品。如裘皮大衣、西洋参、蜂王浆、人参和珍珠霜等。

4. 以其外观造型命名

以商品的外观造型命名，有利于消费者从字义上了解商品的特征。如绿豆、喇叭裤、宝塔菜等。

5. 以其褒义词命名

这种命名方法能突出商品的使用效能和特性，有利于促进消费者的购买欲望。如青春宝、美媛春等。

6. 以人物名字命名

即以著名的历史人物或传说中的人物命名，其目的在于引起消费者的注意和兴趣，如孔府家酒等。

7. 以制作工艺命名

这种命名方法目的在于提高商品的威望，增强消费者对该商品的信任。如二锅头、精制油等。

二、列明品名的意义

1. 从法律角度上看

商品的品名是买卖双方在货物交收方面的一项基本权利和义务，按照有关法律和国际惯例，对商品的具体描述是商品说明的一个主要组成部分，是货物交收的基本依据之一。

2. 从业务角度看

商品品名是交易的物质内容，是交易赖以进行的物质基础和前提。

三、品名条款的内容

国际货物买卖合同中的品名条款并无统一的格式，通常在“商品名称”或“商品品名”的标题下，列明交易双方成交商品的名称。

品名条款的规定，取决于成交商品的品种和特点，通常只要列明商品的名称即可。但有的商品，具有不同的品种、等级和型号，为了明确起见，要对具体品种、等级和型号进行概括性的描述，有的甚至把商品的品质规格也包括进去，实际上把品名条款与品质条款合并在一起使用了。

四、规定品名条款应注意的事项

1. 必须做到内容明确、具体

避免空泛、笼统或含糊的规定，以确切地反映商品的用途、性能和特点。

2. 使用国际上通行的名称

若使用地方性的名称，交易双方应事先就其含义取得共识。对于某些新商品的译名，应力求准确、易懂，并符合国际上的习惯称呼。

3. 恰当选择商品的不同名称

恰当选择商品名称，有利于减低关税，方便进出口和节省运费。

4. 切实反映商品实际情况

凡做不到或不必要的描述性词句，都不应列入品名条款。

第二节 商品的品质

一、约定品质条款的意义

商品的品质（quality of goods）是商品的内在素质和外观形态的综合。前者包括商品的物理性能、机械性能、生物特征及化学成分等自然属性；后者包括商品的外观、色泽、款式、味觉和嗅觉等。

《联合国国际货物销售合同公约》规定："卖方交付的货物，必须符合约定的质量。如果卖方交货不符合合同的规定，买方有权要求损害赔偿，拒收货物，甚至撤销合同，商品的品质影响到买卖双方的权利义务。"

商品品质关系到买卖双方的利益，同时还决定商品的价格。

二、表示商品品质的方法

（一）实物样品表示法

1. 看货买卖

看货买卖是根据现有商品的实际品质进行买卖。通常由买方或其代理人在商品所在地验看货物，达成交易后，卖方按验看过的商品交付。只要卖方交付的是验看过的商品，买方就不得对商品质量提出异议。这种方式适用于寄售、拍卖和展卖业务。

2. 凭样品买卖（sale by sample）

样品是指从一批商品中抽取出来的或由生产、使用部门设计加工的，足以反映和代表整批商品品质的少量实物。凭样品买卖是指买卖双方按约定的足以代表实际货物的样品作为交货品质依据的交易。

在国际贸易中，凭样品买卖的种类较多，根据样品提供方的不同可分为三种。

（1）凭卖方样品买卖（sale by seller's sample）。以卖方提供样品作为双方交货的依据，卖方所交货物必须与样品一致。因此，卖方提供的样品必须具有足够的代表性，能够代表整批货物的平均品质。

（2）凭买方样品买卖（sale by buyer's sample）。以买方提供样品的品质作为交货的品质依据进行的买卖，称为凭买方样品买卖。为减少贸易纠纷，一般应在合同中明确规定，若发生由买方来样引起的工业产权第三者权益问题时，与卖方无关，由买方负责。

（3）凭对等样品买卖。卖方按买方提供的样品，复制出经买方确认的样品，这个样品称为“对等样品”（counter sample）或“回样”，也称为“确认样品”（confirmed sample）。

若买/卖方所寄的样品仅仅作为交货品质的参考，而不是交货的依据，则应表明“参考样品”，它不具备法律地位。

（二）文字说明表示法

在国际贸易中，除部分商品的品质不易用文字说明加以描述而采用凭实物样品买卖外，大部分采用的是凭文字说明来表示买卖商品的品质，具体可分为以下六种：

1. 凭规格买卖（sale by specifications）

商品的规格是指商品的主要成分、纯度、含量、强度、拉力、重量、大小、尺寸、粗细等用来反映商品品质的某些主要指标。

2. 凭等级买卖（sale by grade）

商品的等级是指将同类的货物，按其规格的不同，分为不同的等级。通常的表示方法有：大、中、小；特级、一级、二级、三级；1、2、3等，分别用文字、符号、数字来表示。适用的商品有茶叶、鸡蛋、生丝等。

3. 凭标准买卖（sale by standard）

标准是指统一化的规格和等级，一般是由国家机关或有关部门规定，并公布实施的标准化品质指标。标准分为生产商标准、团体标准、国家标准、区域标准，以及国际标准等。在援引标准买卖时一定要明确标准的版本年份，以免引起争议。

国际贸易实际业务中，对于某些农副产品，有时还采用良好平均品质“F. A. Q.”（fair average quality）。F. A. Q. 一般指“大陆货”。相对于“精选货”而言，其交货品质一般以我国产区当年生产该项农副产品的平均品质为依据而确定。合同中要注明 F. A. Q. 字样和年份，需要订立具体规格。“F. A. Q.”适用于大米、棉花、茶叶、小麦等农副产品。在交易中，根据商品提供所需样品，通常还约定具体规格作为品质依据。

4. 凭牌号（sale by brand）或商标（sale by trade mark）买卖

凭牌号或商标买卖是指对某些品质比较稳定并且在市场上已树立良好信誉的商品，买卖双方在交易洽商和签订合同时，可采用商标或牌号来表示品质。

5. 凭产地名称买卖（sale by name of origin）

有些产品因生产地区的自然条件或传统加工工艺在产品品质上独具特色，在买卖双方签订合同时就以商品的产地名称成交，称为凭产地名称买卖。适用于出口信誉卓著、品质良好的农副土特产品，如我国的龙口粉丝、天津鸭梨、绍兴花雕酒、涪陵榨菜等。

6. 凭说明书买卖和图样买卖（sale by description and illustration）

这种方法适用于结构、用材、性能等较复杂的机械、电子、仪表等技术密集型产品的买卖。

三、合同中的品质条款

（一）品质条款的基本内容

表示商品品质的方法不同，合同中品质条款（quality clause）的内容也不尽相同。一般应列明商品的品名、等级、规格、体积、商标、产地名称等。

（二）品质机动幅度和品质公差

在国际贸易的实际业务中，由于产品特性、生产加工条件、运输条件以及气候等因素的影响，有时卖方所交商品品质很难达到合同所规定的要求，为了避免因交货品质与买卖合同的不符造成违约，可以在合同品质条款中作出变通的规定，如品质机动幅度、品质公差等。

1. 品质机动幅度

品质机动幅度是指卖方所交商品品质指标可以在一定幅度内机动。其规定方法有规定范围、规定极限、规定上下差异等，适用于初级产品。

2. 品质公差

品质公差是指由于科学技术水平，生产水平的限制而导致某些工业品在该行业质量上的公认的误差。如机器加工的零件尺寸、钟表的走时，实际都存在一定误差。但只要卖方所交货物的品质差异在品质公差范围内，就被认为达到了合同中的品质要求。

卖方交货品质在机动幅度允许的范围内，货物价格一般按合同计算，不再另做调整。卖方交货品质在质量公差范围内，一般不另行增减价格。

例子：

（1）虎牌打火机，根据2004年1月10日的样品。质量与样品大体一致。

"Tiger" brand lighters as per samples dated Jan. 10, 2004. Quality to be considered and being about equal to the sample.

（2）登丰牌彩色笔，18色，买方包装卡。

"Dengfeng" brand color-pen 18 colors with the buyer's packing card.

（3）中国花生仁，要求水分13%（Max）、不完善粒5%（Max）、含油量44%（Min）。

Chinese peanut kenels, Moisture 13% (Max), Imperfect granules 5% (Max), Oil coutent 44% (Min).

四、订立商品品质条款应注意事项

（一）根据商品的特性，正确使用表示商品品质的方法

在出口交易中，凡可用一种方式表示的，就不要采用两种或两种以上的方法表示，以免给自己造成不必要的交货或生产的困难。

（二）要从生产实际出发，实事求是

品质条款要根据国际市场的需求并结合国内生产的实际来订立，不能订得过高，以免造成生产和对外履约的困难；也不能订得过低，以免影响售价和销路。

（三）要有科学性和灵活性

品质条款的内容和文字应注意科学性、严密性、准确性。但对有些货物，特别是品质规格不易做到完全统一的商品，如某些农副产品、轻工业品及矿产品等，要有一定的灵活性，规定合理的品质机动幅度或品质公差。

第三节　商品的数量

一、商品的计量单位

1. 度量衡制度

目前，国际贸易中常用的度量衡制度有：公制（the metric system）、

美制（the U. S. system）、英制（the British system）、国际单位制（the international system of units）。

2. 国际货物买卖中常用的计量单位

重量单位、个数单位、长度单位、面积单位、体积单位和容积单位等。

（1）重量单位（weight）。公吨[①]（metric ton，M/T）、长吨（long ton，L/T）、短吨（short tom，S/T）、千克（kilogram，KG）、磅（pound，Lb）、盎司（ounce，OZ）等。适用于农副产品、矿产品、部分工业制成品、贵重商品等。这些计量单位的换算关系为：

1 公吨 =0. 9842 长吨 =1. 1023 短吨

1 千克 =2. 2046 磅 =35. 2736 盎司

1 磅 =16 盎司

（2）计量单位（number）。件或只（piece，pc）、双（pair，pr）、台或套（set）、箱（bag）、罗（gross）、打（dozen，doz）、件（package）、令（ream）等。适用于工业制成品、土特产品等。这些计量单位的换算关系为：

1 罗 =12 打 =144 只

1 令 =516 张（一般用来表示印刷纸的张数）

（3）长度单位（length）。公里（kilometer）、米（meter，m）、英尺（foot，ft）、英寸（inch）、厘米（centimeter，cm）、码（yard，yd）等。适用布料、绳索、丝绸等。这些计量单位的换算关系为：

1 公里 =1, 000 米

1 米 =1. 094 码 =3. 2808 英尺 =39. 37 英寸

（4）面积单位（area）。平方米（square meter）、平方英尺（square foot）、平方英寸（square inch）、平方码（square yard）等。适用于玻璃、地毯、塑料制品、皮革制品等。

（5）体积单位（volume）。立方米（cubic meter）、立方英尺（cubic foot）、立方英寸（cubic inch）、立方码（cubic yard）等。适用于木材、天然气等。

（6）容积单位（capacity）。公升（liter，L）、加仑（gallon，gal）、蒲式耳（bushel）等，适用于液体商品的交易。

---

① 1 公吨 =1 吨，按照国际惯例保留公吨，后面不再赘述。

二、商品重量的计算方法

在国际货物买卖中，很多商品采用按重量计量。计算重量的方法如下。

1. 按毛重计算

毛重（gross weight）指商品本身重量加上包装的重量。有些商品单位价值较低（如谷物等）或以净重计量有困难，用“以毛作净”的方法计算重量，作为计价和交易的依据。

2. 按净重计算

净重（net weight）是商品本身的重量并不含包装物的重量。用净重计算商品的重量时，计算包装物重量的方法有以下四种。

（1）按实际皮重（actual tare）计算。将商品的包装物逐一过秤后的实际重量。

（2）按平均皮重（average tare）计算。在包装物的重量大致相同的情况下，取若干件包装的实际重量，计算包装的平均重量。

（3）按习惯皮重（customary tare）计算。有些较规格化的包装，市场公认其重量，即习惯皮重。

（4）按约定皮重（computed tare）计算。按买卖双方约定的包装重量为准，不用过秤。

在国际贸易中，买卖双方选取何种计算净重的标准，由双方约定写入合同，以防引起争议，造成履约困难。如果没有在合同中明确规定采用毛重还是净重计价的，应以净重计价。

3. 按公量计算

公量（conditioned weight）是用科学方法抽去商品中的水分，再加上标准水分重量所得的重量。有些商品，如羊毛、生丝等价值较高，含水量不稳定，影响商品的重量，因此用公量来计算这类商品的重量。计算公式如下：

$$\text{公量} = \text{干量} + \text{标准含水量}$$
$$= \frac{\text{实际重量} \times (1 + \text{标准回潮率})}{1 + \text{实际回潮率}}$$

例如，某公司出口一批羊毛，双方约定标准回潮率为10%，现有羊毛100公吨，经过测定，实际回潮率为8%，计算该批羊毛的公量为多少公吨？

$100 \times (1 + 0.10) \div (1 + 0.08) = 101.85$（公吨）

4. 按理论重量计算

理论重量（theoretical weight）是指一些商品有固定规格、尺寸，重量大致相等，通过件数计算其重量，如马口铁、钢板等。

三、合同中的数量条款

（一）数量条款的基本内容

合同中数量条款（quantity clause）的基本内容包括买卖双方成交商品的数量、计量单位、计量方法，若以重量为计算方法的，还要表明按毛重或净重等。

（二）正确利用数量机动幅度

在实际履约过程中，由于商品特性、生产条件、运输工具的承载能力，以及包装方式的限制，卖方要做到严格按量交货确有一定困难。为了避免因卖方实际交货不足或超过合同规定而引起的法律责任，方便合同的履行，对于一些数量较难严格控制的商品，可以在合同中加订一个数量机动幅度条款，通常称溢短装条款。

溢短装条款（more or less clause）是在买卖合同的数量条款中，明确规定卖方允许多装或少装的百分比，其幅度不超过规定的百分比为限。如100公吨，卖方可溢短装5%（100m/t，with 5% more or less at seller's option）即卖方交货量可在95～105m/t之间。具体内容如下：

（1）可溢短装的百分比。视商品的特点、数量、交易习惯、运输工具等情况确定。

（2）溢短装的选择权在买方或卖方。

（3）溢短装的计价。一般按合同价格计算，也可以按装船日或到货日的国际市场价格计算。

在跟单信用证业务中，按国际商会《跟单信用证统一惯例》规定："大约""近似"或类似意义的词语用于涉及信用证规定的数量时，应解释为允许有关数量有10%的增减。b款规定除非信用证规定数量不得增减，只要支取金额不超过信用证金额，对散装货物的买卖，可有5%增减幅度。

示例：

①1,000公吨，2%溢短装。

1,000M/T，with 2% more or less.

②10,000只，卖方有权溢短装5%，该部分根据合同价格结算。

10, 000 pieces. The seller has the option to load 5% more or less than the quantity contracted, each difference shall be settled at the contract price.

第四节　商品的包装

一、商品包装的意义

进出口商品一般都需要经过长距离辗转运输，有时还需要多次装卸、搬运和存储。因此，大多数商品都需要适当的包装。包装不仅能起到保护商品、保障运输的作用，而且还能美化商品、宣传商品，同时包装本身还是货物说明的组成部分。

商品包装的要求是科学、经济、牢固、美观和实用。

有些国家的法律把商品包装作为货物说明的组成部分。在国际贸易中，包装条件是合同的一项主要交易条件。

二、商品包装的种类

（一）销售包装

销售包装（selling packing）又称内包装或小包装，是在商品进入零售环节和消费者直接见面时的包装。主要目的是便于陈列和展销；便于消费者识别、选购、携带、保存等，具有美化商品、促进销售的功能。

1. 种类

（1）堆叠式，如罐、盒类商品。

（2）挂式，如包装上的挂钩、挂孔等。

（3）携带式，如手提袋等。

（4）喷雾式，如液体喷雾器等。

（5）易开式，如易拉罐等。

2. 销售包装的要求

商品的销售包装应适应国际市场的需要，便于陈列展销、便于识别商品、便于携带和使用、要有艺术吸引力，以吸引顾客、提高售价和扩大销售。

（二）运输包装

运输包装（transport package）又称外包装、大包装。将货物装入特定容器内，以特定方式成件或成箱包装，可以在长途运输过程中，有效保护商品不被损坏；也便于运输，节省费用；避免因气候条件对商品产生不利影响。

1. 种类

（1）单件运输包装。

箱装（case）：分木箱、纸箱、铁箱、塑料箱等、适用于不能积压的货物，如服装等。

袋装（bag）：分纸袋、塑料袋、布袋、麻袋等。适用于农产品和化学肥料等货物。

桶装（drum）：分木桶、铁桶、塑料桶等。适用于液体、粉状物等货物的包装。

捆（bundle）或包（bale）形式的包装：将货物用棉布、麻袋包装、在外面加箍铁和塑料袋的包装方式。适用于羊毛、棉花等可压紧的货物。

（2）集合运输包装。将单件运输包装组成一个大的包装，在国际贸易中常见的集合运输包装有集装袋或集装包（flexible container）、集装箱（container）、托盘（pallet）等。

2. 运输包装的要求

国际贸易商品采用的运输包装要求严格。应符合商品的特点，满足运输方式的要求，符合交易方的贸易规则，便于货物装运、方便操作。

3. 运输包装的标志

运输包装的标志是指为了方便货物运输、装卸及储存保管，便于识别货物而在商品外包装上刷写的标志。按其作用分为以下三类：

（1）运输标志（shipping mark）。习惯上称为“唛头”（Mark），它通常由一个简单的几何图形和一些字母、数字、简单文字组成。便于运输、辨认货物、顺利完成交易等，防止错发错运。

为了便于计算机在运输和单证流转方面的应用，国际标准化组织向各国推荐使用标准化运输标志，其基本内容如下：

①主要标志，即收货人或买方的名称字首或简称。

②参照号码，也可以加上参考号，如合同号码、发票号，可在简单的几何图形中反映。

③目的地（或目的港）名称。需经过某地（港口）转运的，在目的地（目的港）下面加上转运地（港）名称，便于运输部门正确装运。

④件数号码。包装货物的总件数和每件货物的顺序号。如“No. 1—100”。

例如：ABC	收货人名称缩写
SC－200505	参考号
HAMBURG	目的地（目的港）
NO. 1—100	件数及箱号

唛头一般被刷在运输包装的侧面，通常又称“侧唛”，如图7－1运输标志所示。

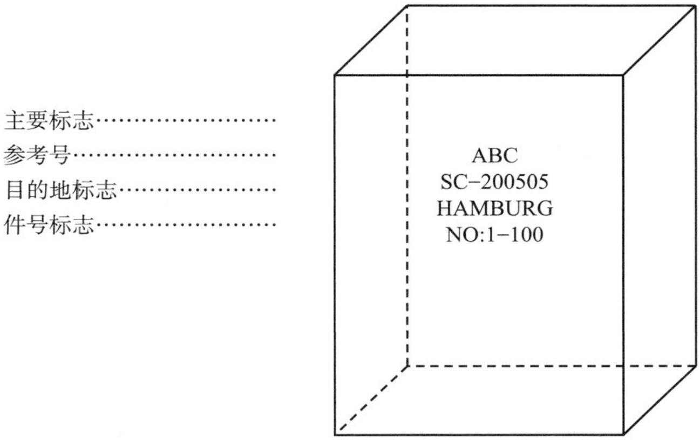

图7－1　运输标志

包装上采用的运输标志，按合同规定，如合同和信用证都没有规定具体要求，由卖方决定。

（2）指示性标志（indicative mark）。对一些易碎、易损、易变质的商品，在商品包装上标注醒目的标志，以引起装运人员的注意，便于运输、仓储，保护人员、货物的安全。向上标志、怕湿标志如图7－2（a）、图7－2（b）所示。

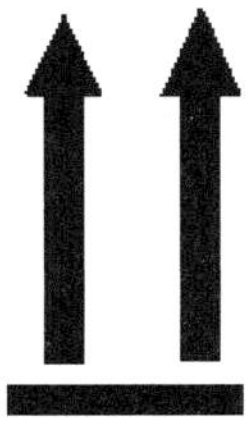

THIS WAY UP
（a）向上标志

KEEP DRY
（b）怕湿标志

图7－2　指示性标志

（3）警告性标志（warning mark）。警告性标志又称危险品标志，是在装有危险品、易燃品、有毒气体、腐蚀性物品和放射性物品等的运输包装上用文字或图形表示各种危险品，提示工作人员警惕、采取安全措施，保护工作人员、货物的安全。

联合国海事协商组织规定，在出口危险品的外包装上要刷写“国际海运危险品标志”。在制作危险品标志时，我国颁布有《包装储运标志》和《危险货物包装标志》。易燃气体标志、有毒气体标志如图 7－3（a）、图 7－3（b）所示。

（a）易燃气体标志
（符号为黑色或白色；底色为正红色）

（b）有毒气体标志
（符号为黑色，底色为白色）

图 7－3 警告性标志

（三）定牌、无牌和中性包装

定牌：是卖方按买方要求在其出售的商品或包装上标明买方指定的商标或牌号。是为了扩大商标、牌号的知名度，扩大商品的销售市场，用于国外长期性、大数额的订货。

无牌：在出口商品上或包装上不用任何商标和牌号，用于半制成品或低值易耗品。为了降低成本，节省费用。

中性包装：在商品上和内包装、外包装上不注明生产国别的包装。主要为了打破一些进口国和地区的关税、非关税壁垒，扩大商品出口。中性包装分无牌中性包装和定牌中性包装。中性包装的做法在贸易中常引起争议，应慎用。

三、合同中的包装条款

（一）基本内容

买卖合同中包装条款（packing clause）的内容一般包括包装材料、包装方式、包装商品的数量或重量。

例：(1) 木箱包装，每箱 100 千克净重。

In wooden cases of 100 kgs net each.

(2) 木箱包装，每箱 500 只。

In cartons of 500 pcs each.

(3) 每箱 1 套，共计 1, 200 箱。

To be packed in cartons of one set each, total 1, 200 cartons.

(二) 订立包装条款的注意事项

(1) 规定包装时应明确、具体，不宜采用“海运包装”“习惯包装”等含糊其词的词语，这种缺乏统一的解释，易引起贸易纠纷。

(2) 为履行合同，应考虑世界各国对包装的特殊要求，考虑交易方的风俗习惯、贸易惯例等。

(3) 按《联合国国际货物销售合同公约》规定，卖方交付的货物，需按照合同规定的方式装箱或包装。

(4) 在包装条款中明确使用包装方式和包装材料。

(5) 包装条款中应规定所用的运输标志。

(6) 包装条款中对包装费用应规定清楚。

小　　结

扫描二维码阅读《联合国国际货物销售合同公约》

(1) 标的是指法律行为所要达到的目的，包括交付财产、提供劳务、完成工作等。如买卖合同中买或卖的某物就是标的，在这种情况下，标的也称“标的物”。国际货物买卖合同的标的是进入国际贸易领域的货物。

(2) 明确规定标的物及其品质要求，是商订国际货物买卖合同时必须首先解决的问题。由于进入国际贸易领域的货物种类较多，即使是同一种商品，其品种、花色、质量、产地、外形等也会有所不同。如果卖方所交货物不符合约定的品质、数量和包装，买方有权提出损害赔偿要求，直至拒收货物或撤销合同。因此，在交易中对商品的品质、数量和包装进行磋商，在合同中定明相应的条款，不仅具有重要的法律意义，而且具有重要的实践意义。

思政园地

某公司向印度尼西亚客户出口摩托车配件，品名为 M－1303R/L，但该公司提供的却是 M－13018/L，这两款型号的配件在外观上十分相似，但是却用在不一样的车型上，外国客户不接受，给该公司两种选择，一是换货，二是降价。该公司考虑到退货手续较烦琐，费用太高，因此只好降价 10%，才算了结此案。外贸行业人士都知道商品的质量是进出口合同中不可或缺的主要条件之一，这一条款非常重要。卖方如果不诚信，就造成重大违约，赔偿老外损失是无法避免的。

思考：如何看待外贸企业的诚信建设？

习　题

一、单项选择题

1. 如果我方准备进口一套机电设备，一般应选用的表示品质的依据为（　　）。

A. 凭卖方样品　　B. 凭买方样品

C. 凭说明书买卖　　D. 凭商标和牌号买卖

2. 品质公差主要用于（　　）。

A. 农副产品　　B. 初级产品　　C. 土特产品　　D. 工业产品

3. 买卖合同中规定溢短装条款，是允许卖方（　　）。

A. 在交货质量上有一定幅度的差异

B. 在交货数量上有一定幅度的差异

C. 在包装规格上有一定幅度的差异

D. 在交货品质上有一定幅度的差异

4. 按重量买卖的商品，若合同中未规定计算重量的方法时，习惯上按（　　）计重。

A. 毛重　　B. 净重

C. 公量　　D. 毛、净重各 50%

5. 在国际贸易中，木材、天然气和化学气体习惯的计量单位（　　）。

A. 按重量计算　　B. 按面积计算

C. 按体积计算　　D. 按容积计算

6. 我国法定的度量衡制度是（　　）。

A. 公制　　B. 国际单位制

C. 英制　　D. 美制

7. 国外来证规定，交货数量为 10, 000 公吨散装货，未表明可否溢短装，不准分批装运，根据《UCP600》规定，卖方发货的（　　）。

A. 数量和总金额均可增减 10%

B. 数量和总金额均可增减 5%

C. 数量可增减 5%，总金额不得超过 10%

D. 总金额可增减 5%，数量不得超过 10%

8. 信用证所规定的信用证金额、单价及商品的计量单位，其前面如有“about”字样，允许的最大差额为（　　）。

A. 10%　　B. 5%　　C. 8%　　D. 15%

9. 根据国际惯例，唛头一般不包括以下哪项内容？（　　）

A. 收、发货人名称的英文缩写

B. 参考号

C. 件号

D. 包装尺寸

10. 某外商欲购我方“菲力”牌电扇，但要求改用“格力”商标，并不能注明产地，外商这一要求的实质是（　　）。

A. 无牌中性包装　　B. 定牌中性包装

C. 运输包装　　D. 销售包装

二、判断题

1. 在出口贸易中，表达品质的方法多种多样，为了明确责任，最好采用既凭样品又凭规格买卖的方法。（　　）

2. 某外商来电要我方提供大豆，按含油量 18%、含水量 14%，不完善粒 7%，杂质 1% 的规格订立合同。对此，在一般条件下，我方可以接受。（　　）

3. 采用样品成交时，为了争取国外客户，应尽量选择质量最好的样品。（　　）

4. 在品质公差范围内的品质差异，买方不得拒收货物，也不得要求调整价格。（　　）

5. 在国际贸易中，羊毛一般以理论重量来计量。（　　）

6. 如果卖方交货数量超过买卖合同规定数量，买方有权拒收全部货物。（　　）

7. 指示性、警告性标志不仅需要刷在商品外包装上，还需要显示在有关的单据上。 （ ）

8. 以下包装条款是正确的：木箱装，然后装托盘。 （ ）

9. 包装费用通常在单价以外另行计价。 （ ）

10. 指示性标志用图形或文字表示。 （ ）

三、简答题

1. 什么是对等样品？

2. 什么是溢短装条款？对溢短装部分商品的价格应如何确定？

3. 什么是中性包装？

4. 运输包装与销售包装的要求各有何不同？

5. 何谓唛头？一般包括哪些内容？

四、案例分析

[**案例 7－1**] 2018 年，广州市秋季交易会期间，我国某公司同日本 D 产业株式会社签订了一份出口羊绒衫的合同。根据合同条款的规定，由我方公司按 CFR 横滨每件 10 美元卖给日本 D 产业株式会社羊绒衫一批，数量为 10,000 件，羊绒含量为 100%；付款条件为即期信用证，以卖方出具的发票、提单、品质检验证书作为付款的依据。买方有权在货物抵达目的港后予以复验，检验费由买方自理。

该批货物于 2019 年 4 月 2 日运出，4 月 6 日抵达横滨港。日方根据合同的规定，请日本某检验机构开箱检验。经检验，羊绒含量为 70%，于是日方即以货物成分含量不符合同要求为由，向我方公司提出异议。我方公司对日方的异议表示不予受理，理由是该笔交易是在广交会上经买方当面看样成交的，并且是在买方同意的情况下签约的，而实际交货又与样品一致，因此应认为货物品质已符合双方约定。

2019 年 9 月，日方在争议不能得到协商解决的情况下，发函向中国国际贸易仲裁委员会提请仲裁。在仲裁申请书中，要求赔偿起损失 2 万美元，以及公证费 0.1 万美元，两项合计 2.1 万美元。

最后，中国国际经济贸易仲裁委员会从中协调，提出了解决问题的建议。在双方相互谅解的情况下，我方公司表示在品质表示法上处理不当，该合同确实存在不妥之处，但货物质量没有问题；D 产业株式会社也表示愿意放弃原来的赔偿金，从而使争议得以解决。

试评析此案。

[**案例 7－2**] 2019 年 6 月，我国某出口企业与美国某公司签订了一份

本厂生产的出口合同，数量为 600 公吨（允许溢短装 5%），单价为 CIF 纽约 520 美元/公吨，总值为 312,000 美元，结算方式为不可撤销即期信用证，装运期为 2004 年 8 月。

7 月 12 日，对方按约定开来了信用证，经审核，信用证中货物的数量、单价、总值按合同开立，从表面上显示，这是一份完全按合同开立的信用证。

8 月 10 日，该企业按信用证“数量为 600 公吨，可溢短装 5%”的规定装运 630 公吨货物，并制作全套的单据于 8 月 16 日向开证行收款。

8 月 20 日，我国出口企业接到由通知行转来的拒付书，理由是：发票金额为 327,600 美元，大于信用证金额 312,000 美元。

我国出口企业经分析明白，原来信用证的金额未包括溢装的 5% 货物款。只好重新开出金额为 312,000 美元的发票，向开证行收回了部分货款。其余 30 公吨的货款，进口商拒绝付款，而这时我国出口企业已没有控制货物所有权的任何凭证，鉴于金额比较小，要通过诉讼程序解决比较麻烦，该出口企业只得放弃收款的权利，给企业造成 15,600 美元的损失。

试评析此案。

第八章 国际货物运输与保险

［学习目标］

知识目标：能正确表述国际货物的运输方式和相关基本概念，分清国际货物运输方式、运输单据种类以及国际货物海洋运输保险的基本种类。

能力目标：能准确计算国际货物运输费用及保险费用，区分国际货物海洋运输保险三个险别，并能结合相关的案例进行分析。

素养目标：树立风险意识，提升耐挫能力。

本章重点：

1. 国际货物运输方式
2. 运输单据及其种类
3. 我国海洋运输货物保险条款（CIC）
4. 合同中的装运及保险条款

本章难点：

1. 运输单据及其种类
2. 国际运输保险的险别及其关系

开篇案例

［**案例8－1**］我国企业出口2,000公吨大米至新加坡，国外开来信用证规定：不允许分批装运。结果我国企业在规定的期限内分别在烟台、连云港各装1,000公吨于同一航次的“长江轮”上，提单也注明了不同的装运地和不同的装船日期。请问这是否违约？银行能否议付？

［**案例8－2**］某年7月21日当日500吨白糖被卸在港口，港口管理部门将货物存放在其所属的仓库中，C公司开始委托他人办理报关和提货的手续，7月24日晚，港口遭遇特大海潮，共计200吨白糖受到浸泡，全部损失。C公司向保险公司办理理赔手续时被保险公司拒绝，理由是C公司已将提单转让，且港口仓库就是C公司在目的港的最后仓库，故保险

责任已终止。保险公司的保险责任是否在货物进入港口仓库或C公司委托他人提货时终止?

对外贸易运输是国际商品贸易交易过程中的重要环节，对外贸易运输业务涉及装运时间、运输方式、装运港、目的港及装运单据等内容。由于国际货物运输受自然灾害、意外事故等因素的影响较大，由此更需要进行运输保险。本章介绍国际货物运输保险的各种险别、保险条款及保险金额的确定、保险费的计算及保险索赔等知识。

第一节　国际货物运输

一、运输方式

现代国际贸易使用的运输方式主要有海洋运输、内河运输、铁路运输、公路运输、航空运输、邮政运输和国际多式联运等。对于进出口双方来说，应根据进出口货物的性质、运量的大小、路程的远近、需要的缓急、运费的高低、装卸地的情况、法令制度的规定、气候与自然条件，以及国际政治形势的变化等因素，审慎地选择合理的运输方式，这对顺利完成进出口货物运输的任务是很重要的。

（一）海洋运输

国际海上货物运输是指利用海洋通道，使用船舶在国内外港口之间，通过一定的航区和航线运送货物的一种运输方式，简称海运。

由于海上运输具有运载量大、通行能力强、运费低廉等优点，因此许多国家特别是沿海国家和地区都采用海洋运输。当前，世界上国际贸易货物有2/3以上是通过海上运输来完成的，海上运输已成为目前国际贸易中最重要的运输方式。

1. 班轮运输

班轮运输（liner shipping）又称定期船运输，是指班轮公司将船舶按事先制定的船期表（liner schedule），在特定航线的各既定挂靠港口之间，经常地为非特定的众多货主提供规则的、反复的货物运输服务，并按运价本或协议运价的规定计收运费的一种运输方式。

（1）班轮运输的特点：

①“四固定”即固定航线、固定港口、固定船期和相对固定的运费率。这是班轮运输的最基本特征。

②班轮运费中已包括装卸费用，即承运人负责货物的配载装卸，并支付装卸费用；承托双方不计算滞期费和速遣费，也不规定装卸时间，而是按照港口习惯快速装卸（customary quick despatch，C. Q. D.）。

③在杂货班轮运输中，承运人对货物的责任期间是从货物装上船起，到货物卸下船止，即“船舷至船舷”（rail to rail）或“钩至钩”（tackle to tackle）；在集装箱班轮运输中，承运人对货物的责任期间是从装货港接受货物起至卸货港交付货物止，通常班轮公司对集装箱的交接方式是CY/CY。

④承托双方的权利、义务和责任豁免以承运人签发的班轮提单背面条款为依据，并受国际公约的制约。

（2）班轮运费。

①班轮运价表（liner's freight tariff），也称费率本或运价本，是船公司承运货物向托运人据以收取运费的费率表的汇总，运价本主要由条款和规定、商品分类、费率三部分组成。各班轮公司或班轮公会都有自己的运价表。依制定主体的不同，有班轮公会运价表、班轮公司运价表、双边运价表、协议运价表；就费率形式的不同，可分为等级费率运价表和商品费率运价表。我国目前广泛使用的外运3号本、中运6号本就属等级费率运价表。在该表中，商品分20个等级。一级费率最低，20级费率最高。

②班轮运费的构成。班轮运费由基本运费和附加费用两部分构成。

基本运费（basic freight）是班轮运费的主体，根据基本费率和计费吨算出。附加费用（surcharge or additional）是班轮公司在基本运费之外加收的费用，一般是班轮公司根据不同情况，为抵补运输中额外增加的费用开支或在遭受一定损失时而收取的费用。

班轮附加费用名目繁多，主要有燃油附加费（bunker surcharge，BS；or bunker adjustment factor，B. A. F.）、港口附加费（port surcharge）、转船附加费（transhipment surcharge）、绕航附加费（deviation surcharge）、超重附加费（heavy lift additional）、超长附加费（long length additional）、直航附加费（direct additional）等。

（3）班轮运费的计算标准。

①按货物的毛重计收。如以公吨、长吨或短吨为计算单位，统称重量吨（weight ton）。运价表中以“W”表示。

②按货物的体积计收。如以1立方米或40立方英尺为计算单位，统称尺码吨（measurement ton），运价表中以“M”表示。

③按货物的毛重或体积，选择其中较高者计收，运价表中以“W/M”表示。

④按货物的FOB价格总值的一定百分比计收，又称从价运费。运价表中以“A. V.”或“Ad. Val.”表示。

⑤按货物的重量、体积或总价值三者中最高的一种计收。运价表中以“W/M or Ad. Val.”表示。

⑥按货物重量或体积中较高者计收，再加上从价运费。运价表中以“W/M plus Ad. Val.”表示。

⑦按货物的件数计收。如车辆按“每辆”，牲畜按“每头”等计收。

⑧由货主和船公司临时议定运价。以“open rate”表示。

在运价表中，计算单位为运费吨（freight ton），包括重量吨和尺码吨。实际业务中，以“W”“M”“W/M”方式计收运费的较多。贵重商品多以“Ad. Val.”方式从价计收。

关于附加费的计算有两种方式：一是以基本运费的一定百分比计收。二是以每运费吨若干金额计收。

2. 租船运输

租船运输（charter transport）又称不定期船运输（tramp shipping），是指租船人向船东租赁船舶用以运输货物的一种运输方式。租船有租赁整船和租赁部分舱位两种方式。实际业务中以租赁整船为主。

（1）特点：

①属不定期船（tramp），无固定的航线、挂靠港和船期，一切由租船双方在装运前协商确定。

②运价不固定，受市场供求的约束，随租船市场行情的变化而变化。

③租船运输中的港口使用费、装卸费及船期延误等责任费用的划分由双方议定。

④租船运输主要适用于大宗货物的运输，如粮食、矿砂、石油、木材等。

⑤租船人和出租人双方之间的权利、义务和责任以签订的租船合同为准。

（2）形式：

①定程租船（voyage charter）简称程租，又称航次租船，是指以航次为基础的租船方式。这是最基本的一种租船经营方式，在国际租船业务中被广泛采用。

定程租船中，根据承租人对货物运输的需要，而采取不同的航次数来约定航次租船合同。其特点：一是船舶的经营管理由船方负责；二是规定一定的航线和转运的货物总类、名称、数量以及装卸港口；三是船方除对船舶航行、驾驶、管理负责外，还应对货物运输负责；四是运费按所运货物数量计算；五是规定一定的装卸期限或装卸率，并计算滞期费、速遣费。

②定期租船（time charter）又称“期租船”或“期租”，是指由船舶所有人将特定的船舶，按照租船合同的约定，在约定的期限内租给承租人使用的一种租船方式。定期租船特点：一是租赁期内，船舶的经营管理由租船人管理，调动和使用；二是不规定船舶航线和装卸港口，只规定船舶航行区域；三是除特别规定外，可以装运各种合法货物；四是船方负责船舶的维护、修理，保证机器的正常运转；五是不规定装卸期限或装卸率，不计算滞期费、速遣费；六是租金按租期每月每吨若干金额计算。

③光船租船（bar-boat charter）又称船壳租船，实质上是一种财产租赁方式，船东不具有承揽运输的责任。在租期内，船东只提供一艘空船给承租人使用，船舶的船员配备、营运管理及一切固定或变动的营运费用都由承租人承担。船东在租期内除收取租金外，对船舶和其经营不再承担任何责任和费用。

（3）租船运输费用：

①基本运费。程租船基本运费是指从装运港到目的港的海上运费。其计算方式有两种：一种是按运费率计算。但要注意的是按装船重量（in taken quantity）计算，还是按卸船重量（delivered quantity）计算。另一种是整船包价（lump sum freight），即对于特定载货重量和容积的船舶，规定一个包船价格，不管租方实际装货多少，一律按包价支付。

②装卸费。在程租船运输中，关于货物的装卸费用，程租合同中有明确规定。

③滞期费和速遣费。在程租运输中，由于装卸货时间的长短影响到船舶的使用周期和在港费用，这直接关系到船方的经营效益。因而为节省船期，在程租合同中一般都规定有租船人在一定时间内未完成装卸作业的条款，即许可装卸时间条款，或称装卸期限条款。

如果租船人未能在许可装卸时间内未完成装卸作业，则自许可装卸时间终止到实际装卸完毕时的这段时间称之为滞期，为此，租船人须向船方支付一定的罚款，以补偿船方的损失。这种罚款称为滞期费（demurrage）。速遣是指租船人在许可装卸时间终止前，提前完成装卸作业，由于节省了船期，船方要向租船人支付一定的奖金，这称之为“速遣费”（despatch money）。速遣费通常规定为滞期费的一半。

（二）铁路货物运输

铁路运输（rail transport）是我国对外贸易运输中仅次于海洋运输的一种重要运输方式，其具有运量较大、风险小、速度快及连续性强等优点，在贸易运输中占重要地位。特别是内陆国家间的贸易，铁路运输的作用尤为显著。

1. 国际铁路货物联运

国际铁路货物联运是指两个或两个以上国家，按照协定，利用各自的铁路，联合起来完成一票货物的全程运输的方式。它使用一份统一的国际联运票据，由一国铁路向另一国铁路移交货物时，无须发、收货人参加，铁路当局对全程运输负连带责任。

2. 国内铁路运输

国内铁路运输是指进出口货物在一国范围内的铁路运输。出口货物由铁路运输到装运港口或进口货物卸船后由铁路运至内地，均属国内铁路运输。我国大陆往香港、澳门地区的铁路货物运输也属国内运输。

（三）航空货物运输

航空运输（air transport）作为一种现代化的运输方式，具有速度快、准确方便、节省费用且不受地面限制等优点。对于一些体积小、贵重、量小而急需的商品如电脑、电子产品和药品等，易腐、鲜活和季节性强的商品尤适宜于航空运输。主要有以下类型：

1. 班机运输（airliner transport）

班机运输是指在固定航线上，按固定时间，固定始发站、目的站和途经站进行货物运输的方式，一般为客货混载，因而舱位有限。

2. 包机运输（chartered carrier transport）

包机运输是指租机人租用整架飞机或若干租机人合租一架飞机运送货物的方式，分为整架包机和部分包机两种形式。整架包机适用于大宗货物的运送；部分包机适用于多个客户，且货物到站又是同一地点的货物运输，运费相对班机较低。

3. 集中托运（consolidation transport）

集中托运是指航空代理公司把若干批单独发运的货物，按照到达的同一目的地，组成一整批向航空公司办理托运，用一份总运单将货物发送到同一目的站，由预定的代理人负责收货、报关、分批后交给实际收货人的一种运输方式。集中托运可以使用较合理的运价，节省运费。

4. 航空快运方式（air express）

航空快运方式指由专门经营快递业务的公司与航空公司合作，派专人以最快的速度在发货人、机场、收货人之间传递货物的方式，比较适合于急需的药品、贵重物品、合同资料及各种票据单证的传递。

（四）公路、内河、邮政和管道运输

1. 公路运输（road transport）

公路运输也是陆上运输的一种基本运输方式。公路运输机动灵活、方便，是港口、车站、机场集散进出口货物的重要手段。尤其在目前“门到门”的运输业务中，公路运输发挥着不可替代的作用。由于我国幅员辽阔，在陆地上与许多国家相邻，所以在我国边疆地区与邻国的进出口贸易交换中，公路运输也占据了重要地位。

2. 内河运输（inland waterway transport）

内河运输属于一种水上运输方式，具有成本低、运量大等优点，是连接内陆腹地与沿海地区的纽带，在现代化运输中起着重要的辅助作用。

3. 邮政运输（post transport）

邮政运输是通过邮局来运送货物的一种方式，该运输方式具有国际多式联运和“门到门”的性质。进出口贸易采用该运输方式时，卖方只需按条件将商品包裹交付邮局，付清邮费并取得收据（parcel port receipt），就算完成交货义务。邮政运输对包裹的重量、体积有一定限制，所以适用于小件货物的运送。

4. 管道运输（pipeline transport）

管道运输比较特殊，它是货物在管道内借助高压气泵和压力输往目的地的一种运输方式，主要适用于运送液体和气体货物。

（五）集装箱运输

集装箱运输（container transport）是指以集装箱为基本运输单位，采用海陆空等运输方式将货物运往目的地的一种现代化运输方式。与传统的货物运输方式相比，集装箱运输可以取得提高装卸效率、加快货运速度、提高货运质量、节省包装费及运杂费、降低运输成本等经济效果；而且，以集装箱作为运输单位，还有利于组织多种运输方式，进行大量、快速、廉价、安全的联合运输。

当前，在各国的集装箱运输中，广泛使用的是干杂货集装箱（dry cargo container）。该集装箱适于装载各种干杂货。此外，运输中还使用冷藏集装箱、散货集装箱、开顶集装箱、框架集装箱、罐式集装箱等类型，以适应某些特定货物的运输需要。

（六）国际多式联运

国际多式联运是在集装箱基础上发展起来的一种高效、现代化的联合运输方式。通常以集装箱为媒介，把各种单一的运输方式有机结合起来，构成一种国际性的连贯运输。《联合国国际多式联运公约》对其定义如下：国际多式联运是指由多式联运经营人按照多式联运合同，以至少两种不同的运输方式，将货物从一国境内接收地点运至另一国境内指定交货地点的一种运输方式。主要有海陆、海空、陆空联运等。

国际多式联运业务的开展，须具备下列条件：

（1）负责全程运输的多式联运经营人必须与发货人订立多式联运合同。

（2）多式联运经营人必须对全程运输负责。

（3）必须是国际货物运输。

（4）必须是两种以上运输方式下的连续运输。

（5）多式联运的费率为全程单一运费率。

（6）多式联运经营人签发一份全程多式联运单据。

二、装运条款

（一）运输方式

在出口合同中，对一般运输方式应事先约定。如采用联合运输方式中的“陆空陆”方式，则应订明如“从杭州运到上海，由此空运到中转地或目的地，再由卡车运至最终目的地”（By train from Hangzhou to Shanghai and then to a reforwarding town or to destination by air freight and then onwards by truck to ultimate destination）这样的条款。

（二）装运时间

1. 规定在某月或跨月装运

即装运时间限于某一段确定时间（a period of time）。

例：shipmen during March 2017（2017 年 3 月装运）

即卖方可在 2017 年 3 月 1 日至 3 月 31 日这一段期间的任何时间装运出口。

Shipment during April/May 2017（2017 年 4～5 月装）

即卖方可在 2017 年 4 月 1 日至 5 月 31 日这一段期间的任何时间装运出口。

2. 规定在某月底或某日前装运

即在合同中规定一个最迟装运日期，在该日期前装运有效。

例：shipmen at or before the end of August，2017（在 2017 年 8 月底或以前装运）

Shipment not later than June 15th，2017（2017 年 6 月 15 日前装运）。

3. 规定在收到信用证后一定期限内装运

在对买方资信了解不够或防止买方可能因某些原因不按时履行合同的情况下，可采用此种方法规定装运时间，以保障卖方利益。远洋运输规定不少于 1 个月，近洋运输不少于 20 天。

例：Shipment within 30 days after receipt of L/C.

即收到信用证后 30 天内装运。

另外，为防止买方拖延或拒绝开证而造成卖方不能及时安排生产及装运进程的被动局面，合同中一般还同时订立一个限制性条款，即规定信用证的开立或送达期限。

例如：The buyers must open the relative L/C to reach the sellers not later than August 31，2017.

买方不迟于 2017 年 8 月 31 日将信用证开到卖方。

4. 近期装运术语

此类术语主要有“立即装运”（immediate shipment）、“迅速装运”（prompt shipment）、“尽快装运”（shipment as soon as possible）等。这些近期术语在国际上并无统一的解释，因而为避免误解引起纠纷，除买卖双方有一致理解外，应尽量避免使用。《〈跟单信用证统一惯例〉国际商会第600号出版物》（Uniform Customs and Practice or Documentary Credit，ICC Publication No. 600，2007 revision，UCP 600）中明确规定："不应使用诸如'迅速''立即''尽快'等词语，否则，银行将不予理睬。"

（三）装运港（地）和目的港（地）

装运港（地）和目的港（地）的规定关系到买卖双方履行义务、划分风险责任、费用结算等问题，因而须在合同中做出具体规定。

一般情况下，装运港（地）由卖方提出，经买方同意后确定的；目的港则是由买方提出，经卖方同意后确定的。实际业务中，装运港和目的港的选择应考虑多方面因素。选择装运港时，要注意选择靠近产地、交通方便、费用较低、基础设施较完善的地方，特别注意装运港（地）的装载条件是否适合，且多订几个装运港（地）便于灵活选择。

目的港（地）的选择，要考虑如下因素：

（1）要注意不能以我国政府不允许进行贸易往来的国家或地区作为目的港（地）。

（2）目的港必须是船舶可以安全停泊的港口（非疫、非战争地区），争取选择装卸条件良好、班轮经常挂靠的基本港口。若货物运往无直达班轮或航次较少的港口，合同中应规定"允许转船"条款。

（3）目的港（地）的规定应明确具体。一般不宜笼统定为"某某地区主要港口"，如"非洲主要港口"（african main ports）等，以免因含义不明使卖方陷入被动。

（4）除非采用多式联运方式运输，否则一般不接受内陆城市为目的地的条款，如向内陆国家出口货物，应选择离目的地最近且卖方能安排船舶的港口为目的港。

（5）合理使用"选择港"。采用"选择港"时，应注意：第一，"选择港"数目一般不要超过3个；第二，备选港口应在同一航线上，且是班轮都挂靠的港口；第三，合同中应明确规定买方最后确定目的港的时间；第四，合同中应明确因选择港而额外增加的运费、附加费等均应由买方承担；第五，运费应按选择港中最高的费率和附加费计算；第六，按一般惯例，如货方未在规定时间通知船方最后选定的卸货港，船方有权在任何一备选港口卸货。

（6）注意所规定的目的港（地）有无重名问题。如维多利亚（Victoria）全世界有12个；的黎波里（Tripoli）在利比亚、黎巴嫩各有1个，甚至同一国家地名也有重名的。因而，此种情况下，应在合同中明确标明目的港（地）所在的国家和所处方位，以免发生差错。

（四）分批装运和转运

分批装运和转运关系到买卖双方的权益，因而，也构成合同中的重要条款。

1. 分批装运

根据国际商会《〈跟单信用证统一惯例〉国际商会第600号出版物》（UCP600）规定，除非信用证另有规定，可允许分批装运（partial shipment allowed），即受益人（出口商）可以在装运有效期内将货物分若干批装运。根据UCP600有关规定，对于同一船只、同一航次及同一目的港的多次装运，即使运输单据表面上注明不同的装运日期或不同的装运港口，也不应视为分批装运。出口合同中的“分批装运”条款有两种方法：一种是只规定“with partial shipment allowed”，没有具体分批数量、时间等的规定；另一种是对具体分批数量、时间等做了明确规定，比如“shipment during mar. /apr. /may in three monthly lots, each XX M/T.”（在3月、4月、5月装运，每月××公吨）。如果是后者的规定，那么出口方应严格按照其规定装运，每月不得多装、少装或不装。因为UCP600第三十二条（分期支款/分期装运）规定，如信用证规定，在指定的时间段内分期支款或分期发运，任何一期未按信用证规定期限支取或发运时，信用证对该期及以后各期均告失效。

2. 转运

转运（transhipment）是指货物自装运港运至目的港的过程中，从一运输工具转移到另一运输工具上，或是由一种运输方式转为另一种运输方式的行为。一般来说，当货物运往无直达船停靠或虽有直达船而无固定船期或船期较少的港口，可在合同中规定“允许转运”条款。

（五）装运通知

装运通知（shipping advice）是装运条款中不可缺少的一项重要内容。不论按哪种贸易术语成交，交易双方都要承担相互通知的义务。规定装运通知的目的在于明确买卖双方的责任，促使双方互相配合，共同搞好车、船、货的衔接，有利于贸易的顺利进行。在按CFR或CPT条件成交时，装运通知具有重要的特殊意义。因此，卖方在货物装船后，必须向买方发出装运通知。实际业务中，基本上采用电传通知。

［装运通知样本］

SHANGHAI ARTS AND CRAFTS CORP.

ADD：375 HUAHAI ROAD SHANGHAI，CHINA

TEL：021 －84532131　FAX：021 －84532132

E －MAIL：sac@126. com

Shipping Advice

To：SINO U. S. IMP& EXP CO.

Date：Jan. 6，2007

Dear Sir or Madam：

We are very glad to inform you that the goods under L/C No. 15898 has been shipped on Jan. 5，2005. The shipping details are as follows：

L/C No.	15898
B/L No.	KH168
Goods	Gloves
Value	USD4045. 00
Quantity	1800 Pairs
Packages	10 ctns
G. W. （Kgs. ）	280
N. W. （Kgs. ）	240
Meas. （M3）	0. 936
Vessel	Jixiang V. 18
From	Shanghai port
To	Newyork
ETD	Jan. 5，2007
ETA	Jan. 30，2007

Best regards，

XXX

SHANGHAI ARTS AND CRAFTS CORP.

三、运输单据

（一）海运提单

1. 含义

海运提单（ocean bill of lading）简称提单（bill of lading，B/L），是指用以证明海上货物运输合同和货物已经由承运人接收或装船，以及承运人保证凭以交付货物的单据。它是由承运人签发的具有法律效力的单据。

2. 作用

（1）提单是承运人签发的货物收据（receipt for the goods），证明承运人已按提单所列内容收到货物。

（2）提单是代表货物所有权的凭证（document of title）。提单作为物权凭证，其持有者可凭此单向承运人提货，亦可通过背书将其转让，以实现货物所有权的转让，或凭此单向银行办理抵押贷款或叙做押汇。

（3）提单是海上货物运输合同的证明（evidence of the contract of carriage），是承运人和托运人处理双方在运输中的权利和义务问题的主要法律依据。

3. 主要内容

（1）托运人（shipper）。

（2）收货人（consignee）。

（3）通知方（notify party）。

（4）收货地（place of receipt）。

（5）船名（vessel's name）。

（6）航次（voyage number）。

（7）装运港（place of receipt or port of loading）。

（8）卸货港（port of discharge）。

（9）交货地（place of delivery）。

（10）提单号码（B/L NO.）。

（11）唛头（shipping marks & numbers）。

（12）包装种类与数量（nos. & kinds of pkgs）。

（13）货物（description of goods & number of package）。

（14）毛量（gross weight）。

（15）体积（measurement）。

（16）总集装箱数量或包装（件）数（total number of container or

packages）（in words）等。

［提单样本］

BILL OF LADING

<table>
<tr><td colspan="3">（1） SHIPPER</td><td colspan="3" rowspan="6">（10） B/L NO.
COSCO
中国远洋运输（集团）总公司
CHINA OCEAN SHIPPING（GROUP） CO.
ORIGINAL
Combined Transport Bill Of Lading</td></tr>
<tr><td colspan="3">（2） CONSIGNEE</td></tr>
<tr><td colspan="3">（3） NOTIFY PARTY</td></tr>
<tr><td>（4） PLACE OF RECEIPT</td><td colspan="2">（5） OCEAN VESSEL</td></tr>
<tr><td>（6） VOYAGE NO.</td><td colspan="2">（7） PORT OF LOADING</td></tr>
<tr><td>（8） PORT OF DISCHARGE</td><td colspan="2">（9） PLACE OF DELIVERY</td></tr>
<tr><td colspan="6">（11） MARKS （12） NOS. & KINDS OF PKGS. （13） DESCRIPTION OF GOODS （14） G. W. （kg） （15） MEAS（m^3）</td></tr>
<tr><td colspan="6"></td></tr>
<tr><td colspan="6">（16） TOTAL NUMBER OF CONTAINERS OR PACKAGES（IN WORDS）：</td></tr>
<tr><td>FREIGHT & CHARGES</td><td>REVENUE TONS</td><td>RATE</td><td>PER</td><td>PREPAID</td><td>COLLECT</td></tr>
<tr><td>PREPAID AT</td><td colspan="3">PAYABLE AT</td><td colspan="2">（17） PLAC E AND DATE OF ISSUE</td></tr>
<tr><td>TOTAL PREPAID</td><td colspan="3">（18） NUMBER OF ORIGINAL B（S） L</td><td colspan="2">（21）</td></tr>
<tr><td>（19） DATE</td><td colspan="3">（20） LOADING ON BOARD THE VESSEL BY</td><td colspan="2"></td></tr>
</table>

4. 种类

（1）按货物是否已装船划分。

①已装船提单（on board or shipped B/L）是在货物装上船后，由承运人或其代理人签发的提单。这种提单必须注明船名、装船日期，并由船长或其代理人签字。另外，也须有“货已装船”（on board）字样。实务中，买方一般要求卖方提供已装船提单。

②备运提单（received for shipment B/L）是指承运人在收到托运货物等待装运时所签发的提单。在货物装船后，托运人可凭此单向船公司换取已装船提单；也可经承运人在其上批注已装船字样，并注明船名、装船日期及签字后，变成已装船提单。

（2）按提单收货人的抬头方式划分。

①记名提单（straight B/L）又称“收货人抬头提单”，是指在提单收货人一栏内填写指定收货人名称的提单。这种提单只能由提单上指定的收货人提货，不可转让。一般只有在运输贵重物品或展览品时才使用该提单。银行一般不愿意接受记名提单作为议付的单证。

②不记名提单（open B/L；blank B/L；Bearer B/L）又称来人抬头提单，是指提单收货人栏内不填写具体收货人名称的提单，该栏或留空白，或填写“to the bearer”。这种提单任何人持有皆可提货，而且仅凭交付即可转让，因而风险较大，实务中很少使用。

③指示提单（order B/L）是指提单收货人一栏内只填写“凭指示”（to order）或“凭某人指示”（to the order of xxx）字样的提单。这种提单经背书后可转让。在进出口业务中使用最广。背书的方法有两种：空白背书和记名背书。前者是仅有背书人（提单转让人）在提单背面签字盖章，而不注明被背书人的名称；后者是除背书人签章外，还须列明被背书人名称。当前实务中使用最广的是“凭指示”并经空白背书的提单，习惯上称其为“空白抬头”提单或“空白背书”提单。

（3）按提单对货物外表状况有无不良批注划分。

①清洁提单（clean B/L）是指货物在装船时外表状况良好，承运人未加注任何有关货物残损、包装不良或其他有碍结汇批注的提单。

②不清洁提单（unclean B/L）是指承运人在提单上加注有“货物表面状况不良”或“存在缺陷”等批注的提单。

国际贸易中，卖方有义务提交清洁提单，也只有清洁提单才可以转让。

（4）根据运输方式的不同划分。

①直运提单（direct B/L）是指货物运输途中不转船，直接从装运港运至目的港的提单。

②转船提单（transhipment B/L）是指货物需在中途转船才能到达目的港的情况下，承运人所签发的提单。提单上注有“转运”或“在某港转运”字样。

③联运提单（through B/L）是指货物通过海陆、海空或海海的联合运输时，由第一承运人签发的、包括全程的、在目的地可以凭以提货的提单。各承运人只对自己运程内的货物运输负责。

（5）根据船舶营运方式不同划分。

①班轮提单（liner B/L）是指货物由班轮公司承运时所签发的提单。

②租船提单（charter B/L）是指承运人根据租船合同签发的提单。这种提单受租船合同条款的约束。

（6）按提单格式划分。

①全式提单（long form B/L）是指不但有完整的正面内容，而且有详细的背面条款的提单。国际贸易中使用的大多为全式提单。

②略式提单（short form B/L）是指仅有正面内容而无背面条款的提单。

（7）按提单使用效力划分。

①正本提单（original B/L）是指提单上有承运人正式签字盖章并注明签发日期的提单。这种提单是具有法律效力的单据，上面须标明"正本"字样。一般签发一式两份或多份，凭其中任一份可提货。

②副本提单（copy B/L）是指无承运人签字盖章，仅供参考之用的提单。提单上一般标明"副本"字样。

（8）其他提单。

①过期提单（stale B/L）是指超过信用证规定的期限才交到银行的提单或者晚于货物到达目的港的提单。通常情况下，迟于单据签发日期 21 天才提交的提单也算过期提单。

②倒签提单（anti-dated B/L）是指承运人应托运人要求，使提单签发日期早于实际装船日期的提单。这样做主要是为了使提单符合信用证对装运日期的规定，以便顺利结汇。

③预借提单（advanced B/L）是指在信用证规定的装运日期和议付日期已到，而货物却未及时装船的情况下，托运人出具保函，让承运人签发已装船提单，这就属于预借提单。

5. 有关提单的国际公约

为了统一提单背面条款关于托运人和承运人之间的权利义务的规定，国际上先后签署了三个国际公约。

（1）1924 年 8 月 25 日，在布鲁塞尔签订了《统一提单的若干法律规则的国际公约》，简称《海牙规则》（*Hague Rules*）。

（2）1968 年 2 月 23 日，在布鲁塞尔签订《修改统一提单的若干法律规则的国际公约的议定书》（简称《维斯比规则》，*Visby Rules*）。

（3）1978 年 3 月，在汉堡通过的《联合国海上货物运输公约》，简称《汉堡规则》（*Hamburger Rules*）。

（二）铁路运单

铁路运单（railway bill B/L）是铁路承运人收到货物后所签发的铁路

运输单据。我国对外贸易铁路运输按营运方式分为国际铁路联运和国内铁路运输两种方式。前者使用国际货协铁路运单，后者使用承运货物收据。通过铁路对我国港、澳地区出口的货物，由于国内铁路运单不能作为对外结汇的凭证，故使用承运货物收据这种特定性质和格式的单据。

（三）航空运单

航空运单（air waybill）是承运人与托运人之间签订的运输契约，也是承运人或其代理人签发的货物收据。航空运单还可作为承运人核收运费的依据和海关查验放行的基本单据。但航空运单不是代表货物所有权的凭证，也不能通过背书转让。收货人提货不是凭航空运单，而是凭航空公司的提货通知单。在航空运单的收货人栏内，必须详细填写收货人的全称和地址，而不能做成指示性抬头。

（四）邮包收据

邮包收据（parcelpost receipt）是邮包运输的主要单据，它既是邮局收到寄件人的邮包后所签发的凭证，也是收件人凭以提取邮件的凭证，当邮包发生损坏或丢失时，还可凭此收据向邮政局作为索赔和理赔的依据。但邮包收据不是物权凭证。

（五）多式联运单据

多式联运单据（multimodal transportation documents）是指多式联运经营人在收到货物后签发给托运人的单据。按照国际商会《联合运输单证统一规则》的规定，多式联运经营人负责货物的全程运输。

第二节　海上货物运输保险

进出口货物在海运中常常会遇到各种风险，而导致货物的损失。海上货物运输保险承保的范围，包括海上风险、损失和费用。

一、海洋运输货物保险保障的风险

（一）风险

1. 海上风险（perils of the sea）

海上风险又称为海难，是指船舶或货物在海上运输过程中所遇到的自然灾害和意外事故。在现代海上保险业务中，保险人所承担的海上风险是有特定范围的，一方面，它并不完全包括在海上发生的一切风险；另一方面，它又不局限于航海中所发生的风险。具体可以分为自然灾害和意外事故两种。

（1）自然灾害（natural calamities）是指不以人的意志为转移的自然界的力量所引起的灾害。它是客观存在的，人力不可抗拒的灾害事故，是承保人承保的主要风险。但在海运保险业中并不是泛指一切由于自然力量造成的灾害，而是仅指以下人力不可抗拒的自然力量造成的灾害：恶劣气候（heavy weather），雷电（lightning），地震（earthquake），海啸（tsunami），火山爆发（volcanic eruption），洪水（flood），浪击落海（washing overboard）。

（2）意外事故（fortuitous accidents）一般是指人或物体遭受外来的灾害的非意料之中的事故。但意外事故并不是泛指海上所有的意外事故，而仅指运输工具遭遇的以下风险：搁浅（grounded），触礁（stranding），沉没（sunk），碰撞（collision），倾覆（capsized），火灾（fire），爆炸（explosion）。

2. 外来风险（extraneous risks）

外来风险是指由于自然灾害和意外事故以外的其他外来原因造成的风险，但不包括货物的自然损耗和本质缺陷。外来风险可分为一般外来风险和特殊外来风险两种。

（1）一般外来风险。海上货运保险业务中承保的一般外来风险主要有偷窃、提货不着、渗漏、短量、碰损破碎、钩损、淡水雨淋、生锈、混杂玷污、受潮受热、串味、包装破裂等。

（2）特殊外来风险。特殊外来风险是指战争、种族冲突或一国的军事、政治、国家政策法律以及行政措施等的变化所造成的全部或部分损失。包括战争、罢工、交货不到、进口关税、拒收等。

（二）损失

货物在海上运输过程中，可能面临各种海上风险及外来风险，由于这些风险的客观存在，必然会给运输途中的货物造成各种损失，我们把被保险货物在运输途中因遭遇海上风险所造成的各种损失称为海上损失。按损失的程度不同可分为全部损失与部分损失。

1. 全部损失（total loss）

全部损失简称全损，包括实际全损和推定全损。

（1）实际全损（actual total loss）。它是指货物完全灭失或变质而失去原有用途即货物完全损失已发生或者不可避免，也称为绝对全损。实际全损有下列四种情况：

①被保险货物完全灭失。如船只遇海难后沉没，货物同时沉入海底。

②被保险货物遭受严重损害，已丧失了原有的用途和价值。如水泥遭海水浸泡后变成水泥硬块，无法使用；茶叶被海水浸泡后，丧失了茶叶的香味，无法再饮用。

③被保险人对被保险货物的所有权已无可挽回地被完全剥夺。如船、货被海盗劫去或被敌对国扣押。

④载货船舶失踪达到一定时期仍无音讯。

（2）推定全损（constructive total loss）。推定全损又称商业全损是指被保险货物在海上运输途中遭遇到承保风险之后，虽未达到完全灭失的状态，但是可以预见到它的全损将不可避免；或者为了避免全损，需要支付的抢救、修理费用加上继续将货物运抵目的地的费用之和将超过货物的保险价值或超过货物到达目的地时的价值。这种情况下，被保险人可以推定货物发生了全部损失。

2. 部分损失（partial loss）

部分损失是指被保险货物没有达到全部损失的程度，包括共同海损与单独海损。

（1）共同海损（general average，GA）是指载货船舶在海运途中遇到危难，船长为了维护船舶和所有货物的共同安全或使航程得以继续完成，而采取的有意并且合理的行为，所产生的某些特殊牺牲或支出的特殊费用。

构成共同海损必须具备以下条件：一是船方在采取措施时，必须确有危及船、货共同安全的危险存在而不是臆测的，或者是可以避免发生的；二是船方所采取的措施，必须是为了解除船、货的共同危险，有意识而且是合理的，其费用支出是额外的；三是必须是属于非常情况下的损失。

根据惯例，共同海损的牺牲和费用，应由受益方，即船方、货方和运费方按最后获救的价值多少，按比例分摊。这种分摊叫作共同海损分摊（general average contribution）。

（2）单独海损（particular average）是指除共同海损以外的，由海上风险直接导致的船舶或货物的部分损失。这种损失只属于特定利益方，而不属于所有其他的货主或船方，由受损方单独承担。

共同海损与单独海损都属于部分损失，两者的主要区别为：

①损失的构成不同。单独海损一般是指货物本身的损失，不包括费用

损失，而共同损失既包括货物损失，又包括因采取共同海损行为而引起的费用损失。

②造成损失的原因不同。单独海损是海上风险直接导致的货物损失，而共同海损是为了减轻船、货、运费三方面共同危险而人为造成的损失。

③损失的承担者不同。单独海损由受损方自行承担损失，而共同海损则从船、货、运费三方面按获救财产价值大小的比例分别承担。

（三）费用

保险公司对为减少货物的实际损失而支付的费用也负责赔偿，它分为施救费用和救助费用。

1. 施救费用（sue & labour expenses）

施救费用是指被保险货物在遭受保险责任范围内的灾害事故时，被保险人或其代理人为防止损失扩大而采取抢救所支出的费用。此项费用由保险人给予补偿。

2. 救助费用（salvage charges）

救助费用是指被保险货物在遭遇保险责任范围内的灾害事故时，由保险人和被保险人以外的第三者对受损货物采取抢救措施而支付的费用。

有关海洋货物运输保险的承保范围如图 8－1 所示。

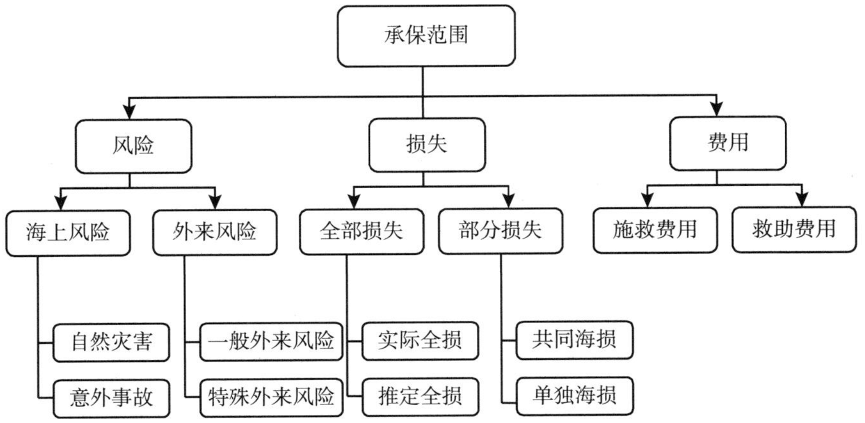

图 8－1　海运货物保险承保范围

二、我国海洋货物运输保险条款

中国人民保险公司（简称人保）参照国际保险市场的一般习惯做法，并结合我国实际情况，自行制定了各种保险条款，总称为“中国保险条款”（China Insurance Clause，CIC）。我国现行的《海洋运输货物保险条款》是由中国人民保险公司于1981年1月1日修订实施的，可分为基本险、附加险和专门险三大类。

海运货物保险险别分为基本险别和附加险别两类。基本险又称主险，是可以独立投保的险别，包括平安险、水渍险和一切险；附加险是对基本险的补充和扩展，它不能单独投保，只能在投保了基本险的基础上加保，包括一般附加险和特殊附加险。

（一）基本险

1. 平安险（free from pcrticular average，FPA）

平安险是我国保险业的习惯叫法，英文原意是“单独海损不赔”。平安险承保“全部损失和意外事故导致的部分损失”，具体承诺以下八项责任：

（1）被保险货物在运输途中由于恶劣气候、雷电、海啸、地震等自然灾害造成整批货物的全部损失或推定全程。

（2）由于运输工具造成搁浅、触礁、沉没、互撞与流冰或其他物体碰撞以及失火，爆炸意外事故造成货物的全部或部分损失。

（3）在运输工具已经发生搁浅、触礁、沉没、焚毁意外事故的情况下，货物在此前后又在海上遭受恶劣气候，雷电、海啸等自然灾害造成的部分损失。

（4）在装卸或转运时由于一件或数件整件货物落海造成的全部或部分损失。

（5）被保险人对遭受承担责任范围内危险的货物采取抢救，防止或减少货物措施而支付的合理费用，但以不超过该批被救货物的保险金额为限。

（6）运输工具遭遇海难后，在避难港由于卸货所引起的损失，以及在中途港、避难港，由于卸货、存仓及运送货物所产生的特别费用。

（7）共同海损的牺牲，分摊和救助费用。

（8）运输契约订有“船舶互撞”条款，根据该条款规定由货方偿还船方的损失。

2. 水渍险（with prticular average，WPA）或（with average，WA）

水渍险也是我国保险业的习惯叫法，英文原意是“负责单独海损”。水渍险承保的责任范围是：

（1）平安保险承担的全部责任。

（2）被保险货物由于恶劣气候、雷电、海啸、地震、洪水自然灾害所造成的部分损失。

这一项责任是指在水渍险项下，保险人承担单纯由于保单上列明的海上自然灾害所造成的货物部分损失。

3. 一切险（all risks）

一切险的承保范围是：

（1）水渍险承保的全部责任一切险均给予承保。

（2）一切险负责被保险货物在运输途中，由于一般外来风险所致的全部或部分损失。

一切险的承保责任范围是各种基本险中最广泛的一种，因而，比较适宜价值较高，可能遭受损失因素较多的货物投保。

（二）附加险

1. 一般附加险（general additional risks）

一般附加险承保一般外来风险所造成的损失，共有11种，即偷窃、提货不着险（theft，pilferage and non-delivery risks，TPND），淡水雨淋险（fresh water and/or rain damage risks，FWRD），渗漏险（leakage risks），短量险（shortage risks），混杂、玷污险（intermixture and contamination risks），碰撞、破碎险（clash and breakage risks），钩损险（hook damage risks），锈损险（rust risks，是指对运输中发生的锈损保险公司负责赔偿），串味险（taint of odour risks），包装破裂险（breakage of packing risks）和受潮受热险（sweat and heating risks）。

值得注意的是，上述11种附加险，只能在投保平安险和水渍险的基础上加保一种或数种险别。因“一切险”包含上述险别，故投保时无须加保。

2. 特殊附加险（special additional risks）

特殊附加险承保特殊外来风险所造成的损失，共有8种，即交货不到险（failure to deliver risks），进口关税险（imporvt duty risks），舱面险（on deck risks），黄曲霉素险（aflatoxin risks），拒收险（rejection risks），出口货物到香港（包括九龙在内）或澳门地区存仓火险责任扩展条款（fine risk extension clause for storage of cargo at destination Hongkong，including Kowloon or Macao，FREC），战争险（war risks），罢工险（strikes risks）。

总之，有关海洋货物运输保险关系如图8－2所示。

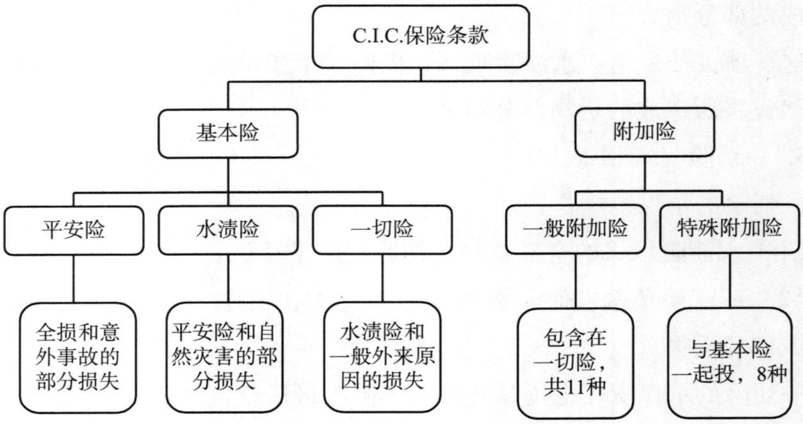

图8－2　我国海洋运输货物保险条款关系

（三）责任起讫

保险的责任起讫是指保险人对被保险货物承担保险责任的有效时间。被保险货物如果在保险有效期内发生保险责任范围内的风险损失，被保险人有权进行索赔，否则就无权进行索赔。

1. 基本险的责任起讫

基本的责任起讫期限通常采用国际保险业惯用的“仓至仓条款”（warehouse to warehouse clause，W/W）。它是指保险人的承保责任从自被保险货物运离保险单所载明的起运地发货人仓库开始，直至该项货物被运抵保险单所载明的收货人仓库或被保险人用作分配、分派或非正常运输的其他储存处所为止。如未抵达上述仓库或储存处所，则以被保险货物在最后卸载港全部卸离海轮后满60天为止。如在上述60天内被保险货物需转运至非保险单所载明的目的地时，则该项货物开始转运时终止。

2. 其他险别的责任起讫

战争险的责任起讫与基本险所采用的“仓至仓条款”不同，而是以“水上危险”为限，是指保险人的承保责任自货物装上保险单所载明的启运港的海轮或驳船开始，到卸离保险单所载明的目的港的海轮或驳船为止。如果货物不卸离海轮或驳船，则从海轮到达目的港当日午夜起算满15日为止，等再装上续运海轮时，保险责任才继续有效。

三、英国伦敦保险协会海运货物保险条款

在国际保险市场上，最有影响力的保险条款当属英国伦敦保险协会制定的《协会货物条款》（*Institute cargo clauses*，ICC）。

现行英国伦敦《协会货物条款》是1982年1月1日的修订本，与我国现行保险条款相比，其形式和内容都有所不同。该条款共有六种险别。

（一）协会货物条款（A）［ICC（A）］

ICC（A）可以独立投保，其责任范围较广，采取“一切风险减除外责任”的方式。除外责任有：①一般除外责任，如因包装原因造成损失；由船方原因造成损失；使用原子或热核武器所造成的损失；②不适航、不适货除外责任，如被保险人在装船时已知船舶不适航、不适货；③战争除外责任。④罢工除外责任。

ICC（A）承保范围相当于一切险。

（二）协会货物条款（B）［ICC（B）］

ICC（B）可以独立投保，其责任范围采用“列明风险”的方法，包括：①火灾、爆炸；②船舶货驳船触礁、搁浅、沉没或者倾覆；③陆上运输工具倾覆或出轨；④船舶、驳船或运输工具同水以外的任何外界物体碰撞；⑤在避难港卸货；⑥地震、火山爆发、雷电；⑦共同海损牺牲；⑧抛货；⑨浪击落海；⑩海水、湖水或河水进入船舶、驳船、运输工具、集装箱、大型海运箱或贮存处所；⑪货物在装卸时落海或跌落造成整件的全损。

ICC（B）的除外责任，除对“海盗行为”和恶意损害的责任不负责外，其余均与ICC（A）的除外责任相同。

ICC（B）承保范围相当于水渍险。

（三）协会货物条款（C）［ICC（C）］

ICC（C）可以独立投保，其责任范围也采用“列明风险”的方式，包括：①火灾、爆炸；②船舶或驳船触礁、搁浅、沉没或倾覆；③陆上运输工具倾覆或出轨；④船舶、驳船或运输工具同除水以外的任何外界物体碰撞；⑤在避难港卸货；⑥共同海损牺牲；⑦抛货。

ICC（C）的除外责任与ICC（B）完全相同。

ICC（C）承保范围近似于平安险。

（四）协会货物战争险条款

属于特殊附加险，等同CIC中的战争险。

（五）协会货物罢工险条款

属于特殊附加险，等同CIC中的罢工险。

上述险别在需要投保时也可作为独立的险别进行投保。

（六）恶意损害险条款

恶意损害险承保除被保险人以外的其他人（如船长、船员）的故意破坏行为所造成的被保险货物的灭失或损坏，但出于政治动机的人的行为除外。它在 ICC（A）中列为承保责任，在 ICC（B）和 ICC（C）中均列为除外责任。因此，在投保 ICC（B）和 ICC（C）时，如需取得这种风险的保障，应另行加保恶意损害险。

四、其他运输方式货物保险

（一）陆上运输货物保险条款

中国人民保险公司 1981 年 1 月 1 日修订的《陆上运输货物保险条款》规定：陆上货物的运输险分为陆运险和陆运一切险两种基本险。

1. 陆运险（overland transportation risks）

陆运险的承保责任范围是指保险公司负责赔偿被保险货物在运输途中遭受暴风、雷电、洪水、地震等自然灾害或由于运输工具遭受碰撞、倾覆、出轨或在驳运过程中，因驳运工具遭受搁浅、触礁、沉没、碰撞或由于遭受隧道坍塌、崖崩或失火、爆炸等意外事故所造成的全部或部分损失。由此可见，陆运的保险责任范围与海洋运输保险条款中的“水渍险”相似。

2. 陆运一切险（overland transportation all risks）

陆运一切险的承保责任范围除上述陆运险的责任外，还包括运输途中，由外来原因造成的短少、偷窃、渗漏、碰损、破碎、钩损、雨淋、生锈、受潮、受热、发霉、串味、玷污等全部或部分损失，这与海洋运输货物保险条款中的“一切险”相似。

（二）航空货物运输保险

中国人民保险公司 1981 年 1 月 1 日修订的《航空运输保险条款》规定：航空运输货物保险分为航空运输险和航空运输一切险两种基本险别。

1. 航空运输险（air transportation risks）

航空运输险的承保责任范围与海洋运输保险条款中的“水渍险”相似。包括被保险货物在运输途中遭受雷电、火灾、爆炸或由于飞机遭受恶劣气候或其他危难事故而被抛弃，或由于飞机遭遇碰撞、倾覆、坠落或失踪等自然灾害和意外事故所造成的全部或部分损失。

2. 航空运输一切险（air transportation all risks）

航空运输一切险的承保责任范围与海洋运输货物保险条款中的“一切

险”相似，除上述航空运输险的各项责任外，还包括被保险货物由于一般外来原因所造成的全部或部分损失。

（三）邮政包裹运输保险条款

中国人民保险公司 1981 年 1 月 1 日修订的《邮包险条款》规定：邮包险分为邮包险和邮包一切险两种基本险。

1. 邮包险（parcel post risks）

邮包险的承保责任范围是被保险货物在运输途中由于恶劣气候、雷电、海啸、洪水、自然灾害或由于运输工具遭受搁浅、触礁、碰撞、沉没、倾覆、出轨、坠落、失踪或由于失火、爆炸等意外事故所造成的全部或部分损失；另外，还负责被保险人对遭受保险责任范围内的货物采取抢救、防止或减少货损的措施而支付的合理费用，但以不超过该批被抢救货物的保险金额为限。

2. 邮包一切险（parcel post all risks）

邮包一切险的承保责任范围除上述邮包险的各项责任外，本保险还负责被保险的邮包在运输途中由于外来原因所致的全部或部分损失。

在附加险方面，除战争险外，海洋运输货物保险中的一般附加险和特殊附加险险别和条款均可适用于陆、空、邮运输货物保险。

五、合同中的保险条款

（一）保险金额的确定

保险金额（insured amount）是保险人对保险标的承担的最高赔偿金额，也是保险人计算保险费的依据。因此，投保人在投保时须按照保险价值申报保险金额。

保险金额一般是以 CIF 或 CIP 的发票价格为基础确定的，除应包括商品的价值、运费和保险费，还应包括被保险人在贸易过程中支付的经营费用。按照国际保险市场的习惯做法，保险金额通常按 CIF 或 CIP 总值加 10% 计算。保险金额计算的公式是：

保险金额 = CIF（CIP）货值 ×（1 + 保险加成率）

按照国际保险市场习惯，最低保险金额为货物的 CIF 或 CIP 价格加 10%，如果以其他贸易术语成交，则应先折算成 CIF 或 CIP 再加成。

（二）保险费的计算

保险费率（premium rate）是由保险公司根据一定时期、不同种类的货物的赔付率，按不同险别和目的地确定的。我国的进出口货物的保险费率是根据我国货物运输的实际货损情况，并参照国际保险市场的费率水平制定的。出口货物和进口货物的保险费率的确定方式基本相同。

以 CIF 或 CIP 条件成交的合同，其保险费计算的一般公式为：

保险费 = CIF（或 CIP）价 × 保险加成 × 保险费率之和

（三）保险单据

保险单据是保险公司向投保人出具的承保证明，并规定了双方的权利和义务关系，又是被保险人凭此单向保险公司索赔和保险公司进行理赔的依据。在国际贸易中，保险单据可以转让。

1. 保险单（insurance policy）

保险单又称大保单，是正规的保险合同，除载明正面内容之外，还在背面列有保险公司的责任范围以及保险公司与被保险人双方各自的权利、义务等方面的详细条款，因此，保险单在国际贸易中最为常用。

2. 保险凭证（insurance certificate）

保险凭证又称小保单，其背面没有列入详细保险条款。但其他内容与保险单基本一致，且与其具有同样的法律效力。

3. 预约保险单（open cover）

预约保险单是一种长期性的货物运输保险合同。合同中规定了承保范围、险别、费率、责任、赔款处理等项目。凡属合同约定的运输货物在合同有效期内自动承保。

［保险单样本］

货物运输保险单

CARGO TRANSPORTATION INSURANCE POLICY

发票号（INVOICE NO.）：	保单号次
合同号（CONTRACT NO.）：	POLICY NO
被保险人（Insured）：	

中国人民保险公司（以下简称本公司）根据被保险人的要求，由被保险人向本公司缴付约定的保险费，按照本保险单承保险别和背面所列条款与下列特殊条款承保下述货物运输保险，特立本保险单。

THIS POLICY OF INSURANCE WITNESSES THAT THE PEOPLE'S INSURANCE COMPANY OF CHINA (HEREINAFTER CALLED "THE COMPANY") AT THE REQUEST OF INSURED AND IN CONSIDERATION OF THE AGREED PREMIUM PAID TO THE COMPANY BY THE INSURED UNDERTAKES TO INSURE THE UNDERMENTIONED GOODS IN TRANSPORTATION SUBJECT TO THE CONDITIONS OF THIS POLICY AS PER THE CLAUSES PRINTED OVERLEAF AND OTHER SPECIAL

CLAUSES ATTACHED HEREON.

标记 MARKS & NOS.	数量及包装 QUANTITY	保险货物项目 DESCRIPTION OF GOODS	保险金额 AMOUNT INSURED

总保险金额

TOTAL AMOUNT INSURED：

保费　　　　　　　　启运日期：　　　　　　　　装载运输工具：

PREMIUM：AS ARRANGED　　DATE OF COMMENCEMENT：AS PER B/L

PER CONVEYANCE：________

自　　　　　　　　经　　　　　　　　至

FROM：________________　VIA：________________　TO：________________

承保险别

CONDITIONS：

所保货物，如发生保险单项下可能引起索赔的损失或损坏，应立即通知本公司下述代理人查勘。如有索赔应向本公司提交保险单正本（共2份正本）及有关文件。如一份正本已用于索赔，其余正本自动失效。

IN THE EVENT OF LOSS DAMAGE WHICH MAY RESULT IN A CLAIM UNDER THIS POLICY, IMMEDIATE NOTICE MUST BE GIVEN TO THE COMPANY AGENT AS MENTIONED HEREUNDER CLAIMS IF ANY, ONE OF THE ORIGINAL POLICY WHICH HAS BEEN ISSUED IN 2 ORIGINAL TOGETHER WITH RELEVANT DOCUMENTS SHALL BE SURRENDERED TO THE COMPANY IF THE ORIGINAL POLICY HAS BEEN ACCOMPLISHED, THE OTHERS TO BE VOID .

赔款偿付地点

CLAIM PAYABLE AT ________　　　　中国人民保险公司天津市分公司

出单日期　　　　　　　　The People's Insurance Company of China

ISSUING DATE　　　　　　　　Tianjin Branch

（四）买卖合同中的保险条款

在国际货物买卖合同中，为了明确交易双方在货运保险方面的责任，通常都订有保险条款，主要内容有保险金额、投保险别及确定适用的保险条款等。

以 FOB、CFR 或 FCA、CPT 条件成交的合同，保险一般由买方办理，其保险条款可以简化。如保险：由买方负责（Insurance：To be covered by the buyer.）。

以 CIF 或 CIP 成交的出口合同由卖方办理保险手续，而实际风险的承担者为国外进口方，所以应在合同中明确规定保险金额、投保险别，适用的保险条款等。示例如下：

（1）保险：由卖方按发票金额的××%投保××险、××险，以中国人民保险公司 1981 年 1 月 1 日的有关海洋运输货物保险条款为准。

Insurance：To be covered by the seller for…% of total invoice value against…，…as per and subject to the relevant *Ocean Marine Cargo Clauses* of the People's Insurance Commpany of China，dated Jan. 1，1981.

（2）保险：由卖方按发票金额的××%投保××险、××险，以 1982 年 1 月 1 日的《协会货物条款》为准。

Insurance：To be covered by the seller for…% of total invoice value against…，…as per and subject to *Institute Cargo Clauses*（ICC），dated Jan. 1，1982.

小　　结

（1）对外贸易运输是国际商品交易过程中的重要环节，有关人员应熟悉外贸装运的基本知识，按照安全、迅速、准确、节约、方便的原则，灵活运用各种运输工具和运输方式，争取顺利完成交接任务。

（2）中国人民保险公司《海洋运输货物保险条款》是我国进出口贸易中投保货物保险时的重要依据，也是保险公司办理海运货物保险业务的重要依据。当保险人承保了运输货物保险之后，对被保险货物遭受承保责任范围内的风险所造成的损失即承担赔偿责任。

习　　题

一、单项选择题

1. 班轮运输的运费应该包括（　　）。

A. 装卸费，但不计滞期费、速遣费

B. 装卸费，但计滞期费、速遣费

C. 卸货费和应计滞期费，不计速遣费

D. 卸货费和速遣费，不计滞期费

2. 当贸易术语采用 CIF 时，海运提单对运费的表示应为（　　）。

A. Freight Prepaid　　B. Freight Collect

C. Freight Prepayable　　D. Freight Unpaid

3. 提单上若批注了“包装松散”，则该提单是（　　）。

A. 清洁提单　　B. 不清洁提单

C. 批示提单　　D. 已包装提单

4. 下列表示“装船提单”的日期的是（　　）。

A. 货于 5 月 24 日送交船公司　　B. 货于 6 月 4 日开始装船

C. 货于 6 月 4 日全部装完　　D. 货于 6 月 24 日抵达日本

5. 水渍险不承保（　　）。

A. 保险标的因自然灾害造成整批货物的实际全损或推定全损

B. 保险标的因自然灾害造成的部分损失

C. 保险标的因意外事故造成的全部损失或部分损失

D. 货物因装运不慎，包装破裂造成的损失

6. 国际贸易运输货物保险的保险金额，一般是以（　　）发票金额为基础确定的。

A. FOB　　B. CFR　　C. CIF　　D. FCA

7. 下列险别中不属于一般附加险的是（　　）。

A. 进口关税险　B. 混杂玷污险　C. 包装破裂险　D. 钩损险

8. 协会海运货物战争险对保险期间的规定，采取承保（　　）的原则。

A. 水上保险　　B. 仓至仓　　C. 门到门　　D. 港到港

9. 我公司按 FOB 进口一批玻璃器皿，在运输途中的装卸、搬运过程中，部分货物受损。要得到保险公司赔偿，我公司应该投保（　　）。

A. 平安险　　B. 一切险

C. 破碎险　　D. 一切险加破碎险

10. 根据我国《海洋货物运输保险条款》的规定，承保范围最小的基本险别是（　　）。

A. 平安险　　B. 水渍险　　C. 一切险　　D. 罢工险

二、判断题

1. 班轮运费计收标准中的“W/M plus Ad Val”表示按货物体积、重量或价值三者中选择较高者计收运费。（　　）

2. 海运提单、铁路运单、航空运单都是物权凭证，都可通过背书

转让。 ( )

3. 定期租船具有航线固定、停泊港口固定、船期固定和费用固定的特点。 ( )

4. 凡装在同一航次、同一条船上的同一目的港的多次装运的货物，即使装运时间和装运地点不同，也不作分批装运。 ( )

5. 在集装箱运输中，能实现“门到门”运输的集装箱货物交接方式是 FCL/FCL。 ( )

6. 运输途中部分纸箱受潮，箱装的服装出现了水渍，由于该批货物投保了水渍险，所以货主可向保险公司索赔。 ( )

7. 在国际贸易中，向保险公司投保一切先后，在运输途中由于任何外来原因造成的一切货损，均可向保险公司索赔。

8. “交货不到险”往往是承运人运输上的原因，而“提货不着险”是某些政治因素引起的。 ( )

9. 在海运货物保险业务中，仓至仓条款对于驳船运输造成的损失，保险公司不承担责任。 ( )

10. 罢工险负责赔偿由于罢工所造成的任何损失。 ( )

三、简答题

1. 共同海损和单独海损的区别有哪些?

2. 简述提单的性质与作用。

3. 简述 CIC 条款下的海运保险的险别及各种险别之间的关系。

4. 简述 ICC 条款下的海运保险的险别，以及它们与 CIC 险别的关系。

5. 请看某合同的保险条款：TO BE COVERED BY THE SELLER FOR 110% OF TOTAL INVOICE VALUE AGAINST WPA AND WAR RISK AS PER CIC CLAUSES DATED 1/1/1981. 请写出该条款的被保险人、被保险金额、险别和受约束的保险条款。

四、计算题

1. 上海运往肯尼亚蒙巴萨港口“门锁”一批计 100 箱，每箱体积为 0.2 米 ×0.3 米 ×0.4 米，毛重为 25 千克。当时燃油附加费为 30%，蒙巴萨港口拥挤附加费为 10%。门锁属于小五金类，计收标准是 W/M，等级为 10 级，基本运费为每运费吨 443.00 港元，请计算应付运费。

2. 某公司向美国出口一批鸡肉，共需装 1,200 箱，每箱毛重 20kg，每箱体积为 0.2 米 ×0.2 米 ×0.25 米。原在合同中规定每箱 FOB 20 美元，现客户回电要求改报 CFR 价，求每箱的 CFR 价（该货物运价为 100 美元/

运费吨，计费标准为 W/M)。

3. 某公司出口一批商品到欧洲，原报 CFR 伦敦，总金额为 10,000 美元，投保一切险（保险费率为 0.6%）及战争险（保险费率为 0.04%），保险加成率为 10%，现改报 CIF 价格是多少？该批货物的保险金额是多少？

五、案例分析

1. 我国某公司向非洲出口某商品 15,000 箱，合同规定 1～6 月按月等量装运，每月 2,500 箱，凭不可撤销即期信用证付款，客户按时开来信用证，证上总金额与总数量均与合同相符，但装运条款规定为“最迟装运期 6 月 30 日，分数批装运”。我方 1 月份装出 3,000 箱，2 月份装出 4,000 箱，3 月份装出 8,000 箱。客户发现后向我方提出异议。你认为多方这样做是否可以？为什么？

2. 我国某出口企业与某外商按 CIF 某港口、即期信用证方式付款的条件达成交易，出口合同和收到的信用证均规定不准转运。我方在信用证有效期内将货物装上直驶目的港的班轮，并以直运提单办理了议付，国外开证行也凭付议行提交的直运提单付了款，承运船只驶离我国途经某港时，船舶公司为接载其他货物，擅自将我方托运的货物卸下，换装其他船舶继续运往目的港。由于中途耽搁，加上换装的船舶设备陈旧，使抵达目的港的时间比正常直运船的抵达时间晚了两个多月，影响了买方对货物的使用。为此，买方向我出口企业提出索赔，理由是我方提交的是直运提单，而实际上是转运船运输，是弄虚作假行为，我方有关业务员认为，合同用的是 CIF 贸易术语，船舶的舱位是我方租订的，船方擅自转船的风险理由应我方承担，因此，按对方要求进行了理赔，你认为我方这样做是否正确？为什么？

3. 中国 MTC 公司与澳大利亚 CT 公司签订了一份购买 5 万吨化肥的 FOB 合同，由日本一家海上运输公司承运，装船后货船从大连港出发驶往悉尼，在航行途中货船起火，大火蔓延很快。为了船货的共同安全，船长下令立刻向船舱注水灭火。火被扑灭后，由于主机受损，无法继续航行。船长于是雇用拖轮将船拖至宁波港修理，确保安全后重新驶往悉尼港。到达悉尼港后发现，此次意外事故造成如下损失：（1）1 万吨化肥被火烧毁；（2）2 万吨化肥因注水而被毁；（3）该货轮主机和部分甲板受损；（4）雇用拖轮费用；（5）额外增加的燃料和船长、船员工资。请问：以上各项费用，哪些属于共同海损？哪些属于单独海损？

第九章　贸易术语与商品价格

[学习目标]

知识目标：知道惯例与法律的区别和国际贸易相关的惯例，能准确地说出 11 个贸易术语的名称、买卖双方的义务。

能力目标：能对常用的 6 个贸易术语进行比较分析和结合相关的案例进行风险分析，并提出规避风险的方法。

素养目标：树立正确的人生观和职业素养，明确外贸行业的职业规范。

本章重点：

1. 贸易术语的含义及国际惯例
2. 常用贸易术语的应用
3. 合同中的价格条款

本章难点：

1. 常用贸易术语的应用
2. FOB 价格核算

开篇案例

我国新疆维吾尔自治区 A 公司拟向美国 B 公司出口番茄酱一批，B 公司提出按“CFR 纽约”条件成交，而我方 A 公司则提出采用“CPT 纽约”的条件。

A 公司提出采用 CPT 的原因是：CPT 条件下，卖方只需在内地货物起运地将货物交给承运人，其交货义务即完成，货物风险即转移至买方。CFR 条件下，卖方则必须自负费用、责任风险，将货物由内地运至装运港口并装上船，卖方才完成交货，风险才转移。因此，对 A 公司而言，采用 CPT 条件具有风险提前转移，提前交单收汇、费用和责任减少的优点。B 公司提出采用 CFR 的原因，相对应的是因为 CFR 条件对 B 公司而言，具有风险推迟，转移、付款延迟，费用和责任减少的优点。

贸易术语直接关系到买卖双方的经济利益，而且它与其他各项交易条件都有密切关联，贸易术语所表示的贸易条件，具有两重性：其一，说明商品价格构成；其二，确定交货条件。本章主要介绍贸易术语、相关国际贸易惯例及国际贸易术语解释通则，并为学习第5章出口价格核算打下基础。

第一节 概念及其国际贸易惯例

一、概念

贸易术语（trade terms）又称价格术语、价格条件，是指用一个简短的概念或外文缩写来表明商品的价格构成及买卖双方各自应负的责任、费用和风险的专门用语。贸易术语所表示的贸易条件，具有两重性：其一，说明商品的价格构成，是否包括成本以外的主要从属费用，即运费和保险费等；其二，确定交货条件，即说明交货方式与交货地点，以及买卖双方在交接货物方面彼此所承担的责任、费用和风险。

国际贸易的买卖双方在确定价格条件时使用了贸易术语，既可节省交易磋商的时间和费用，又可简化交易磋商和买卖合同的内容，有利于交易的达成和履约中争议的解决。

二、有关贸易术语的国际贸易惯例

贸易术语是在长期的贸易实践中形成的习惯做法，经过某些国际组织对其加以编撰和解释，才称为有关贸易术语的国际贸易惯例。目前，在国际上有较大影响的有关贸易术语的惯例有以下三种。

（一）《1932年华沙－牛津规则》

《1932年华沙－牛津规则》（*Warsaw – Oxford Rules 1932*，W. O. rules 1932）由国际法协会制订，共21条，主要说明CIF买卖合同的性质，并具体规定了买卖双方所承担的费用、风险和责任，以及所有权转移的方式。

（二）《1990 年美国对外贸易定义修订本》

《1990 年美国对外贸易定义修订本》（*Revised American Foreign Trade Definitions* 1990）是由美国九大商业团体制定的，对以下六种术语做了解释：

1. EX（ex point of origin）

——原产地交货。

2. FOB（free on board）

——运输工具上交货。FOB 又分为六种，其中第五种为装运港船上交货价——FOB vessel（named port of shipment）。

3. FAS（free along side）

——在运输工具旁边交货。

4. CFR（cost and freight）

——成本加运费。

5. CIF（cost，insurance and freight）

——成本加保险费、运费。

6. Ex dock

——目的港码头交货。

该惯例在北美国家影响较大，在与采用该惯例的国家进行贸易时，要特别注意与其他惯例的差别，买卖双方应在合同中明确规定贸易术语所依据的惯例。

《1990 年美国对外贸易定义修订本》对 FOB 术语有特殊解释。该修订本中将 FOB 分为六种，只有第五种"FOB vessel"是装运港船上交货，与《2020 年国际贸易术语解释通则》的 FOB 相近。但该术语的出口报关责任在买方而不在卖方，所以我国在与美国、加拿大等国家洽谈进口贸易使用 FOB 条件成交时，除在 FOB 后注明 Vessel 外，还应明确由卖方承担风险及费用，取得出口许可证及其他官方批准文件，并办理货物出口所必需的一切海关手续。

（三）《国际贸易术语解释通则》

《国际贸易术语解释通则》（*International Rules for the Interpretation of Trade Terms*，INCOTERMS®）是国际商会为了统一对各种贸易术语的解释而制定的，也是目前国际贸易中最流行的有关贸易术语的国际惯例。最早的版本于 1936 年颁布，随后为了适应新的贸易形势的发展以及国际货物运输方式的新发展，又分别于 1953 年、1967 年、1976 年、1980 年、

1990年、2000年、2010年进行修订和补充。目前，最新的是《2020年国际贸易术语解释通则》（简称《2020通则》），于2020年1月1日正式生效。

国际商会对INCOTERMS®解释了一套最常用的由3个字母组成的贸易术语，反映了企业之间货物买卖合同的实务，它不仅适用于国际贸易也适用于国内贸易。该规则描述了买卖双方在交易的过程中各需履行哪些义务，风险在何地从卖方转移给买方，买卖双方各自承担哪些费用。INCOTERMS®本身不是一份销售合同，它们只有在被并入一份已经存在的合同后才成为合同的一部分，比如，CIF Shanghai INCOTERMS® 2020。

2010年之前的INCOTERMS®版本将贸易术语按卖方承担的责任、费用和风险由小到大分为四组，即E组、F组、C组和D组。《2010通则》和《2020通则》中的贸易术语按照适用运输方式不同被划分成两类。《2020通则》共有11个贸易术语，具体内容如表9-1所示。

表9-1 《2020通则》贸易术语一览

适用于任一或多种运输方式的术语		适用于海运和内河水运的术语	
EXW	工厂交货	FAS	船边交货
FCA	货交承运人	FOB	船上交货
CPT	运费付至	CFR	成本加运费
CIP	运费、保险费付至	CIF	成本、保险费加运费
DAP	目的地交货		
DPU	目的地卸货后交货		
DDP	完税后交货		

每个INCOTERMS®对买卖双方各规定10项义务，在编排上将卖方义务和买方义务分别以对应方式列出A/B条款，A卖方义务，B买方义务。每次INCOTERMS®的修订，都会对10条义务的内部顺序、内容和排版方式进行调整。《2020通则》的内部顺序排列如表9-2所示。

表9-2 《2020通则》的内部顺序排列

卖方/买方	义务
A1/B1	一般义务
A2/B2	交货/提货

续表

卖方/买方	义务
A3/B3	风险转移
A4/B4	运输
A5/B5	保险
A6/B6	交货/运输单据
A7/B7	出口/进口清关
A8/B8	查验/包装/标记
A9/B9	费用划分
A10/B10	通知

第二节 适用于任一或多种运输方式的规则

一、EXW

《2020 通则》中，EXW 全称 Ex Works（insert named place of delivery）即工厂交货（填入指定交货地点）。

EXW 指卖方在其商品的产地或储存地将货物交由买方处置，即完成了交货义务。买方则负责自行将货物装运，并承担其间的全部风险、责任和费用，包括货物可能出入境的手续和费用。此术语是卖方承担义务最少的贸易术语，如买方无法直接或间接办理货物出境手续时，则不宜采用这一术语。

1. 卖方义务

（1）在合同规定的时间、地点将符合合同要求的货物交给买方处置，此时风险和费用由卖方转移给买方。

（2）提供商业发票和其他单据，根据双方约定可以是纸质或电子形式。

（3）通知买方交货时间和地点。

2. 买方义务

（1）承担在卖方所在地领取货物之后的全部费用和风险。

（2）如有需要，办理出口国和进口国所要求的所有出口和进口清关手续，并支付相关费用。

（3）将货物从交货地点运至最终目的地。

（4）通知卖方在约定交货期内提货的时间，并按时提取货物支付货款，否则承担期满后货物的一切风险和费用。

二、FCA

《2020 通则》中，FCA 全称 free carrier（insert named place of delivery），即货交承运人（填入指定交货地点）。

FCA 是指卖方在指定地点将经出口清关的货物交给买方指定的承运人，即完成交货。如指定的地点是卖方所在地，则卖方需将货物装上买方的运输工具；如指定地点是另一地点，卖方只需要将还在卖方运输工具上的货物交由买方指定的承运人处置即可。

1. 卖方义务

（1）在合同规定的时间、地点将符合合同要求的货物交给买方指定的承运人，并及时通知买方。

（2）承担货物交给承运人之前的一切风险和费用。

（3）如有需要，办理和支付出口国要求的所有出口清关手续。

（4）提供商业发票和其他单据，根据双方约定可以是纸质或电子形式。

2. 买方义务

（1）自费订立运输合同或安排从指定交货地点开始的货物运输，并将指定的承运人名称、交货地点和时间等通知卖方。

（2）承担货物交给承运人之后的一切风险和费用。

（3）如有需要，办理和支付进口要求的所有手续及费用。

（4）按照合同约定提取货物和接受与合同相符的单据，并按合同规定支付货款。

三、CPT

《2020 通则》中，CPT 全称 carriage paid to（insert named place of destination），即运费付至（填入指定目的地），是指当货物已被交给由卖方指定的承运人时，卖方即完成了交货义务。但卖方还必须支付将货物运至指定目的地所需的运费，买方承担交货后的一切风险和其他费用。

1. 卖方义务

（1）自付费用签订运输合同，在合同规定的时间、地点将符合合同要求的货物交给承运人，并及时通知买方。

（2）承担货物交给承运人之前的一切风险和费用。

（3）如有需要，办理和支付出口国要求的所有出口清关手续。

（4）提供商业发票和其他单据，根据双方约定可以是纸质或电子形式。

2. 买方义务

（1）承担货物交给承运人之后的一切风险和运费外的其他费用。

（2）如有需要，办理和支付进口要求的所有手续及费用。

（3）按照合同约定提取货物和接受与合同相符的单据，并按合同规定支付货款。

四、CIP

《2020 通则》中，CIP 全称 carriage and insurance paid to（insert named place of destination），即运费，保险费付至（填入指定目的地），是指卖方除了必须承担在 CPT 术语下同样的义务外，还须负责办理货物运输保险，并支付保险费。

1. 卖方义务

（1）自付费用签订运输合同和保险合同，在合同规定的时间、地点将符合合同要求的货物交给承运人，并及时通知买方。

（2）承担货物交给承运人之前的一切风险和费用。

（3）如有需要，办理和支付出口国要求的所有出口清关手续。

（4）提供商业发票和其他单据，根据双方约定可以是纸质或电子形式。

2. 买方义务

（1）承担货物交给承运人之后的一切风险和运费、保费外的其他费用。

（2）如有需要，办理和支付进口要求的所有手续及费用。

（3）按照合同约定提取货物和接受与合同相符的单据，并按合同规定支付货款。

五、DAP

《2020 通则》中，DAP 全称 deliverd at place（insert named place of destination），即目的地交换（填入指定目的地），是指当卖方在指定目的地将还在运抵的运输工具上可供卸载的货物交由买方处置时，即为交货。卖方负责承担将货物运送到指定地点前的风险，卖方无义务办理进口清关的手续和承担相关的费用。

1. 卖方义务

（1）自付风险和费用签订运输合同或安排运输，将货物运至指定目的地，并及时通知买方。

（2）承担将放置在抵达指定目的地的运输工具上，并做好卸货准备的货物交由买方处置之前的一切风险和费用。

（3）如有需要，办理和支付出口国要求的所有出口清关手续及费用；协助买方办理进口清关。

（4）提供商业发票和其他单据，根据双方约定可以是纸质或电子形式。

2. 买方义务

（1）承担卖方交货后的一切风险和费用。

（2）如有需要，办理和支付进口要求的所有手续及费用。

（3）按照合同约定提取货物和接受与合同相符的单据，并按合同规定支付货款。

六、DPU

《2020 通则》中，DPU 全称 deliverd at place unloaded（insert named place of destination），即目的地卸货后交换（填入指定目的地），是指当卖方在指定目的地将货物从运抵的运输工具上卸下并交由买方处置时，即为交货。卖方负责承担将货物运送到指定地点前的风险。卖方无义务办理进口清关的手续和承担相关的费用。

1. 卖方义务

（1）自付风险和费用签订运输合同或安排运输，将货物运至指定目的地，并及时通知买方。

（2）承担抵达指定目的地的货物从运输工具上卸下交由买方处置之前的一切风险和费用。

（3）如有需要，办理和支付出口国要求的所有出口清关手续及费用；协助买方办理进口清关。

（4）提供商业发票和其他单据，根据双方约定可以是纸质或电子形式。

2. 买方义务

（1）承担抵达指定目的地的货物从运输工具上卸下后的一切风险和费用。

（2）如有需要，办理和支付进口要求的所有手续及费用。

（3）按照合同约定提取货物和接受与合同相符的单据，并按合同规定支付货款。

七、DDP

《2020 通则》中，DDP 全称 deliverd duty paid（insert named place of destination），即完税后后交货（填入指定目的地），当卖方在指定目的地，办理进口清关手续，将在交货地点的运输工具上尚未卸下的货物交与卖方，完成交货。卖方负责承担将货物运送到指定地点前的风险。这是 11 种贸易术语中卖方承担责任最大，且负担费用最多的一个术语。

1. 卖方义务

（1）自付风险和费用签订运输合同或安排运输，将货物运至指定目的地，并及时通知买方。

（2）承担抵达指定目的地的货物从运输工具上卸下交由买方处置之前的一切风险和费用。

（3）如有需要，办理和支付出口国要求的所有出口清关手续及费用；协助买方办理进口清关。

（4）提供商业发票和其他单据，根据双方约定可以是纸质或电子形式。

2. 买方义务

（1）承担抵达指定目的地的货物从运输工具上卸下后的一切风险和费用。

（2）如有需要，办理和支付进口要求的所有手续及费用。

（3）按照合同约定提取货物和接受与合同相符的单据，并按合同规定支付货款。

第三节　适用海运和内河水运的规则

一、FAS

《2020 通则》中，FAS 全称 free alongside ship（insert named port of shipment），即船边交货（填入指定装运港），是指卖方负责将货物交至装

运港买方指定的船边。若买方所派船只不能靠岸，卖方应负责用驳船把货物运至船边，卖方在船边完成交货义务，风险责任同时转移。由买方负责装船手续和费用，由卖方办理出口报关手续。

1. 卖方义务

（1）在合同规定的时间、地点将符合合同要求的货物交到指定的装运港卖方所派的船边，并及时通知买方。

（2）承担货物交到指定装运港船边之前的一切风险和费用。

（3）如有需要，办理和支付出口国要求的所有出口清关手续及费用。

（4）提供商业发票和其他单据，根据双方约定可以是纸质或电子形式。

2. 买方义务

（1）自费订立运输合同，并将船舶相关信息、交货地点和时间等通知卖方。

（2）承担货物交到指定装运港船边之后的一切风险和费用。

（3）如有需要，办理和支付进口要求的所有手续及费用。

（4）按照合同约定提取货物和接受与合同相符的单据，并按合同规定支付货款。

二、FOB

《2020 通则》中，FOB 全称 free on board（insert named port of shipment），即船上交货（填入指定装运港），是指当卖方将货物放在指定装运港装船上，卖方即完成交货，货物灭失或损坏的风险在货物交到船上时发生转移，同时，买方承担自那时起的一切费用。

1. 卖方义务

（1）在合同规定的时间、地点将符合合同要求的货物交到指定的装运港卖方所派的船上，并及时通知买方。

（2）承担货物交到指定装运港船上之前的一切风险和费用。

（3）如有需要，办理和支付出口国要求的所有出口清关手续及费用。

（4）提供商业发票和其他单据，根据双方约定可以是纸质或电子形式。

2. 买方义务

（1）自费订立运输合同，并将船舶相关信息、交货地点和时间等通知卖方。

（2）承担货物交到指定装运港船上之后的一切风险和费用。

（3）如有需要，办理和支付进口要求的所有手续及费用。

（4）按照合同约定提取货物和接受与合同相符的单据，并按合同规定支付货款。

三、CFR

《2020 通则》中，CFR 全称 cost and freight（insert named port of destination），即成本加运费（填入指定目的港），是指当卖方将货物在装运港装上船，卖方即完成交货，并支付货物运至指定目的港所需的运费和必要的费用。但交货后货物灭失或损坏的风险在货物交到船上时发生转移，同时，买方承担自那时起的运费外的其他费用。

1. 卖方义务

（1）在合同规定的时间、地点提供符合合同要求的货物，负责租船和支付运费，按时在装运港装船，并及时通知买方。

（2）承担货物交到指定装运港船上之前的一切风险和费用。

（3）如有需要，办理和支付出口国要求的所有出口清关手续及费用。

（4）提供商业发票和其他单据，根据双方约定可以是纸质或电子形式。

2. 买方义务

（1）承担货物交到指定装运港船上之后的一切风险和运费外的其他费用。

（2）如有需要，办理和支付进口要求的所有手续及费用。

（3）按照合同约定提取货物和接受与合同相符的单据，并按合同规定支付货款。

四、CIF

《2020 通则》中，CIF 全称 cost, insurance and freight（insert named port of destination），即成本、保险费加运费（填入指定目的港），是指当卖方将货物在装运港装上船，卖方即完成交货，支付货物运至指定目的港所需的运费，并办理货物运输保险。但交货后货物灭失或损坏的风险在货物交到船上时发生转移，同时，买方承担自那时起的运费和保险费外的其他费用。

1. 卖方义务

（1）在合同规定的时间、地点提供符合合同要求的货物，负责租船和支付运费，负责办理货物运输保险和支付保费，按时在装运港装船，并及时通知买方。

（2）承担货物交到指定装运港船上之前的一切风险和费用。

（3）如有需要，办理和支付出口国要求的所有出口清关手续及费用。

（4）提供商业发票和其他单据，根据双方约定可以是纸质或电子形式。

2. 买方义务

（1）承担货物交到指定装运港船上之后的一切风险和运费、保费外的其他费用。

（2）如有需要，办理和支付进口要求的所有手续及费用。

（3）按照合同约定提取货物和接受与合同相符的单据，并按合同规定支付货款。

CIF 与 CFR 不同之处在于：以 CIF 方式成交，卖方还承担为货物办理运输保险并支付保险费的义务。在 FOB 和 CFR 中，由于买方是为自己所承担的运输风险而办理保险，因而不构成一种义务。按照《2020 通则》的解释，卖方应在不迟于货物在装运港装上船时，办理货运保险。在合同无明示时，卖方可按保险条款中最低责任的险别投保，最低保险金额应是合同规定的价格另加 10%（即 110%），并应采用合同货币。

第四节 对常用贸易术语的总结

一、三种贸易术语（FOB、CFR、CIF）的比较

1. 相同点

适用于内河及海洋运输；交货在装运港；风险转移点在装运港船上；买卖双方分别办理进出口手续；均属于装运合同。

2. 不同点

价格构成不同，买卖方所承担的责任与费用不同。FOB = 出口总成本，CFR = FOB + 主运费，CFR = CFR + 保险费。

二、货交装运港（FOB、CFR、CIF）与货交承运人（FCA、CPT、CIP）两组贸易术语的比较

1. 相同点

买卖双方分别办理进出口手续；风险划分点前后的责任和风险分别由

买卖方承担。从价格构成上，FCA = FOB，CPT = CFR，CIP = CIF。

2. 不同点

适用范围不同，前者适用于内河及海洋运输，后者适用于任何运输方式；交货地点不同，前者交货在装运港，后者交货在承运人所在地点；风险点不同，前者在装运港船上，后者在承运人所在地点。

第五节 FOB 价格核算及价格换算公式

一、出口价格核算

价格核算是进出口业务的关键环节，它直接关系到交易磋商的成败和买卖双方的利益，因此，只有了解并掌握出口价格的核算方法，才能保证其所报价格的准确与合理。

（一）出口价格构成

出口商品价格的构成包括成本、费用和利润三部分。

1. 实际成本（cost）

出口商品的实际成本包括生产成本、加工成本和进货成本三种类型。我们对出口商品实际成本的核算应当剔除增值税。

2. 费用（expenses/charges）

出口商品的费用包括国内费用和国外费用两部分。

（1）国内费用项目较多，主要有：①加工整理费；②包装费用；③保管费用（包括仓租、火险等）；④国内运输费用（仓库至码头、车站、空港、集装箱运输场、集装箱堆场）；⑤拼箱费（如果货物构不成一整集装箱）；⑥证件费用（商检费、公证费、领事签证费、产地证费、许可证费、报关单费等）；⑦银行费用（贴现、贷款利息、手续费等）；⑧预计损耗（耗损、短损、漏损、破损、变质等）；⑨港区港杂费（出口货物在装运前在港区码头所需支付的各种费用）；⑩经营管理费（通信费、交通费、交际费等费用）。

（2）国外费用主要有：①国外运费（自装运港至目的港的海上运输费用）；②国外保险费（海上货物运输保险）；③如果有中间商，还应包括支付给中间商的佣金。

3. 预期利润（expected profit）

在出口交易中，利润对于出口商是极为重要的，因此，它是价格构成中必不可少的，一般以成交额或成本为基数计算。

（二）价格核算方法一：构成要素加总法

$$出口报价 = 实际成本 + 费用 + 预期利润$$

1. 实际成本核算：以出口贸易公司为例

对于从事出口业务的贸易公司来说，需要了解的主要是进货成本。一般来说，进货成本是指国内供货商的报价，它包含增值税。我们对出口商品的实际进货成本的核算应当剔除增值税。由于我国尚未采取足额退税，就有必要掌握如何根据增值税及实际退税率来计算出口商品的实际进货成本。计算公式如下：

$$实际成本 = 含税成本 - 退税收入$$

$$退税收入 = \frac{含税成本}{1 + 增值税税率} \times 出口退税税率$$

故

$$实际成本 = 含税成本 - \frac{含税成本}{1 + 增值税税率} \times 出口退税税率$$

$$= 含税成本 \times \left(1 - \frac{出口退税税率}{1 + 增值税税率}\right)$$

2. 各种价格基本构成

国际货物买卖中常用贸易术语价格的基本构成为：

$$FOB 价 = 实际成本 + 国内费用 + 预期利润$$

$$CFR 价 = 实际成本 + 国内费用 + 预期利润 + 主运费$$

$$CIF 价 = 实际成本 + 国内费用 + 预期利润 + 主运费 + 保险费$$

（三）价格核算方法二：盈亏换汇比法

使用上述各种构成要素加成可以计算出相应价格，但是，国内费用具有不确定性，而且用这种方法比较麻烦，也不符合实际业务操作。下面介绍用“盈亏换汇比法”来计算出口价格（以 FOB 为例）。盈亏换汇比（Y），即计算出考虑退税条件下的盈亏平衡点时的出口换汇成本，通过相关公式再计算价格。

1. 盈亏换汇比的计算

（1）外贸公司。例如，外贸公司出口某产品，其含税成本（含增值税）为 C 元人民币/只，该产品可以享受退税率为 A，增值税率为 R，盈亏换汇比为 Y_1，外贸公司盈亏换汇比（Y_1）推导如下：产品出口时不亏也不盈的 FOB 价格为：

$$\text{FOB} = C/Y_1 \tag{9-1}$$

同时，考虑到出口退税，产品出口在盈亏平衡点时，即企业出口某单位产品的外汇收入折算成人民币加上退税额应等于某产品含税成本（含增值税），所以可以得到以下公式：

$$\text{FOB 价} \times \text{外汇买入价} + C \times \frac{A}{1+R} = C \tag{9-2}$$

将式（9－1）代入式（9－2），并整理得出：

$$Y_1 = \frac{\text{外汇买入价}}{1 - \dfrac{A}{1+R}} \tag{9-3}$$

例如，某产品可以享受退税率为17%，增值税税率为17%，外汇买入价为6.83，计算得到 $Y_1 = 7.9911$。

（2）生产企业。目前，生产企业自营出口多数实行出口货物全额征税、出口退税的办法，生产企业退税的计算方法与外贸公司的不同，生产企业的退税＝FOB 价格×外汇买入价×出口退税率，外贸公司退税收入＝$\dfrac{\text{含税成本}}{1+\text{增值税税率}}$×出口退税率。对于生产企业而言，上述盈亏换汇比的公式就不再适用了，生产企业的盈亏换汇（Y_2）比推导如下：

例如，生产企业自营出口某产品，其含税成本（含增值税）为 B 元人民币/只，该产品可以享受出口退税率为 A，增值税税率为 R，所以，产品出口时不亏也不赢的 FOB 价格为：

$$\text{FOB} = \frac{B}{Y_2} \tag{9-4}$$

同时，考虑到退税，产品出口在盈亏平衡点时，即企业出口某单位产品的外汇收入折算成人民币加上退税额应等于某产品含税成本（含增值税），所以可以得到以下公式：

$$\text{FOB 价} \times \text{买入价} + \text{FOB 价} \times \text{外汇买入价} \times \text{退税率} = B \tag{9-5}$$

整理式（9－5）得出：

$$\text{FOB 价} = \frac{B}{\text{外汇买入价}\ (1+A)} \tag{9-6}$$

比较式（9－4）和式（9－6），得出

$$Y_2 = \text{外汇买入价} \times (1+A) \tag{9-7}$$

例如，某产品可以享受退税率为13%，增值税税率为17%，外汇买入价为6.83，计算得到 $Y_2 = 7.7179$。

2. FOB价格的计算

$$对外贸公司而言，FOB价=\frac{含税成本（C）\times(1+毛利润率)}{盈亏换汇比（Y_1）}$$

$$对生产企业而言，FOB价=\frac{含税成本（B）\times(1+毛利润率)}{盈亏换汇比（Y_2）}$$

应用上述公式请注意以下两点：

（1）毛利润率由企业定价决策而定，比如10%～30%，一般不是固定的数值。

（2）在相同条件下，生产企业的盈亏换汇比在数值上比外贸企业的大。不考虑产品人民币价格的不同（实际上是生产企业的比外贸公司的要低一些），生产企业直接对外报价相对低一些，更有竞争力，尤其在差额大的情况下更是如此。

二、主要贸易术语的价格换算

已知CIF价=FOB价+国外运费+国外保险费，而国外保险费是以CIF价格为基础计算的，即CIF价=FOB价+国外运费+CIF价×保险加成×保险费率。

1. FOB价换算其他价

$$CFR价=FOB价+国外运费$$

$$CIF价=\frac{FOB价+国外运费}{1-保险加成\times保险费率}$$

2. CFR价换算其他价

$$FOB价=CFR价-国外运费$$

$$CIF价=\frac{CFR价}{1-保险加成\times保险费率}$$

3. CIF价换算其他价

$$FOB价=CIF价\times(1-保险加成\times保险费率)-国外运费$$

$$CFR价=CIF价\times(1-保险加成\times保险费率)$$

同理，我们可以计算FCA、CPT和CIP三种价格之间的换算。

三、佣金和折扣

（一）佣金

佣金（Commission）又称手续费（Brokerage），是买方（如由其委托中间商采购）或卖方（由其委托中间商推销）付给中间商的报酬。佣金分“明佣”和“暗佣”两种，在价格中体现佣金的为明佣，在价格中看不出含佣，但实际上含佣的为暗佣，两者通称为含佣价。暗佣表面上与净价没有区别，为了明确起见，一般在净价的贸易术语后加“Net”字样。

在实际业务中，一般按成交额为计算佣金的基数，用公式表示为：

$$佣金额 = 含佣价 \times 佣金率$$

$$含佣价 = 净价 + 佣金额$$

或者

$$含佣价 = \frac{净价}{1 - 佣金率}$$

具体到某一贸易术语：

$$\text{FOB}\ 含佣价 = \frac{\text{FOB}\ 净价}{1 - 佣金率}$$

$$\text{CFR}\ 含佣价 = \frac{\text{CFR}\ 净价}{1 - 佣金率}$$

$$\text{CIF}\ 含佣价 = \frac{\text{CIF}\ 净价}{1 - 佣金率}$$

实际业务中，有时外商因情况变化，要求将一种贸易术语改报成另一种贸易术语，或将净价改报成含佣价，或调整含佣价的佣金率，只要不影响我方净收入，都可以接受。至于调整或改报的结果均可通过以上公式计算并获得。

（二）折扣

折扣（discount）是指卖方按原价给予买方一定比例的减让，一般由卖方在付款时预先扣除。

国际贸易中常用的折扣有品质折扣、数量折扣、季节折扣、现金折扣、特别折扣等。折扣的表示方法及计算方式有很多种，但最常用的计算方法是：

$$折扣 = 成交金额 \times 折扣率$$

$$折实售价 = 原价 \times (1 - 折扣率)$$

第六节　合同中的价格条款

国际货物买卖合同中的价格条款主要包括单价（unit price）和总值（total amount）两项内容。单价主要由计价货币、单位价格金额、计量单位和贸易术语四部分组成。此外，单价中还可以包括佣金或折扣等。总值是单价和数量的乘积。

一、价格条款的基本要素

1. 计量单位

单价条款中的计量单位应与数量条款中的计量单位相一致。若数量条款中的计量单位为“M/T”，则单价条款中的计量单位也应用“M/T”，而不应用“L/T”或“S/T”。

2. 单价金额

在填写书面合同时，要将双方协商的价格准确无误地写在单价条款中，参照国际贸易的习惯做法，注意佣金和折扣的运用。若企业在出口合同中误填的金额低于商定的，或在进口合同中误填的金额高于商定的金额，就极可能造成不必要的损失。

单价中涉及的计价计量单位、计价货币、装卸地名称等必须书写正确、清楚，以利于合同的履行。

3. 计价货币

尽量使用可以自由兑换、汇率比较稳定的货币，而且出口时争取使用汇率上浮的货币，即“硬币”；进口时争取使用汇率呈下浮趋势的货币，即“软币”。在必要时加订汇率保值条款。

4. 选用适当的贸易术语

在考虑有利于本国经济发展及企业的经营意图的情况下，一般出口尽量使用 CIF（或 CIP）价，进口使用 FOB（或 FCA）价。贸易属术语后面均需加注装运地或目的地，若装运地或目的地在世界上有相同名称的，应在装运地或目的地后面加注国别或地区名称。

5. 货物的品质和数量

如果货物品质和数量约定有一定的机动幅度，则对机动部分的作价也应一并规定。

二、价格条款例证

1. CIF 伦敦每公吨 200 美元

CIF London USD200. 00 per M/T

2. FOB 上海每公吨 200 美元

FOB Shanghai USD 200. 00 per Metric Ton

3. CFRC 3%纽约每打 100 美元

CFRC3% NewYork USD100. 00 per doz

小 结

（1）在国际货物买卖中，买卖双方在交易磋商和合同订立过程中，一般都需要使用贸易术语来确定双方在交接货物方面的部分合同义务。在贸易业务中，由于贸易术语对买卖双方在交货、风险划分、费用负担、办理运输合同和保险合同等方面有较明确的规定，这在一定意义上就决定了合同的性质。

（2）在出口业务中，确定价格的基本原则是，在坚持平等互利的基础上，以国内几个价格为基础，参考国际市场价格，按照国别政策，利用各种差价结合购销意图制定适当的价格。

（3）价格核算是报价的前提和基础，FOB 价格的计算及其他价格的推算显得十分重要。

习 题

一、单项选择题

1. 在以下条件成交的合同中，不属于装运合同的是（ ）。

A. FOB 上海 Incoterms® 2020

B. FAS 天津 Incoterms® 2020

C. DAP 厦门 Incoterms® 2020

D. CIF 纽约 Incoterms® 2020

2. 按照 Incoterms® 2020 的解释，采用 FOB 条件成交，买卖双方风险划分的界限是（ ）。

A. 运输工具上　　B. 装运港船边

C. 装运港船舷　　D. 装运港船上

3. 根据 Incoterms® 2020 的解释，按 CFR 术语成交，卖方无义务（ ）。

A. 提交货运单据　　B. 租船订舱

C. 办理货运保险　　D. 取得出口许可证

4. 按照 Incoterms® 2020 的解释，采用 CIF 条件成交时，货物装船时从吊钩脱落掉入海里造成的损失由（ ）。

A. 卖方负担　　B. 买方负担

C. 承运人负担　　D. 买卖双方共同负担

5. 按照 Incoterms® 2020 的解释，CIF 与 CFR 的主要区别在于（ ）。

A. 办理租船订舱的责任方不同

B. 办理货运保险的责任方不同

C. 风险划分的界限不同

D. 办理出口手续的责任方不同

6. 我国出口公司向德国出口核桃 3,000 公吨，一般应采用（ ）贸易术语为好。

A. FOB 汉堡　　B. FOB 青岛

C. FOB 北京机场　　D. CIF 汉堡

7. 在实际业务中，FOB 条件下，买方常委托卖方代为租船、订舱，其费用由买方负担。如到期订不到舱，租不到船，（ ）。

A. 卖方不承担责任，其风险由买方承担

B. 卖方承担责任，其风险也由卖方承担

C. 买卖双方共同承担责任、风险

D. 双方均不承担责任，合同停止履行

8. 根据 Incoterms® 2020 的解释，FOB 条件和 CFR 条件下卖方均应负担（ ）。

A. 提交商业发票及海运提单

B. 租船订舱并支付运费

C. 货物于装运港越过船舷以前的一切风险

D. 货物进口清关手续

9. Incoterms® 2020 共包括（ ）种贸易术语。

A. 12　　B. 13　　C. 11　　D. 10

10. 采用 FCA 术语成交，货物运输契约由（ ）。

A. 卖方订立　　B. 买方订立

C. 银行订立　　D. 保险公司订立

二、判断题

1. 如果买卖双方在合同中作出与国际惯例完全相反的约定，只要这些约定是合法的，将得到有关国家法律的承认和保护，并不因与惯例相抵

触而失效。 ( )

2. FOB 术语按各国惯例的解释都是由卖方负责申请领取出口许可证和支付出口税。 ( )

3. 根据 Incoterms® 2020，CIF、CFR、CPT、CIP 由出口方负责签订运输合同。 ( )

4. 按 FOB、CFR、CIF 三种贸易术语成交，货物装上船后，风险即告转移。因此，当货物到达目的港后，买方如果发现到货品质、数量或包装有任何与合同规定不符的情况，卖方就不负责任。 ( )

5. 在 FOB 合同中，卖方可以接受买方委托，代理租船订舱手续。 ( )

6. 在 CFR 合同中，海运提单对运费的表示应为“运费到付”。 ( )

7. DPU 术语要求卖方办理进口清关手续。 ( )

8. CIF 术语由卖方承担装运港至目的港运输过程中的风险。 ( )

9. 与 FOB 相比，CFR 术语下卖方增加的责任是租船定舱。 ( )

10. 在 EXW 术语下，货物被禁止出口的风险由卖方负担。 ( )

三、简答题

1. 何谓贸易术语？有哪些相关国际惯例？

2. 简述 CIF、CFR、FOB 的异同点。

3. 简述 FOB、CFR、CIF 和 FCA、CPT、CIP 两类贸易术语的异同点。

4. 为什么 CIF 是一种典型的象征性交货？

四、案例分析

1. 某外贸公司按 CIF 术语向外商出售一批核桃仁，由于该商品季节性较强，双方在合同中规定：买方在 9 月底前开证，卖方保证货船不迟于 12 月 1 日达到目的港，否则，买方有权取消合同。若货款已收，卖方须退回货款，问这一合同性质是否还属于 CIF 合同？为什么？

2. 我国北京 A 公司拟向美国纽约 B 公司出口某商品 50,000 箱，B 公司提出按 FOB 新港条件成交，而 A 公司则提出采用 FCA 北京的条件。试分析 A 公司和 B 公司各自提出上述成交条件的原因。

五、计算题

1. 某外贸企业与英商达成一笔交易，合同规定我方出口某商品 500 公吨，每公吨 450 美元 CFRC 2% 利物浦，海运运费每公吨 29 美元，出口收汇后出口企业向该英商汇付佣金。

计算：（1）该出口企业向中国银行购买支付佣金的美元共需多少人民币？

（2）该出口企业的外汇净收入为多少美元？（按当时中行牌价：1 美元 =6.23 人民币元）

2. 进出口贸易公司出口某产品，增值税税率为 16%，其退税率为 13%，外汇买入价 1 美元 =6.23 人民币元，请计算盈亏换汇比。

第十章　国际货款的收付

[学习目标]

知识目标：能准确表述支付工具和支付方式的基本概念及国际货款收付的基本种类。

能力目标：能正确填制外贸单证，撰写合同中的相关的支付条款；能结合相关案例分析国际货款收付风险，并提出相应规避风险的办法。

素养目标：明确外贸行业的职业规范，养成耐心细致的工作作风，树立法律意识，责任意识，具备诚信品质和敬业精神。

本章重点：

1. 票据（支付工具）的分类及内容

2. 汇付、托收、信用证的含义、种类、程序、特点、应用及风险防范

本章难点：

1. 汇付与托收程序

2. 信用证程序和特点

3. 汇付、托收和信用证的应用及风险防范

开篇案例

我国某外贸公司与某美籍华人客商进行了几笔顺利的小额交易，付款方式为预付。此后，客商称销路已经打开，要求增加数量，可是由于数量太多，资金一时周转不开，最好将付款方式改为 D/P AT SIGHT。当时我方考虑到采用 D/P AT SIGHT 的情况下，如果对方不去付款赎单，就拿不到单据，货物的所有权归我方所有。因此，未对客户的资信进行全面调查，就发出了一个 40 英尺货柜①的货物，金额为 3 万美元。事情发展极为

---

① 常用集装箱种类为：20 英尺货柜、40 英尺货柜、45 英尺货柜，故此处保留英尺。

不顺利。货物到达目的港后，客商借口资金紧张，迟迟不去赎单。10 天后，各种费用相继发生。考虑到这批货物的花色品种为客户特别指定，拉回来也是库存，便被迫改为 D/A 30 天。可是，客户将货提出之后，就再也没有音信。到涉外法律服务处与讨债公司咨询才知道，到美国打官司费用极高，于是只好作罢。

国际货款的收付是贸易合同中十分重要的条款之一，它不仅直接关系到进出口双方的资金融通和周转，而且影响到进出口双方的商业风险。一笔没有信用的销售对企业而言，是没有意义的销售。所以进出口双方都非常关注该项条款，往往在谈判中成为焦点。本章拟从支付工具（票据）、支付方式，以及选用等内容进行介绍。

第一节　支付工具

国际贸易货款的收付，采用现金结算的较少，大多使用非现金结算，即采用各类金融票据来进行支付。金融票据（financial document）是指可以流通转让的债权凭证，是国际上通行的结算和信贷工具。金融票据主要有汇票、本票和支票，其中汇票最为常见。

一、汇票

（一）汇票的含义

根据 1995 年 5 月 10 日公布的《中华人民共和国票据法》（以下简称《票据法》）第十九条规定，汇票（bill of exchange）是出票人签发的，委托付款人在见票时或在指定日期无条件支付确定的金额给收款人或持票人的票据。按照各国广泛引用或参照的《英国票据法》的规定，汇票是一个人向另一个人签发的，要求即期或定期或在可以确定的将来时间，对某人或其指定人或持票人支付一定金额的无条件书面支付命令。从上面的定义看，汇票有 3 个当事人，即出票人（drawer）、受票人（drawee）或付款人（payer）和收款人（payee）。

（二）基本内容

各国票据法对汇票内容的规定不同，一般认为应包括下列基本内容：

（1）注明“汇票”字样；

（2）无条件的支付命令；
（3）汇票金额；
（4）出票日期和地点；
（5）收款人姓名和商号；
（6）付款地点；
（7）付款期限；
（8）付款人姓名和商号；
（9）出票人签字。

［汇票样本］

BILL OF EXCHANGE

No. ______________________

For ______________________ ______________________
(amount in figure) (place and date of issue)

At ______________ sight of this FIRST Bill of Exchange (SECOND being unpaid)

pay to ______________________ or order the sum of ______________________
(amount in words)

Value received for ______________________ of ______________________
(quantity) (name of commodity)

Drawn under ______________________________________

L/C No. ______________________ dated ______________________

To: ______________________ For and on behalf of ______________________
(Signature)

（三）汇票的种类

（1）按出票人（drawer）的不同，可分为银行汇票（banking bill）和商业汇票（commercial bill）。出票人为银行，即为银行汇票；出票人为商业，即为商业汇票。

（2）按有无附商业单据，可分为光票（clean bill）和跟单汇票（documentary bill）。汇票在使用过程中，如未附商业单据，即为光票；如附有商业单据，则为跟单汇票。

（3）按付款时间的不同，可分为即期汇票（sight draft）和远期汇票（time bill or usance bill）。如果付款人见到汇票后立即付款，则为即期汇票；如果付款人见到汇票后在一定期限或的特定日期付款，则为远期汇票。

远期汇票的付款时间一般有以下四种规定方式：

①见（汇）票后××天付款（at xx days after sight）；

②出（汇）票后××天付款（at xx days after date of issue）；

③提单日期后××天付款（at xx days after date of b/l）；

④指定日期（fixed date）。

要注意①~③种情况下付款时间的不同，③付款时间最早，②付款时间其次，①付款时间最迟，因为在通常情况下，提单日期最早，汇票日期不得早于提单日期，而“见票日期”是在国外收到汇票时的日期，从出票日期到见票日期需要一个邮程。

（四）汇票的使用程序

1. 出票（issue）

出票人在汇票上填写付款人、付款金额、付款日期和地点及收款人等项目，经签字交给受票人的行为。收款人（即汇票抬头）的写法有三种：

（1）限制性抬头（non-negotiable），如 Pay...only 或 Pay...，not transferable.，限定了汇票的收款人，该汇票在市场上不能转让和流通。

（2）指示性抬头（endorsable），如 Pay...or order 或 Pay to the order of...该汇票通过持票人在背面签字（背书），即可转让给他人。在国际贸易结算中比较常用。

（3）持票人或来人抬头（marketable），如 Pay to bearer. 该汇票无须持票人背书就可以转让给他人。

2. 提示（presentation）

持票人将汇票提交付款人要求承兑或付款的行为。付款人见到汇票称为见票（sight）提示，可以分为付款提示和承兑提示。如果是即期汇票，付款人应作出付款提示；如果是远期汇票，先做出承兑提示，到期时付款。

3. 承兑（acceptance）

付款人对远期汇票表示承担到期付款责任的行为。即期汇票不需要该程序。

4. 付款（payment）

受票人（付款人）对即期汇票在见票后立即履行支付责任或对已经承兑的汇票在到期时履行支付责任的行为。

5. 背书（endorsement）

汇票是一种流通工具（negotiable instrument），可以在票据市场上流通转让。背书是转让汇票权利的一种法定手续，就是由汇票持有人在汇票的被面签上自己的名字或再加上受让人的名字，并把汇票交给受让人的行为。

6. 拒付（dishonor）

持票人提示汇票要求承兑时，遭到拒绝（dishonor by no-acceptance）；或持票人提示汇票要求付款时，遭到拒绝（dishonor by non-payment），这两种情形均称为拒付，也称退票。

7. 追索（resource）

当持票人遭到拒付，就可以向出票人或汇票背书人行使追索权。汇票的善意持有人有权向所有“前手”追索，一直可追索到出票人。持票人为了行使追索权，通常要及时做成拒绝证书。持票人请公证机构出具拒绝证书是为了证明持票人已按规定行使票据权利，但未获结果。由此，持票人得以行使追索权。汇票拒付时，持票人应立即将票据交当地公证人由其再向付款人提示，若付款人仍拒付，则公证人将立即做成书面证明交持票人。为了避免承担被追索的责任，出票人或出让人在出票或背书时可加注“不受追索”（without recourse）字样。但是列明这种记载的汇票，一般不易在市场上被转让和流通。

二、本票

（一）本票的定义

《英国票据法》关于本票（promissory note）的定义是，本票是由一人向另一人签发的约定在见票时或在指定的或可以确定的将来时间向特定的人或其指定的人或持票人无条件支付一定金额的书面承诺。

（二）本票的必要项目

（1）注明“本票”字样；

（2）无条件的支付承诺；

（3）确定的金额；

（4）收款人姓名和商号；

（5）出票日期；

（6）出票人签字。

[本票样本]

Usd 50,000.00 New York, March 12, 2006 One month after date I promise to pay xx（收款人）or order the sum of U.S. DOLLARS FIFTY THOUSAND for value received. ×××（签名）

（三）本票的种类

按出票人的不同，本票可分为商业本票（commercial note）和银行本票（banking note）。企业和个人签发的本票为商业本票；银行签发的本票为银行本票。

商业本票按付款日期不同分为定日付款本票、签票日后定期付款本票、见票后定期付款本票和见票即付本票。银行本票则都是即期的。我国《票据法》第七十三条规定："本票是出票人签发的，承诺自己在见票时无条件支付确定的金额给收款人或者持票人的票据。本法所称本票，是指银行本票。"由此可见，我国《票据法》所指的本票为银行即期本票，而未规定商业本票，这主要是从我国目前实际情况考虑的。银行本票是银行信用，所以较为常用。

三、支票

（一）支票的定义

支票（check or cheque）是银行存款户对银行签发的要求银行对特定的人或其指定人或持票人在见票时无条件支付一定金额的书面命令。签发支票是以存款者在银行存款账户上有足够数额存款或事先同银行洽订有一定的透支额度作为前提条件的。实际上，支票是以银行为付款人的即期汇票。

（二）支票的必要项目

（1）注明"支票"字样；

（2）无条件的支付委托；

（3）确定的金额；

（4）付款人姓名和商号；

（5）出票日期；

（6）出票人签字。

[支票样本]

Cheque for Usd 50, 000. 00　　New York，March 12，2006
Pay to the order of XX（收款人）
The sum of U. S. DOLLARS FIFTY THOUSAND
To：xx Bank，New York
XXX（签名）

（三）支票的种类

按照我国《票据法》，支票可分为现金支票和转账支票，现金支票可以向银行提取现金，转账支票通过银行将票款收入账户。转账支票也叫划线支票，是在支票正面划两道平行线，划线支票只能通过银行收款入账。使用划线支票的目的是在支票遗失被人冒领时，还有可能通过银行代收的线索追回票款。

按各国票据法规定，支票可以由银行加“保付”（certified to pay）而成为保付支票（certified check）。支票一经保付，付款责任即由银行承担，出票人、背书人都可免予追索。付款银行对支票保付后，即将票款从出票人的账户转入一个专户，以备付款，所以保付支票提示时，不会退票。

在我国出口贸易中，如国外进口商交来支票作为支付凭证，为防止对方开立空头支票，除可要求对方出具“保付支票”外，还可在收到对方支票后，立刻委托我国国内银行凭该支票向国外付款行收款，待支票面额收妥后方可发货，以防上当受骗。

第二节　汇付和托收

汇付和托收是国际贸易结算中两种常见的方式，均属于商业信用，即货款的成功收付与否关键在于买卖双方的信用，不存在银行信用担保。

一、汇付（remittance）

汇付又称汇款，即付款人主动通过银行或其他途径将款项汇交收款人。

（一）汇付的当事人

（1）汇款人（remitter），一般为进口方；

（2）收款人（payee），一般为出口方；

（3）汇出行（remitting bank）也称进口地银行（importer's bank）；

（4）汇入行（paying bank）也称出口地银行（exporter's bank）。

（二）汇付的种类

1. 信汇（mail transfer，M/T）

汇出行应汇款人的申请将信汇委托书寄给汇入行，授权解付一定金额的款项给收款人的一种汇款方式。信汇委托书须由汇出行签字，经汇入行核对签字无误，证实信件真实性后，方能解汇。信汇的优点是费用低廉，但收款人收到汇款的时间较迟。信汇业务程序如图 5 – 1 所示。

2. 电汇（telegraphic transfer，T/T）

汇出行应汇款人的申请拍发加押电报、电传或国际资金清算系统（SWIFT）给汇入行，授权解付一定金额的款项给收款人的一种汇款方式。在电报或电传上，汇出行应加注双方约定的“密押”，以使汇入行核对金额和证实电报的真实性。电汇的优点是收款人收到汇款的时间迅速，但费用较高。电汇业务程序如图 10 – 1 所示。

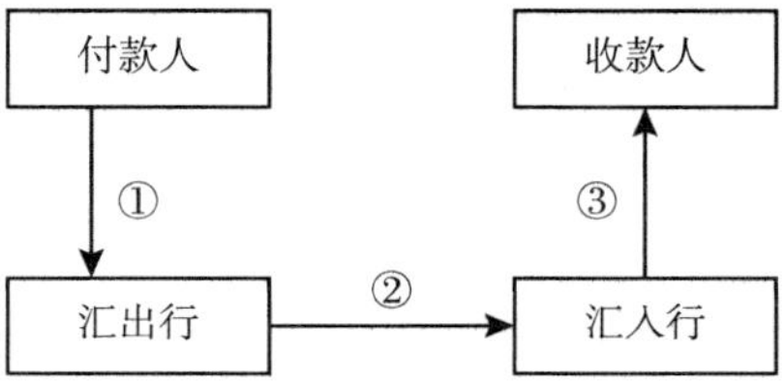

图 10 – 1　电汇和信汇业务程序

注：①汇款人向汇出行申请汇款；
②汇出行以信函（信汇）或电报（电汇）授权汇入行解付一定金额给收款人；
③汇入行解付金额给收款人。

3. 票汇（remittance by banker's draft，D/D）

票汇是汇出银行应汇款人的申请，代汇款人开立以其分行或代理行为解付行的即期汇票，支付一定金额给收款人的另一种汇款方式。票汇业务程序如图 10－2 所示。

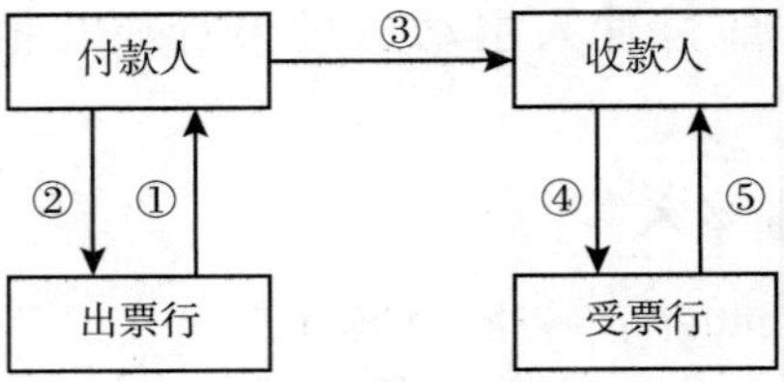

图 10－2　票汇业务程序

注：①汇款人向汇出行申请汇款；
②出票行出具汇票交向汇款人；
③汇款人将汇票寄交收款人；
④收款人将汇票提示给指定受票行；
⑤受票行对汇票付款或承兑。

（三）汇付在国际贸易中的应用

1. 预付货款（pay in advance）

预付货款是进口商先将货款的一部分或全部汇交出口商，出口商收到货款后，立即或在一定时间内发运货物的结算方式。预付货款有利于出口商，而不利于进口商。一般地，合同中规定买方应在装船前××天支付全部或一定比例的货款给卖方（Buyer should pay total or xx% amount to seller by T/T within xx days before shipment.）。

2. 货到付款

出口商先发货，进口商后付款的结算方式。与预付货款相反，货到付款有利于进口商，而不利于出口商，因为后者要承担进口商不付款的风险，实际上就是赊销（open account，O/A）。一般合同中规定买方应该在装船后若干天内支付全部或一定比例的货款给卖方（Buyer should pay total or xx% amount to seller by T/T within xx days after shipment.）。

3. 双汇付

预付货款与货到付款是两种比较"极端"的做法，有时会造成进出口双方利益的不平衡，对于初次交易的进出口双方而言，往往会因互不信任对方而不愿意采用上述方式。随着国际贸易实践的发展，出现了"双汇付"的做法，就是将预付货款与货到付款两种方式有机地结合使用，刚好可以缓解以上矛盾。

一般来说，贸易合同中规定，买方应在合同签订后若干天内预付××%（一般为20%～30%，下同）作为订金，若卖方不能如期装船，应将订金双倍退还买方；卖方在货物装船后1～2天内将正本海运提单

（B/L）传真给买方，买方收到后在×天（期限长短应考虑航线，若为近洋航线，×大约为1～2天；若为远洋航线，×可以适当延长）内电汇（T/T）剩余货款给卖方，并将电汇收据（T/T Receipt）传真给卖方，卖方收到后即将正本B/L快递或电放（telex release）给买方。买卖双方应及时分别审核B/L和T/T Receipt的真实性，以保证上述条款的正常实现。

双汇付的做法对出口商来说，可以大大降低收汇风险，因出口商已收取订金，而且在装船后到货款落实前仍掌握海运提单；对进口商来说，如果出口商未按期装船，可要求退还双倍订金，而且在确定出口商装船后才电汇剩余大部分货款，不但不会占用大量资金，而且能保证收到货物。如果出现买方不及时付款，卖方无论如何要掌握提单，直至买方付款为止。实践证明，我国企业与东南亚客户交易时大量采用此种方法。

二、托收

（一）含义

根据国际商会《托收统一规则》（URC522，1995年公布并于1996年生效）规定：托收（collection）是指由收到托收指示的银行根据所收到的指示处理金融票据（支付工具）和商业单据（装运单据）以便取得付款或承兑。通俗地说，也即托收是债权人（出口人）出具债权凭证（支付工具）委托银行向债务人（进口人）收取货款的一种支付方式。

（二）当事人及其关系

根据“URC522”的规定，托收一般有如下5个当事人：

（1）委托人（principal）是指委托银行向国外付款人受款的出票人，通常为出口方。

（2）托收行（remitting bank）是指接受委托人的委托，办理托收业务的银行，通常为出口方银行。

（3）代收行（collecting bank）是指接受托收行的委托向付款人收取票款的进口地银行。通常为托收行的国外分行或代理行。

（4）提示行（presenting bank）是指向付款人作出提示汇票和单据的银行，可以是代收行委托与付款人有未来账户关系的银行，也可以由代收行自己兼行。

（5）付款人（Payer）是指汇票的受票人，通常为进口方。

（三）种类及程序

按托收过程划分，根据汇票是否随附商业单据，可以分为光票托收

(clean collection) 和跟单托收 (documentary collection)。前者在托收过程中，汇票没有随附发票、提单等商业单据而单独使用，国际贸易中不常用；后者在托收过程中，汇票随附发票、提单等商业单据使用，国际贸易中货款的收取大都采用后者。在跟单托收的情况下，按照向进口人交单的条件不同，可分为付款交单 (documents against payment, D/P) 和承兑交单 (documents against acceptance, D/A)。

1. 付款交单

付款交单是指代收行在付款人（进口商）付款后才将全套托收单据交（放）给付款人，即以付款为条件的交单。按付款人付款期限的不同，分为即期 (D/P at sight) 和远期 (D/P after xx days' sight)。

（1）即期 D/P：指在付款人（进口商）在见票后即期付款后，代收行才将全套托收单据交（放）给付款人，即以即期付款为条件的交单。业务程序如图 10－3 所示。

（2）远期 D/P：指在付款人（进口商）在见票后先承兑到期付款后，代收行才将全套托收单据交（放）给付款人，即以远期付款为条件的交单。D/P 业务程序如图 10－3 所示。

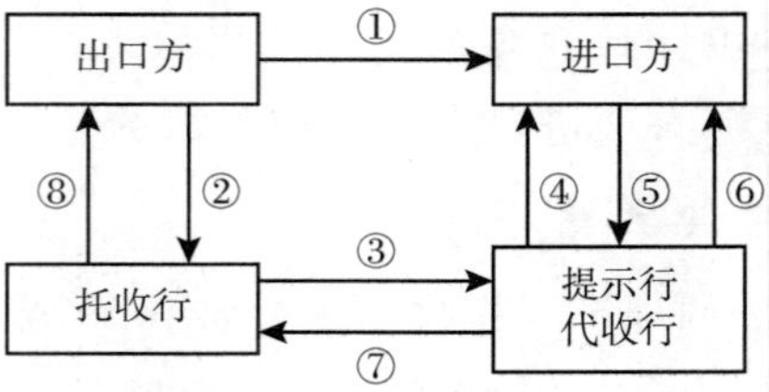

图 10－3 D/P 业务程序

注：①委托人（出口方）向付款人（进口方）发货物；
②出口方整理好全套单据（含汇票、发票、提单等）交给托收行；
③托收行将全套单据寄交代收行；
④提示行向进口方提示汇票；
⑤进口方见票后立即（或远期）履行付款责任；
⑥进口方取得全套单据；
⑦托收行将金额如数拨划给托收行；
⑧托收行将金额如数拨划给出口方。

付款交单的最本质特点是，不管是即期 D/P 还是远期 D/P，代收行均以进口方付款为条件才将全套托收单据（发票、提单等）交给进口方。因此，如果进口方没有付款，银行通常情况下不会将单据交与进口方，所以其最大风险是进口方因市场发生不利变动等因素拒绝付款，但货物仍归出口方所有。

在远期D/P中，如果出现货物到达目的港日期早于付款日期，这样就出现进口方不能及时提货的问题。为了不耽误提货，进口方可以要求代收行允许其借出单据。其具体做法是，进口方向代收行出具信托收据（Trust Receipt，T/R），是进口方凭借出运输单据，以便提货出售，取得货款再偿还代收银行的保函。这种做法对出口方或代收行来说有一定风险。因此，借出单据前对进口方的资信调查十分重要。按照惯例，如果是出口方授权代收银行凭T/R借单给进口人，一旦出现进口方没有按期偿还货款，后果由出口方负责；若是代收银行自主决定凭信托收据借单，当出现进口方没有按期偿还货款时，后果由代收银行负责，要赔偿出口方货款。

2. 承兑交单（D/A）

承兑交单是指代收行在付款人（进口商）承兑汇票后才将全套托收单据交（放）给付款人，即以承兑为条件的交单。付款交单的最本质特点是在D/A条件下，代收行均以进口方承兑为条件，将全套单据（发票、提单等）交给进口方，进口方获得单据后可以先行提货。这种方式最大的风险是进口方因市场发生不利变动等因素到期拒绝付款，但货物已经被提走，出口方落得货款两空。承兑交单（D/A）程序如图10－4所示。

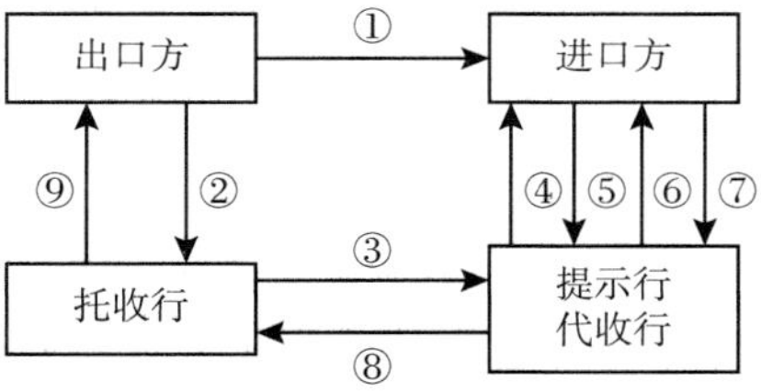

图10－4　D/A业务程序

注：①委托人（出口方）向付款人（进口方）发货物；
②出口方整理好全套单据（含汇票、发票、提单等）交给托收行；
③托收行将全套单据寄交代收行；
④提示行向进口方提示汇票；
⑤进口方见票后履行承兑责任；
⑥进口方取得全套单据；
⑦进口方到期履行付款责任；
⑧托收行将金额如数拨划给托收行；
⑨托收行将金额如数拨划给出口方。

（四）托收在国际贸易中的应用

托收属于商业信用，采用托收作为支付方式时，卖方须先行发货，才能办理有关收汇业务，对卖方具有相对较大的风险。所以卖方选用时，应先了解托收的性质、风险和合同条款的签订。

1. 托收的性质

托收业务过程中虽然有多家银行的参与，但付款人是否对汇票付款或承兑要看付款人的信用，银行在业务过程中，不管单据的审核、不管货物、不管货款，即所谓的“三不管”原则，因此托收属于商业信用。

2. 托收的风险

不管是付款交单还是承兑交单，均要求卖方先行发货，然后通过银行向买方收款。两种方式对买方相对有利，对卖方相对不利，而对后者风险更大。在国际贸易中，卖方应谨慎选用。归纳起来，托收的风险主要体现在以下三个方面：

（1）在D/P即期票据提示时，买方即可以他手头资金短缺，要求改用其他延期付款的方式；也可以市场疲软，要求降低价格为借口，拒付单据。

（2）卖方将货物发运后，买方明确向卖方提出：因为卖方以前发运的货物存在着所谓的严重质量问题，使其蒙受巨大的损失。这次，必须先看货物在市场上的销售情况后确定以前的补偿和此批货款的支付等问题。如果卖方不同意这样做，他将拒收此批货物。

（3）在D/A方式下，买方提走货物以后，在单据的付款期限到期后却迟迟不到银行支付货款。

3. 合同的条款

（1）付款交单（D/P at sight）：买方应凭卖方开具的即期跟单汇票于见票时立即付款，付款后交单。（Upon first presentation the buyer shall pay against documentary draft drawn by the sellers at sight. The shipping documents are to be delivered against payment only.）

（2）承兑交单（D/A at after days' sight）：买方应对卖方开具的远期跟单汇票于第一次提示时即给予承兑，并于到期日付款，承兑后交单。（Upon first presentation the buyer shall accept against documentary draft drawn by the sellers at xx days' sight. The shipping documents are to be delivered against acceptance only.）

第三节 信 用 证

进出口业务中，出口商担心交了货却不能取得货款，而进口商担心付了款却提不到货。利用信用证付款方式，借助银行信用就可以解决这个问题。

一、含义

根据 UCP600 规定，信用证（letter of credit，L/C）是指由银行（开证行）依照客户（申请人）的要求和指示或自己主动开立的，在符合信用证条款的条件下凭规定单据承诺付款的书面文件。这个定义中隐含三层意思：（1）信用证是由银行开立的，属于银行信用；（2）卖方（受益人）需要向银行出示单据；（3）出示的单据必须符合信用证条款。

二、信用证的当事人

信用证涉及的当事人较多，一般有以下六个基本当事人：

（1）申请人（applicant or opener）即向银行申请开立信用证的人，进口人或实际买主。

（2）受益人（beneficiary）是信用证上指定的有权使用信用证的人，即出口方或实际供货人。

（3）开证行（issuing bank）即接受委托开立信用证并承担保证付款的银行，一般为进口方银行。

（4）付款行（paying bank or drawee bank）即开证行指定的对信用证项下付款或充当汇票付款人的银行，可以由开证行自己承担，也可为进口方银行授权的银行。

（5）通知行（advising bank）即受开证行的委托，将信用证转交给受益人的银行，一般为开证行的往来行或出口方指定银行。

（6）议付行（negotiating bank）即开证行的授权买入或贴现受益人提交的符合信用证规定的汇票和单据的银行，一般为出口方银行或开证行指定的银行。

三、信用证业务程序

信用证业务程序比较复杂，环节较多，L/C 业务程序如图 10－5 所示（以即期信用证为例）。

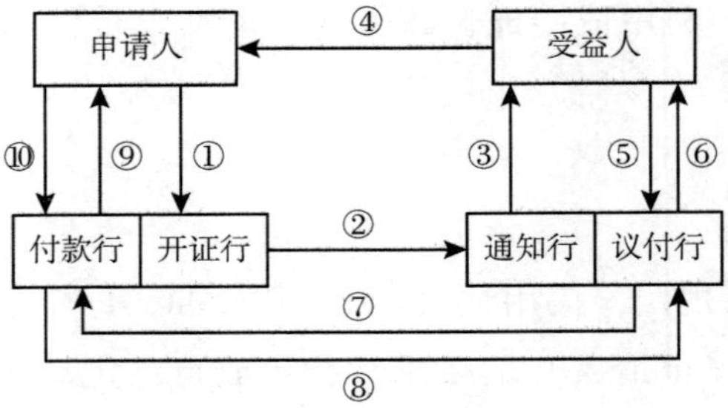

图 10－5 L/C 业务程序

注：①申请人向开证行申请开立信用证；
②开证行开出信用证；
③通知行将信用证通知给受益人；
④受益人向申请人装运货物；
⑤受益人将全套单据交给议付行；
⑥议付行审核单据确定无误后办理议付（垫付）给受益人；
⑦议付行向付款行寄出单据；
⑧付款行付款或承兑；
⑨付款行向申请人提示单据；
⑩申请人付款。

四、信用证的主要内容

信用证内容简繁不一，但概括起来一般都包含以下六个方面的内容。

1. 关于 L/C 本身的条款（about L/C）

包括号码、种类、金额、开证日期、当事人等条款。

2. 关于汇票的条款（about draft）

包括汇票的当事人、金额、期限和主要条款等。

3. 关于货物的条款（about goods）

包括商品品名、数量、价格、包装和包装等条款。

4. 关于装运的条款（about shipment）

包括装运港、目的港和转运港，以及是否允许分批和转运、装运日期等条款。

5. 关于单据的条款（about documents）

包括要求受益人提交的单据种类、份数、要求等条款，是跟单信用证的核心条款。

6. 其他条款

（1）关于特殊条款（about additional conditions）：对于较为复杂的信用证，一般均有这个条款，比如，对装运、单据等的特殊要求。

（2）开证行保证付款的语句。

（3）关于给议付行的指示（about banking instructions）。

［信用证样本］

FAR EAST NATIONAL BANK OF SAN FRANCISCO

CALIFORNIA U. S. A.

IRREVOCABLE DOCUMENTARY CREDIT	L/C NUMBER：XYZ123 DATE OF ISSUE：30TH MAY，2003 SAN FRANCISCO
EXPIRY DATE AND PLACE： JULY 30TH，2003 SHANGHAI	APPLICANT： XX IMP AND EXP COMPANY XX，CA94104 U. S. A.
BENEFICIARY： XX CO.，LTD. XX，SHANGHAI CHINA	AMOUNT： USD10000. 00（U. S. DOLLARS TEN THOUSAND ONLY） AVAILABLE BY：BENEFICIARY'S DRAFTS AT SIGHT DRAWN ON US
（注：以上均为关于 L/C 本身的条款）	
SHIPMENT DETAILS： FROM SHANGHAI TO SAN FRANCISCO LATEST ON 30 JUN，2003 CIF SAN FRANCISCO U. S. A. PARTIAL SHIPMENTS：NOT ALLOWED TRANSHIPMENT：ALLOWED （注：以上为关于装运的条款）	

DESCRIPTION OF GOODS：3 ITEMS OF SUNGLASSES AS PER SALES CONFIRMATION NO. TL－0201 DATED MARCH 15，2003.

（注：以上为关于货物的条款）

＋DOCUMENTS REQUIRED：

SIGNED COMMERCIAL INVOICE IN TRIPLICATE INDICATING SEPERATELY FOB VALUE，FREIGHT CHARGES，INSURANCE PREMIUM AND L/C NUMBER.

FULL SET ORIGINAL CLEAN ON BOARD OCEAN BILLS OF LADING MADE OUT TO SHIPPER'S ORDER，ENDORSED TO THE ORDER OF FAR EAST NATIONAL BANK OF SAN FRANCISCO，MARKED FREIGHT PREPAID AND NOTIFY APPLICANT MENTIONING THIS L/C NUMBER.

MARINE INSURANCE POLICY OR CERTIFICATE FOR FULL CIF VALUE PLUS 10% COVERING CIC ALL RISKS AND WAR RISKS.

PACKING LIST IN TRIPLICATE.

CERTIFICATE OF ORIGIN.

（注：以上为关于单据的条款）

+ DETAILS OF CHARGES：ALL BANKING CHARGES AT YOUR END ARE FOR ACCOUNT OF BENEFICIARY.

+ PERIOD FOR PRESENTATION：DOCUMENTS TO BE PRESENTED WITHIN 10 DAYS AFTER THE B/L DATE.

+ INSTRUCTION TO PRESENTING BANK：DOCUMENTS ARE TO BE DESPATCHED BY REGISTERED AIRMAIL IN ONE COVER.

+ THIS CREDIT IS SUBJECT TO UCP 500.

五、信用证的特点

（一）信用证是银行信用

开证行在开出信用证以后就要承担第一性的付款责任，由开证行以自己的信用作为付款的保证。从理论上说，即使将来进口商拒绝付款，也不能以此为理由向出口商追回已付的款项。因此，开证行是第一付款人。

（二）信用证是自足文件

UCP600 中明确规定："信用证与其可能依据的销售合同或其他合同是相互独立的交易，即使信用证中提及该合同，银行也与该合同无关，并不受其约束。"虽然信用证是在合同的基础上开立的，但信用证一旦开立，就成为独立自主的文件。在这个意义上，银行在审核单据时往往只需对照信用证，而不是合同或者两者兼顾，所以受益人按信用证条款的要求操作，而不是按合同条款要求操作。

（三）信用证是单据交易

信用证如果出现信用证条款与合同的不符，一旦受益人接受了，就要按信用证办事。因为 UCP600 中有明确规定，"在信用证业务中，有关各方所处理的是单据，而不是与单据有关的货物/服务/履约行为"；UCP600 还阐明了当事人对单据的真伪性不负责任。即"银行对任何单据的格式、完整性、正确性、真实性、伪造或法律效力、或单据上规定的或附加的一般及/或特殊条件，一概不负责任"。从这个意义上看，有关银行只管单据而不管货物/服务/履约行为，只要受益人提交的单据与信用证条款一致，银行就要履行付款责任。否则，银行可以不履行付款责任，哪怕货物/服务/履约行为是符合基础合同要求的。

六、信用证的种类

信用证按不同标准可以划分为以下十种类型。

（一）按业务流程划分

根据业务流程中使用的汇票种类的不同，可以分为跟单信用证（documentary credit）与光票信用证（clean credit）。

1. 跟单信用证

如信用证业务流程中使用的是跟单汇票，即跟单信用证，在信用证条款中就会有“单据要求”（document required）；

2. 跟票信用证

如果信用证业务流程中使用的是光票（汇票）的信用证，在信用证条款中就没有“单据要求”。在国际贸易中使用比较广泛的是跟单信用证。

（二）按开证行所负责任划分

以开证行所负的责任为标准，可分为不可撤销信用证和可撤销信用证。

1. 不可撤销信用证

不可撤销信用证是指信用证一经开出，在信用证的有效期内，未经受益人及所有当事人的同意，开证行不得片面修改或撤销。只要受益人提交的单据符合信用证规定，开证行就必须履行付款义务。

2. 可撤销信用证

可撤销信用证是指开证行对所开信用证不必征得受益人或有关当事人的同意，有权随时撤销或修改的信用证。

不可撤销信用证对受益人比较有保障，在国际贸易中使用最广泛。根据 UCP600 的规定，跟单信用证必须是不可撤销的。

（三）按信用证付款期限划分

根据信用证付款期限的长短，可以分为即期信用证（sight credit）与远期信用证（usance credit）

1. 即期信用证

信用证业务流程中使用即期汇票的信用证，在信用证条款中会有“即期汇票”的条款（draft at sight）。

2. 远期信用证

信用证业务流程中使用即期汇票的信用证，在信用证条款中就会有“远期汇票”的条款（draft at xx days' sight）。对受益人而言，前者收款时间快，而后者慢。

（四）按信用证可否转让划分

根据信用证是否可以转让，可以分为可转让信用证（transferable credit）与不可转让信用证（non-transferable credit）。

1. 可转让信用证

按UCP600第三十八条的解释，第一受益人可以要求授权付款，承担延期付款责任，承兑或议付的银行（转让银行），或在自由议付信用证的情况下，在信用证中特别授权转让的银行，将该信用证全部或部分转让给一个或数个受益人（第二受益人）使用的信用证。开证行对信用证“可转让”的要求既明确又严格，即只有开证行在信用证中明确注明“可转让”的，信用证才能转让。诸如“可分割”（divisible）、“可分开”（fractionable）、“可转移”（transmissible）等用语并不能使信用证可转让。因此，如果信用证中使用了这些用语，银行可不予置理。

2. 不可转让信用证

如果L/C中没有注明“可转让信用证”或“不可转让信用证”字样，应视为不可转让信用证。

伴随着转口贸易的出现，在跟单信用证结算业务中也派生出一种转让信用证的结算方式。以我国香港地区转让信用证为例进行讨论，在这类转让信用证业务中，香港地区的商人（第一受益人）一般只充当中间商的角色，国内的进出口公司（第二受益人）为实际的供货商。第一受益人在收到进口商的信用证以后，通过当地的银行（转让银行）将其转让给国内的第二受益人，由第二受益人发货并向银行提交单据。待转让银行从原始信用证的开证行收到货款后，再向国内第二受益人付款。转让信用证的第一受益人为赚取商品的差价利润，一般会降低商品的价格，并缩短装船期和信用证有效期等项目以为其换单留出相应的时间。因此，转让信用证是一份经过“缩水”的信用证。

（五）保兑信用证与不保兑信用证

1. 保兑信用证（confirmed credit）

由开证银行开出的信用证经另一家银行加以保证兑付，称保兑信用证。凡在信用证上载文，愿意承担保兑者称保兑银行（confirming bank），保兑银行通常由通知银行担任。

2. 不保兑信用证（unconfirmed credit）

由开证银行开出的信用证未经另一家银行加以保证兑付，称不保兑信用证。

在国际贸易实践中采用保兑信用证对于受益人而言，就同时取得了两家银行的付款保证。UCP600 第八条规定了保兑行的责任，归纳起来，保兑信用证已明确的是保兑银行须直接向受益人负责，保兑银行议付时承担第一付款人角色，即保兑行应该按照开证行的授权或要求办理信用证的有关事项，独立对受益人负责。换言之，保兑银行充当和承担第一付款人的责任，而不是受益人向开证银行要求付款，被开证银行拒绝以后，才能向保兑银行要求偿付；也不是仅在开证行由于某种原因倒闭致使无法向受益人付款的情况下，才由保兑行向受益人履行付款义务。受开证行的委托，以自己的名义从事收单付款的行为，并对其行为负法律责任，承担与开证行相同的付款义务。

（六）循环信用证

循环信用证（revolving credit）是指信用证被受益人全部或部分使用后，又恢复到原金额，再被受益人继续使用，直至用完规定的使用次数或累积到总金额为止的信用证。

它与一般信用证的不同之处在于它可以多次循环使用，而一般信用证在使用后即告失效。循环信用证主要用于长期或较长期内分批均匀交货的供货合同。使用这种信用证，买方可节省开证押金和逐单开证的手续及费用，卖方也避免了等证、催证、审证的麻烦，因而有利于买卖双方业务的开展。

循环信用证按运用的方式分为按时间循环和按金额循环两种。

1. 按时间循环信用证

按时间循环信用证是指受益人在一定时间内可多次支取信用证规定金额的信用证。

2. 按金额循环信用证

按金额循环信用证是指受益人按信用证规定金额议付后仍恢复原金额再继续使用，直至用完规定的循环次数或总金额时为止。在该信用证下，恢复到原金额的做法有以下三种。

（1）自动式循环：信用证规定的每次金额用完后，无须等待开证行通知，即可自动恢复到原金额，再次使用。

（2）半自动循环：信用证规定的每次金额用完后的若干天内，开证行本发出停止循环使用的通知，即可自动恢复到原金额，继续使用。

（3）非自动循环：信用证规定的每次金额用完后，必须待开证行的通知到达后，方能恢复到原金额，继续使用。

（七）背对信用证

背对信用证（back to back credit）又称背对背信用证或从属信用证（subsidiary/secondary credit），是适应中间商经营进出口业务的需要而产生的一种信用证。它是指出口人（中间商）收到进口人开来的信用证（称为母证）后，要求该证的通知行或其他银行以原证为基础，另开一张内容近似的新证（称为子证）给另一受益人（实际供货人）。这另开的新证就是背对信用证。背对信用证通常应用在转口贸易中。

新证开立后，原证仍有效，由新证开证行代原受益人（中间商）保管。原证的开证行与开证人同新证毫无关联，原因在于新证开证人是原证的受益人，而不是原证的开证人与开证行。因此，新证的开证行在对其受益人（供货人）付款后，便立即要求原证受益人（中间商）提供符合原证条款的商业发票与汇票，以便同新证受益人提供的商业发票与汇票进行调换，然后附上货运单据寄至原证的开证行收汇。新证交货期要短于原证交货期，其单价要低于原证，金额也小于原证，以使原证受益人（中间商）有时间办理交单议付，并使其有利可图。这里要注意的是，新证的内容除开证人、受益人、金额、单价、保险金额、装运期限、有效期限等可能有变动外，其他条款一般与原证相同。只是新证条款的修改比较困难，所需时间也较长，原因在于新证条款如要修改，新证开证人需征得原证开证人的同意。

（八）对开信用证

对开信用证（reciprocal credit）是买卖双方各自开立的以对方为受益人的信用证，即在对等贸易中，交易双方互为买卖双方，双方各为自己的进口部分互为对方开立信用证，这两张互开的信用证便是对开信用证。

对开信用证从生效时间看，有两种做法：一是同时生效的对开信用证，即一方开出的信用证，虽已为对方所接受，但暂不生效；而当另一方开来回头信用证被该证受益人接受时，通知对方银行两证同时生效。二是分别生效的对开信用证，即一方开出的信用证被受益人接受后随即生效，无须等待另一方开来回头信用证。

这种信用证在易货贸易、补偿贸易、来料加工、来件装配业务中的使用居多。

（九）预支信用证

预支信用证（anticipatory L/C）是指开证行允许受益人在货物装运前，可凭汇票或其他有关证件向指定付款行（通常为通知行）提前支取货款的信用证。它与远期信用证刚好相反，是开证人付款在先，受益人交单在后。预交信用证分为全部预支和部分预支两种信用证：（1）全部预支信用证是指仅凭受益人提交的光票预支全部货款，实际上等于预付货款，也有要求受益人在凭光票预取货款时，须附交一份负责补交货运单据的声明书；（2）部分预支信用证是指凭受益人提交的光票和以后补交装运单据的声明书预支部分货款，待货物装运后，货运单据交到银行再付清余款。预支货款要扣除利息。

为醒目起见，预支信用证的预支条款常用红字打出，习惯上称其为红条款信用证（red clauses credit）。不过，现在使用的预支信用证的预支条款，并非都用红字打出，即使用黑字打出，同样能起红条款信用证的作用。

（十）备用信用证

备用信用证（standby letter of credit）又称商业票据信用证（commercial letter of credit）、担保信用证或保证信用证（guarantee letter of credit），是指开证行根据开证人的请求开立的对受益人承诺某项义务的凭证，或者开证行对开证人不履行合同义务予以一般性付款担保的信用凭证。例如，开证行为开证人不履行合同义务而对受益人作出下列承诺担保：偿还开证人的借款或预支给开证人的款项；支付由开证人所承担的负债；对开证人不履约而付款。

可见，备用信用证实质上就是保函，是在开证人（债务人）不履约或违反约定时才使用的，因而有担保信用证之称。在一般情况下，备用信用证并不被使用，具有备用性质，这就是常说的“备而不用”。

UCP600 仍把备用信用证列入信用证范围，明确规定该惯例的条文适用于备用信用证。备用信用证之所以被称为信用证，是基于采用备用信用证，开证行的付款是以单证相符为条件的，但它与跟单信用证也多有不同：

1. 使用的条件不同

在跟单信用证下，受益人只要履行信用证所规定的义务，即可向开证行要求付款；在备用信用证下，受益人只有在开证申请人未履行其义务时，才能行使信用证规定的权利，如开证申请人履行了约定的义务，则备用信用证就成为备而不用的文件。

2. 适用的范围不同

跟单信用证一般只适用于货物的买卖；备用信用证则适用于货物买卖以外的多方面的交易。

3. 付款的依据不同

跟单信用证一般以符合信用证规定的、代表货物的货运单据为付款依据；而备用信用证一般只凭受益人出具的说明开证申请人未能履约的证明文件，开证银行即保证付款。

七、合同中的信用证条款

合同中应规定 L/C 种类、有效期、开证期限等内容。

（一）即期信用证

表示为“By irrevocable letter of credit available by seller's documentary draft at sight to be valid for negotiation in china until 15 days after date of shipment. The L/C must reach the sellers before xx.”（通过不可撤销信用证，凭卖方的跟单汇票见票即获得支付，该证在装运后 15 日内在中国议付有效，该证必须在××日前到达卖方。）

（二）远期信用证

表示为“By irrevocable letter of credit available by seller's documentary draft at xx days' sight to be valid for negotiation in china until 15 days after date of shipment. The L/C must reach the sellers before xx.”（通过不可撤销信用证，凭卖方的跟单汇票见票后××日获得支付，该证在装运后 15 日内在中国议付有效，该证必须在××日前到达卖方。）

第四节 其他支付方式

一、银行保函

（一）定义

银行保函（banker's letter of guarantee，L/G）是指银行应客户的申请向受益人开立的有担保性质的书面承诺文件，一旦申请人未按其与受益人签订合同的约定偿还债务或履行约定义务时，由银行履行担保责任。

按照与基础合同关系的性质不同，银行保函可以分为见索即付保函（独立性保函）和从属性保函。见索即付保函是与基础交易的执行情况相脱离的，虽根据基础交易的需要而出具，但一旦开立后其本身的效力不会依附于基础交易合约，其付款责任仅以自身的条款为准的担保，它与基础交易合同之间是相互独立，各自具有法律效力的平行法律关系。担保人（银行）付款的唯一依据是单据，而不是某一事实。担保人（银行）与保函所可能依据的合约无关，也不受其约束。与此有关的国际惯例是由国际商会制订并修订的《见索即付保函统一规则》，即国际商会第458号出版物（简称UDG458），目前国际结算中主要使用的就是见索即付保函。从属性保函是将担保责任置于基础交易合同的从属性地位，担保人（银行）在保函项下所承担的付款责任成立与否将只能依照基础合同的实际执行情况加以确定，主合同无效，从合同也无效，国内的银行做国内业务时大多采用的是从属性保函。

从担保银行所承担的付款责任看，可分为承担第一性付款责任的保函和承担第二性付款责任的保函。对于承担第一性付款责任的保函，其受益人无须事先向申请人追索，当保函项下担保责任未能履行时，可直接向担保银行追索，由担保银行履行担保责任。对于承担第二性付款责任的保函，当申请人没有完成基础合同所规定的责任时，受益人应先向申请人追索，当申请人未能履行责任时，再向担保人追索。

（二）办理手续

一般情况下，银行保函的办理手续如下。

（1）申请人需填写开立保函申请书并签章。

（2）提交保函的背景资料，包括合同、相关部门的批准文件等。

（3）提供相关的保函格式并加盖公章。

（4）提供企业近期财务报表和其他有关证明文件。

（5）落实银行接受的担保，包括缴纳保证金、质押、抵押、第三者信用担保或以物业抵押或其他方式作担保，授信开立等。

（6）由银行审核申请人资信情况、履约能力、项目可行性、保函条款及担保、质押或抵押情况后，可对外开出保函。

（三）银行保函与跟单信用证的比较

1. 适用范围

跟单信用证适用于国际货物的买卖，而银行保函不仅适用于国际货物的买卖，还适用于需要做担保的场合以及国际经济交往中货物买卖以外的其他各种交易方式。银行保函的种类主要包括借款保函、融资租赁保函、补偿贸易保函、投标保函、履约保函、预付款保函、付款保函，以及来料或来件加工保函、质量保函、预留金保函、延期付款保函、票据或费用保付保函、提货担保、保释金保函及海关免税保函等。

2. 与交易合同的关系

跟单信用证和银行保函都以交易合同为依据开立。如果保函是独立性的，则与跟单信用证一样，一旦开立，法律效力不依附于交易合同。如果保函为从属性的，则属于交易合同的从属合同，其法律效力随交易合同的存在而存在，随交易合同的消失而消失。

3. 银行作用方

跟单信用证以银行信用代替商业信用，而银行保函是商业信用的一种补充，即提供了一种银行信用的担保。两者银行都有付款责任。跟单信用证下，银行为第一性的付款责任。如保函为独立性的，申请人未履行义务时，银行也是主债务人，受益人直接向其追索。如保函是从属性的，则受益人应先直接向申请人索偿，只有当申请人被法律强制执行仍无力履约时，受益人才可凭保函向担保银行索偿。

4. 支付依据

在银行支付款项时，独立性保函和跟单信用证处理的是单据，单据符合信用证或保函的要求即付款，而如果保函是从属性的，则还要联系到合同的履约事实后再考虑是否支付。

二、保理

保理业务是一项集贸易融资、商业资信调查、应收账款管理及信用风险担保于一体的新兴综合性金融服务。近年来，随着国际贸易竞争的日益激烈，国际贸易买方市场逐渐形成，赊销日益盛行，由于保理业务能够很好地解决赊销中出口商面临的资金占压和进口商信用风险的问题，因而在欧美、东南亚等地日渐流行，并在世界各地迅速发展。2020～2021 年，受新冠肺炎疫情影响，全球保理业务近年来的连续增长态势被打破。2020 年，全球保理业务量为 2.73 万亿欧元，同比下降 6.5%。其中，欧洲仍然是保理业务量最大的市场。中国是 2020 年世界主要经济体当中唯一实现正增长的国家，中国银行业的保理业务也一改颓势，强势反弹。据中国银行业协会保理专业委员会统计，2020 年保理专业委员会成员单位保理业务量折合人民币达 2.49 万亿元，较 2019 年同比增长 17.40%。其中，国际保理业务量 363.55 亿美元，较 2019 年同比增长 15%；国内业务保理量为 2.25 万亿元，较 2019 年同比增长 18%。国内业务保理量占据我国保理业主要市场份额，2020 年占比达 90.4%①。国际保理业务在中国具有较大的发展空间。

（一）定义

保理（factoring）即保付代理的简称，根据国际统一私法协会《国际保理公约》的定义，保理是指卖方、供应商或出口商与保理商之间存在的一种契约关系。根据该契约，卖方、供应商或出口商将其现在或将来的基于其与买方（债务人）订立的货物销售或服务合同所产生的应收账款转让给保理商，由保理商为其提供贸易融资、销售分户账管理、应收账款的催收、信用风险控制与坏账担保服务中的至少两项。

（二）国际保理业务流程

国际保理业务流程如图 10－6 所示。

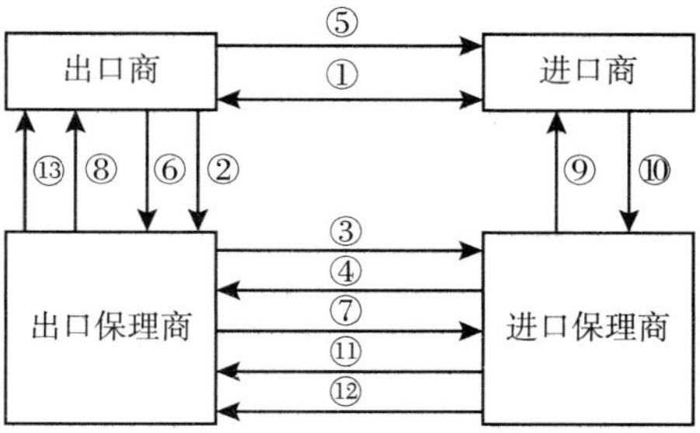

图 10－6　国际保理业务流程

注：①出口商寻找有合作前途的进口商。

②出口商向出口保理商提出叙做保理的需求，并要求其为进口商核准信用额度。

③出口保理商要求进口保理商对进口商进行信用评估。

④如进口商信用良好，进口保理商将为其核准信用额度。

⑤如果进口商同意购买出口商的商品或服务，出口商开始供货，并将附有转让条款的发票寄送进口商。

⑥出口商将发票副本交出口保理商。

⑦出口保理商通知进口保理商有关发票详情。

⑧如出口商有融资需求，出口保理商付给出口商不超过发票金额的 80% 的融资款。

⑨进口保理商于发票到期日前若干天开始向进口商催收。

⑩进口商于发票到期日向进口保理商付款。

⑪进口保理商将款项付出口保理商。

⑫如果进口商在发票到期日 90 天后仍未付款，进口保理商做担保付款。

⑬出口保理商扣除融资本息（如有）及费用，将余额付出口商。

---

①　胡艳明．银行业协会报告：2020 年保理业务量折合 2.49 万亿元增长 17.40%．经济观察报，2021－11－17［2021－12－10］．https：//baijiahao.baidu.com/s? id＝1716649551616919372&wfr＝spider&for＝pc.

第五节　各种支付方式的结合使用

一、三种方式的比较

汇付、托收与信用证这三种支付方式的特点与性质是不同的，在选用的时候要认识到各种方式对买卖双方的风险，主要体现在：

（一）汇付与托收

汇付主要应用在预付款与赊销中，前者卖方先收款后发货，对卖方十分有利，对买方十分不利；而后者则刚好相反。托收有付款交单（D/P）和承兑交单（D/A）两种方式，均要求卖方先行发货，然后通过银行向买方收款，对买方相对有利，对卖方相对不利，而后者风险更大。

（二）信用证

体现“独立性原则、凭单付款原则”，原本这种运行机制是非常有效的，但这种机制本身也存在漏洞，使不法商人有机可乘，利用假证、“软条款”、假单、假货等进行信用证欺诈，这种欺诈行为屡见不鲜。比如邓白氏国际信息咨询公司发现，他们所接的案例更多的是在信用证项下发生的，从而使信用证的有效性大打折扣。总之，三种方式的比较如表 10－1 所示。

表 10－1　　三种支付方式的比较

项目	汇付	托收	信用证
性质	商业信用	商业信用	银行信用
卖方风险	采用赊销（O/A）时，十分不利	不管 D/P 或 D/A 均要求卖方先行发货，然后通过银行向买方收款，对卖方相对不利，而后者风险更大	买方可能通过假证骗取货物，通过在信用证设置“软条款”进行欺诈，使卖方遭遇风险
买方风险	采用预付款时，十分不利	对买方相对有利	卖方可能通过提供假单、假货进行欺诈

二、各种方式的搭配使用

基于上面的分析，进出口商在选择支付方式时常会出现矛盾，选择单一支付方式有时不免显得过于绝对。在国际贸易中经常出现各种方式结合使用的情况，大致有下面三种情况。

（一）汇付与信用证结合

出口贸易中信用证与汇付结合使用是指一笔出口合同金额的一部分由信用证支付，另一部分通过汇付（一般采用电汇，即 T/T）支付。比如，常见的做法是，合同中支付方式规定，x%（一般为 70% ~80%，下同）货款由信用证支付，剩余 y%（一般为 20% ~30%，下同）货款应由买方（即进口商，下同）在不晚于货物装船前若干天通过汇付方式支付给卖方（即出口商，下同）。

（二）付款交单（D/P）与预付款相结合

合同中规定的支付方式为买方签订合同后先预付 y% 的订金，剩余 x% 采用付款交单（D/P）方式。买方已支付 20% ~30% 的订金，一般不会拒付托收项下的货款，否则订金将无法收回。因此，卖方的收汇风险将大大降低，即使买方拒付，仍可以将货物返运回国，订金将用于支付往返运费。但若进口国是巴基斯坦、叙利亚、约旦和孟加拉国等国时，情况就不一样了。这些国家的海关规定如货物返运回国，必须要向其提交买方出具的书面退货声明，并经进口国银行书面证实后，海关才能办理退关及退货手续，否则不予办理有关手续。有了上述规定，如果买方在拒付 D/P 后不愿出具书面退货声明，卖方将不能将货物返运回国。因此，这种情况下，买方拒付 D/P 的可能性大大提高，并在拒付之后往往提出降价等苛刻要求。因此，与上述国家的客商交易时，要慎重考虑。这种方式被较多应用在与欧洲客户的交易。

（三）跟单托收与信用证结合

即部分货款采用信用证支付，部分采用跟单托收支付。一般的做法是，在出口合同中支付条款做如下规定："买方须在装运月份前若干天送达卖方不可撤销信用证，规定 xx%（一般为 40% ~80%）发票金额凭即期光票支付，其余 yy% 金额以跟单托收方式付款交单（即期或远期）。全套货运单据附于托收项下，在买方付清发票的全部金额后交单。如买方不能付清全部发票金额，则货运单据须由开证行掌握，凭卖方指示处理。"关键是使用光票信用证和跟单托收的结合。

（四）O/A、D/A 和国际保理或出口信用险相结合

对卖方风险最大的挂账（O/A）、承兑交单（D/A）可以与国际保理或出口信用险结合使用。这里重点介绍一下国际保理。所谓国际保理（International Factoring）又称保付代理业务，是指出口商以挂账（O/A）、

承兑交单（D/A）等方式销售货物时，保理商买进出口商的应收账款，并向其提供资金融通、进口商资信评估、销售账户管理、信用风险担保、账款催收等一系列服务的综合金融服务方式。通过以上方式，出口商将挂账（O/A）、承兑交单（D/A）的收汇风险转移给相关机构，专心从事生产和收购等商务活动。随着国际贸易的不断开展，这种结合使用的方式已经在我国越来越受到重视和应用。

扫描二维码阅读《跟单信用证统一惯例（UCP600）》

第六节　实验教学

一、目的

通过认识 L/C 实例，帮助学生加深对理论知识的理解和巩固。

二、要求

根据以下 L/C 示例完成操作：基本看懂 L/C 的主要条款，找出信用证五大方面的条款：

1. 关于 L/C 本身（号码、开证日期、当事人、金额等）
2. 关于货物的说明
3. 关于装运
4. 关于单据
5. 其他条款

（1）关于特殊条款

（2）开证行保证付款的语句

（3）关于给议付行的指示

［L/C 示例］

TOKOYO NATIONAL BANK

IRREVOCABLE DOCUMENTARY CREDIT	L/C NUMBER：TNB001 DATE OF ISSUE：15TH FEB，2003，NOGOYA
EXPIRY DATE AND PLACE： MAY 15TH，2003 SHANGHAI	APPLICANT： YAKAHA CO.，LTD.

续表

BENEFICIARY： SHANGHAI XX TRADING CO. LTD. XX，SHANGHAI CHINA	AMOUNT： USD25, 000. 00（U. S. DOLLARS TWENTY – FIVE THOUSAND ONLY）
SHIPMENT DETAILS： FROM SHANGHAI TO NAGOYA LATEST ON 30TH APR. , 2003. PARTIAL SHIPMENTS：NOT ALLOWED TRANSHIPMENT：ALLOWED	AVAILABLE BY：BENEFICIARY'S DRAFTS AT SIGHT DRAWN ON US.

+DOCUMENTS REQUIRED：

SIGNED COMMERCIAL INVOICE IN TRIPLICATE INDICATING L/C NUMBER.

FULL SET ORIGINAL CLEAN ON BOARD OCEAN BILLS OF LADING MADE OUT TO SHIPPER'S ORDER，ENDORSED TO OUR ORDER，MARKED FREIGHT PREPAID AND NOTIFY APPLICANT MENTIONING THIS L/C NUMBER.

MARINE INSURANCE POLICY OR CERTIFICATE FOR FULL CIF VALUE PLUS 10% COVERING CIC ALL RISKS AND WAR RISK.

PACKING LIST IN TRIPLICATE.

GSP CERTIFICATE FORMA.

+DESCRIPTION OF GOODS：2 ITEMS OF "HOKO" BRAND OF LIGHTERS AS PER SALES S/C NO. YL – 030201 – 1 DATED FEB. 01，2003.

CIF NAGOYA.

SHIPPING MARKS：

YKH

YL – 030201 – 1

NAGOYA

C/NO. 1 – 40

+DETAILS OF CHARGES：ALL BANKING CHARGES AT YOUR END ARE FOR ACCOUNT OF BENEFICIARY.

+PERIOD FOR PRESENTATION：DOCUMENTS TO BE PRESENTED WITHIN 10 DAYS AFTER THE B/L DATE.

+INSTRUCTION TO PRESENTING BANK：DOCUMENTS ARE TO BE DESPATCHED BY REGISTERED AIRMAIL IN ONE COVER.

+THIS CREDIT IS SUBJECT TO UCP 500.

小 结

（1）国际货款的收付，大多使用非现金结算，即采用各类金融票据来进行支付，应用于国际结算的金融票据主要汇票、本票和支票。

（2）国际货款收付的主要方式有汇付、托收和信用证。前两者属于商业信用，后者属于银行信用，本章分别介绍其定义、种类、业务程序，以及合同中的条款。

（3）汇付因其手续简单、费用低等优点而日益受到进出口商的青睐，尤其在发达国家之间越来越得到广泛应用；信用证因其银行信用，能相对保证进出口商的利益，不过其手续繁杂、费用高昂。

（4）为规避风险和降低商务成本，各种方式结合使用逐渐受到人们的关注，同时也是进出口商支付方式理性选择的一种表现。

思政园地

2018 年 4 月，某商业银行有限公司作为开证行开具了一份不可撤销跟单信用证，金额为 158, 796 美元，开证申请人为 A 企业公司，受益人为 B 集团，信用证约定遵守 UCP600 规则。同年 5 月 4 日，宁波中行收到该商业银行电传的信用证后，通知 B 集团，B 集团开始发运该信用证项下货物（一批女式双肩包），同时将相应单据包括提单、商业发票、货物运输保险单等单据递交给宁波中行，随后宁波中行将这些单据交该商业银行有限公司请求付款。该商业银行在收到这些单据后通知宁波中行发现单证两处不符点：一是提单表面无承运人名字，二是单据所示货物名称为“way-gn”，而信用证上名称中此单词应为“waygh”，存在一个字母的差异。此后该商业银行退回了信用证项下所有单据。B 集团收到单据后自行委托目的港一家公司提取了到港货物后，向其所在地宁波某区法院起诉该商业银行，认为其错误认定不符点，要求其承担损失赔偿责任。法院经审理认为，该商业银行作为开证行在审单时坚持单证严格相符的原则审核单据并作出拒付决定并无不妥，驳回 B 集团诉请。此后，B 集团上诉至宁波市中院，经审理宁波市中院判决驳回上诉请求，维持原判。

问：B 集团为何输了官司？结合案例谈谈外贸人员具备工匠精神的重要性。

习　题

一、单项选择题

1. 银行汇票的出票人是（　　）。

A. 银行　　B. 企业

C. 银行或企业　　D. 以上均有可能

2. 商业汇票的出票人是（　　）。

A. 银行　　B. 企业

C. 银行或企业　　D. 以上均有可能

3. 国际货物买卖使用托收方式，委托并通过银行收取货款，使用的汇票是（　　）。

A. 商业汇票，属于商业信用　　B. 银行汇票，属于银行信用

C. 商业汇票，属于银行信用　　D. 银行汇票，属于商业信用

4. 票汇业务，大多数情况下使用的汇票是（　　）。

A. 商业汇票，属于商业信用　　B. 银行汇票，属于银行信用

C. 商业汇票，属于银行信用　　D. 银行汇票，属于商业信用

5. 使用L/C、D/P、D/A三种支付方式结算货款，就卖方的收汇风险而言，从小到大依次排序为（　　）。

A. D/P、D/A、L/C　　B. D/A、D/P、L/C

C. L/C、D/P、D/A　　D. L/C、D/A、D/P

6. 当信用证条款与买卖合同规定不一致时，受益人可以要求（　　）。

A. 开证行修改　　B. 申请人修改

C. 通知行修改　　D. 议付行修改

7. 在下列支付方式中，最有利于进口方的是（　　）。

A. 信用证　　B. D/P即期　　C. 预付款　　D. D/A 30天

8. 既然信用证是依据买卖合同开立的，出口商要保证安全收汇，必须做到（　　）。

A. 提交的单据，必须与买卖合同规定相符

B. 提交的单据，必须与信用证规定相符

C. 当信用证与买卖合同不一致时，提交的单据，应以买卖合同规定为主，也要适当参照信用证有关规定

D. 以上均有可能，视具体情况而定

9. 多用于易货交易、来料加工和补偿贸易业务的是（　　）。

A. 循环信用证　　B. 对背信用证

C. 对开信用证　　D. 备用信用证

10. 如果信用证的有效期规定为3个月或6个月，但未列明从何时起算，按照《跟单信用证明统一惯例》的规定，其有效期应从（　　）。

A. 合同签订之日起算　　B. 货物装船之日起算

C. 信用证的开证日起算　　D. 货物到达目的地之日起算

二、判断题

1. 汇票经过背书后，可以转让。（　　）

2. 对银行汇票是光票，商业汇票是跟单汇票。（　　）

3. 银行汇票是一种商业汇票，所以属于商业信用。（　　）

4. 对卖方而言，在汇付、托收和L/C三种支付方式中，汇付的风险最大。（　　）

5. 票汇是汇付的一种方式，属于商业信用，故使用商业汇票。（　　）

6. L/C、D/P、D/A三种支付方式中，买方最容易接受D/A方式，为有助于达成交易，扩大出口，所以我方应增加对D/A的使用。（　　）

7. 信用证是银行应进口商的申请，向出口商开出的保证付款凭证，因此，进口商应承担第一付款人的责任。（　　）

8. 托收是商业信用，信用证是银行信用。（　　）

9. UCP600规定，不规定有效期的信用证无效。（　　）

10. UCP600规定信用证有效期为3个月，应从装运日开始起算。（　　）

三、简答题

1. 汇付在国际贸易中的应用主要有哪几种方式，请简要说明。

2. D/P AT 30 DAYS AFTER SIGHT 和 D/A AT 30 DAYS AFTER SIGHT 有何区别？各有什么风险？

3. 简述信用证支付的特点。

4. 何谓循环信用证，一般应用于哪些交易？

5. 何谓可转让信用证，一般应用于哪些交易？

四、案例分析

1. 我国某公司出口一批红枣，合同与信用证均注明三级品，发货时得知三级红枣库存不足，便以部分二级红枣顶替，并在发票上注明："二级红枣仍以三级计价"，问：这种以好顶次的做法是否妥当？为什么？

2. 我国某公司向外国 A 商出口一批货物。A 商按时开来不可撤销信用证，我公司按时装船并向议付银行交单（单证严格相符）。不久后，我方接到议付银行通知，称该开证行因经营不善已宣布破产，故其不再承担付款责任，开证行建议我方直接向 A 商索取货款。对此，我公司应如何处理？为什么？

第十一章　商品检验、索赔、仲裁与不可抗力

［学习目标］

知识目标：能准确描述商品检验权、装船前检验以及合同中检验、争议、索赔等基本概念，列举不可抗力的原因、范围，仲裁的形式和机构，知晓不可抗力条款的订立方法。

能力目标：能拟订合同中的商品检验、索赔、仲裁、不可抗力等基本条款。

素养目标：树立守法意识，依法合规办理各项外贸业务，有礼有节维护自身的合法权益。

本章重点：

1. 商品检验与装船前检验
2. 解决争议的基本方式和选择
3. 仲裁协议的基本内容
4. 不可抗力的范围与法律后果

本章难点：

装船前检验基本做法

解决争议的基本方式和选择

开篇案例

中国A公司与国外B公司签订合同，出口一批茶巾。双方在商讨合同时，对于有关检验的权利和义务作了仔细讨论，最后达成一致。货物到达B处后不久，B来电表示据其客户反映，该批茶巾出现较为严重的褪色现象，提出要求A退回部分货款作为补偿。A立刻着手处理该项索赔，但却发现由于出货时过于匆忙，忘记了留存大货样，所以对客户提出的问题无法予以验证，而此时客户又多次来电催促结果，A公司十分被动。幸亏

此时A公司恰好有业务员出差至B处，于是委托该业务员上门处理，结果发现是客户使用不当导致的褪色，与客户解释协调后，圆满解决了此次索赔。

在国际贸易中，对进出口货物检验已经成为货物买卖的重要环节和买卖合同的一项重要内容。争议常有发生，如何处理争议是一个非常重要的问题，妥善处理一项争议，对于买卖双方维护自己的合法权益，同时保障贸易的顺利进行和发展至关重要。而妥善处理争议，必然需要了解包括争议解决方法等在内的与索赔和理赔相关的事宜。此外，国际贸易中，发生不可抗力导致合同无法正常履行的情况也时有出现，如何正确对待出现的不可抗力事件，也是国际贸易合同履行中的一项重要内容。

第一节　商品检验

一、商品检验的作用与意义

在国际贸易中，进出口商品检验是必不可少和十分必要的。作为买卖双方，进行必要的商品检验，可以保证货物的品质符合合同的要求，从而使合同得到正常有序的履行。同时，通过商品检验，卖方可以有效监控产品质量，提高自身的商业信誉，而买方可以及时发现商品品质问题，保障自身的合法权益。

此外，除买卖双方外，作为商品的进出口国，为了维护社会公共利益和进出口贸易有关各方的合法权益，促进对外经济贸易关系的顺利发展，对进出口商品品质进行管理，一般都制定了有关商品检验的法律或政府法令。在中国，1989年8月1日起施行《中华人民共和国进出口商品检验法》，在2002年4月28日第九届全国人民代表大会常务委员会第二十七次会议上通过了《关于修改〈中华人民共和国进出口商品检验法〉的决定》，对该法予以修正。

二、检验权与检验机构

（一）检验权

在国际贸易中，货物买卖双方交接货物，通常要经过卖方生产、卖方检验、交付、买方检验、接受或拒收货物等环节。其中，买方检验是重点内容。实践中，对于买方检验环节，买卖双方通常在合同中予以规定或者已形成一定的惯例。同时，对于买方的检验权，多数国家也依法作出了规定，例如，《中华人民共和国合同法》第一百五十七条规定："买受人收到标的物时应当在约定的检验期间内检验。没有约定检验期间的，应当及时检验。"第一百五十八条规定："当事人约定检验期间的，买受人应当在检验期间内将标的物的数量或者质量不符合约定的情形通知出卖人……当事人没有约定检验期间的，买受人应当在发现或者应当发现标的物的数量或者质量不符合约定的合理期间内通知出卖人……"此外，对于买方的检验权在国际惯例或公约中也有所体现，例如，在《联合国国际货物销售合同公约》中，第三十八条规定："（1）买方必须在按情况实际可行的最短时间内检验货物或由他人检验货物。（2）如果合同涉及货物的运输，检验可推迟到货物到达目的地后进行。（3）如果货物在运输途中改运或买方须再发运货物，没有合理机会加以检验，而卖方在订立合同时已知道或理应知道这种改运或再发运的可能性，检验可推迟到货物到达新目的地后进行。"第五十八条（3）款规定："买方在未有机会检验货物前，无义务支付价款，除非这种机会与双方当事人议定的交货或支付程序相抵触。"

从以上规定可以看出，除双方另有约定外，买方有权对自己所购买的货物进行检验。但是，必须指出的是，买方对货物的检验并不一定是接收货物的前提条件，买方对收到的货物可以检验，也可以不进行检验，假如买方没有利用合理机会对货物进行检验，就是放弃了检验权，当然，也就丧失了拒收货物的权利。

此外，除了买卖双方对货物检验作出规定外，货物的进出口国通常还通过立法形式，规定某些商品在进口或出口时必须由法律规定的检验机构进行检验，并且检验合格后方可以放行。

（二）法定检验

1. 概念

进出口商品法定检验是指进出口国的出入境检验检疫部门根据该国法律法规规定，对规定的进出口商品或有关的检验检疫事项实施强制性的检验检疫，未经检验检疫或经检验检疫不符合法律法规规定要求的，不准输入或输出。法定检验的目的是保证进出口商品、动植物（或产品）及其运输设备的安全、卫生符合该国有关法律法规规定和国际上的有关规定；防止次劣有害商品、动植物（或产品）以及危害人类和环境的病虫害和传染病源输入或输出，保障生产建设安全和人类健康。例如，在《中华人民共和国进出口商品检验法》中，第四条规定："进出口商品检验应当根据保护人类健康和安全、保护动物或者植物的生命和健康、保护环境、防止欺诈行为、维护国家安全的原则，由国家商检部门制定、调整必须实施检验的进出口商品目录并公布实施。"

2. 检验机构

由于进出口商品的法定检验是由该国通过立法形式规定的，所以检验机构通常是由官方组织担任。例如，《中华人民共和国进出口商品检验法》第二条规定："国务院设立进出口商品检验部门（以下简称国家商检部门），主管全国进出口商品检验工作。国家商检部门设在各地的进出口商品检验机构（以下简称商检机构）管理所辖地区的进出口商品检验工作。"我国的进出口商品法定检验机构主要为"中华人民共和国国家出入境检验检疫局"。该局为1998年初由原国家进出口商品检验局、原卫生部卫生检疫局和原农业部动植物检疫局（简称三检）共同组建而成，归口国家海关总署领导，它的成立标志着我国出入境检验检疫事业进入了一个新的发展时期。回顾中国"三检"的历史沿革，"三检"分兵把守造成的交叉重复查验的现象较为严重，对口岸运作限制过多，对进出口贸易限制过多，大大削弱了我国口岸能力的发挥，直接影响我国投资环境和对外贸易的持续发展。因此，"三检合一"，具有十分重要的现实意义。首先，有利于消除口岸查验"政出多门"所带来的重复管理、重复检验检疫、重复收费、通关效率低、企业负担重等一系列弊端，使"一次报验、一次取（采）样、一次检验检疫、一次卫生除害处理、一次收费、一次发证放行（即'六个一'）"的工作规程具有实现的可能性；其次，更便于履行和实现国家统一意志和主权，也便于国务院统一管理和地方政府的监督；最后，有利于减轻财政负担。过去"三检"均自成体系，而每一个体系都需要国家及地方投资建设，因此，不论是建立机构，配备人员，还是装备检验、检疫仪器设备，都存在"大而全""小而全"的重复建设问题。"三检合一"后，这种由于重复建设而带来的人力、财力、物力浪费问题便可迎刃而解。这样就更加方便了与国际检验检疫同行的技术交流活动，加快国际上先进管理经验及检测技术成果的引进与吸收，使我国在短时间内迅速提高自身的竞争能力成为可能。

按照国务院批准的国家出入境检验检疫局方案规定，"三检合一"后的中华人民共和国国家出入境检验检疫局是主管出入境卫生检疫、动植物检疫、商品检验、鉴定、认证和监督管理的行政执法机构，其主要职责是：

（1）研究拟定有关出入境卫生检疫、动植物检疫及进出口商品检验法律、法规和政策规定的实施细则、办法及工作规程，督促检查出入境检验检疫机构贯彻执行。

（2）组织实施出入境检验检疫、鉴定和监督管理；负责国家实行进口许可制度的民用商品入境验证管理；组织进出口商品检验检疫的前期监督和后续管理。

（3）组织实施出入境卫生检疫、传染病监测和卫生监督；组织实施出入境动植物检疫和监督管理；负责进出口食品卫生、质量的检验、监督和管理工作。

（4）组织实施进出口商品法定检验；组织管理进出口商品鉴定和外商投资财产鉴定；审查批准法定检验商品的免验和组织办理复验。

（5）组织对进出口食品及其生产单位的卫生注册登记及对外注册管理；管理出入境检验检疫标志、进口安全质量许可、出口质量许可并负责监督检查；管理和组织实施与进出口有关的质量认证认可工作。

（6）负责涉外检验检疫和鉴定机构（含中外合资、合作的检验、鉴定机构）的审核认可并依法进行监督。

（7）负责商品普惠制原产地证和一般原产地证的签证管理。负责管理出入境检验检疫业务的统计工作和国外疫情的收集和分析，提供信息指导和咨询。

（8）拟定出入境检验检疫科技发展规划；组织有关科研和技术引进工作；收集和提供检验检疫技术情报。

（9）垂直管理出入境检验检疫机构。开展有关出入境检验检疫方面的国际合作与技术交流，按规定承担技术性贸易壁垒和检疫协议的实施工作，执行有关协议。

（10）承办国务院及海关总署交办的其他事项。

综上所述，国家出入境检验检疫局的职责主要分为法定检验检疫、鉴定工作和监督管理三大方面。此外，进出口药品的监督检验、计量器具的量值检定、船舶和集装箱的规范检验、飞机（包括飞机发动机、机载设备）的适航检验、锅炉和压力容器的安全检验、核承压设备的安全检验等，分别由国家各有关主管部门归口实施法定检验和监督管理。上述产品的进出口，须依法向各专职检验部门申请办理，取得合格检验鉴定文件后，才能进口或出口。

3. 检验范围

法定检验的范围由国家法律做出规定，通常是由该国商检部门制定出必须实施检验的进出口商品目录。也就是说，必须实施检验的进出口商品目录内的进出口商品，属于法定检验的范围。我国法定检验的商品主要有：①列入《出入境检验检疫机构实施检验检疫的进出境商品目录》（简称《检验检疫商品目录》）；②《中华人民共和国食品卫生法（试行）》规定，应实施卫生检验检疫的进出口食品；③危险货物的包装容器、危险货物运输设备和工具的安全技术条件的性能和使用鉴定；④装运易腐烂变质食品、冷冻品的船舱、货仓、车厢和集装箱等运载工具；⑤国家其他有关法律、法规规定须经出入境检验检疫机构检验的进出口商品、物品、动植物等。

必须指出的是，对于法定检验以外的进出口商品，国家的商检机构并非不进行任何监督管理，通常是其对法律规定必须经商检机构检验的进出口商品以外的进出口商品，根据国家规定实施抽查检验。

4. 检验标准及方法

法定检验进出口商品，通常按照该国家技术规范的强制性要求进行检验；如果尚未制定技术规范的强制性要求的，可以按照相关的国际通用标准或外国有关标准进行检验。法定检验的方法一般由商检机构决定，我国通常采用抽查。

5. 关于免验

在我国，列入必须实施检验的进出口商品目录的进出口商品，由收货人、发货人或者其生产企业提出申请，经国家质量监督检验检疫总局审核批准，可以免予检验（以下简称免验）。免验有效期一般为 3 年。免验商品免验应当符合以下条件：

（1）申请免验的进出口商品质量应当长期稳定，在国际市场上有良好的质量信誉，无属于生产企业责任而引起的质量异议、索赔和退货，检验检疫机构检验合格率连续 3 年达到百分之百。

（2）申请人申请免验的商品应当有自己的品牌，在相关国家或者地区同行业中，产品档次、产品质量处于领先地位。

（3）申请免验的进出口商品，其生产企业的质量管理体系应当符合 ISO 9000 质量管理体系标准或者与申请免验商品特点相应的管理体系标准要求，并获得权威认证机构认证。

（4）为满足工作需要和保证产品质量，申请免验的进出口商品的生产企业应当具有一定的检测能力。

（5）申请免验的进出口商品的生产企业应当符合《进出口商品免验审查条件》的要求。

此外，进出口商品不予受理免验申请的情况有：食品、动植物及其产品；危险品及危险品包装；品质波动大或者散装运输的商品；需出具检验检疫证书或者依据检验检疫证书所列重量、数量、品质等计价结汇的商品。

（三）约定检验

1. 概念

约定检验是指货物买卖双方在交易中按形成的惯例进行检验或在合同中对检验的内容、方法、检验方等作出规定并按规定执行。

2. 机构

约定检验的机构一般由买卖双方在合同中予以规定。按照是否由政府设立，检验机构可以分为官方检验机构和独立检验机构。官方检验机构是由政府设立的监督检验机构，主要依照法律和行政法规的规定，对有关进出口商品进行严格的检验管理，如中华人民共和国国家出入境检验检疫局，美国食品药品管理局（FDA）等。独立检验机构是指由商会、协会、同业公会或私人设立的半官方或民间商品检验机构，担负着国际贸易货物的检验和鉴定工作。由于独立检验机构承担的民事责任有别于官方商品检验机构承担的行政责任，所以在国际贸易中更易被买卖双方接受。独立检验机构根据委托人的要求，以自己的技术、信誉及对国际贸易的熟悉，为贸易当事人提供灵活、及时、公正的检验鉴定服务，受到对外贸易关系人的共同信任，已经成为检测市场的主流力量。在我国，按法律规定，经国家商检部门许可的检验机构，可以接受对外贸易关系人或者外国检验机构的委托，办理进出口商品检验鉴定业务。国际上著名的独立检验机构有美国担保人实验室（UL），瑞士日内瓦通用鉴定公司（Societe Generale De Surveillance S. A.，SGS），美国材料与试验协会（ASTM）等。

需要指出的是，约定检验不一定都由专业检验机构担当，在交易惯例或合同中也较常出现由买卖双方自行担任检验人的约定。

3. 检验范围、标准及方式

约定检验的范围、标准和方式通常按照合同的规定或交易惯例。

三、检验证书及其作用

（一）概念

检验证书（inspection certificate）是由商检机构签发的证明商品检验结果的书面证明文件。此外，经过买卖双方同意，也可采用由出口商品的制造商、出口商、进口商或者进口商的代理出具证明的办法。

（二）种类

进出口商品的检验证书种类较多，在我国，常见的各种证书有：

1. 品质检验证书

品质检验证书证明进出口商品的品质、规格、等级、成分、性能等实际情况。是出口商品交货结汇，进口商品结算索赔，进出口商品报关、输出或输入和仲裁诉讼的合法凭证。

2. 重量、数量检验证书

重量、数量检验证书用于证明进出口商品的重量，如毛重、净重和皮重等，是出口商品交货结汇、签发提单和进口商品结算、索赔的有效凭证；出口商品的重量证书，也是国外报关征税和计算运费、装卸费用的证件。

3. 兽医检验证书

兽医检验证书是证明出口动物产品或食品已经过检疫合格的证件。主要适用于出口冻品（冻畜肉、冻禽肉）、禽畜肉、罐头、皮张、毛类、绒类、猪鬃、肠衣等商品。是对外交货、银行结汇和进口国通关输入的重要证件。此外，出口食品包装箱上和罐头上的兽医验讫证明标志，具有商检证书同等效用的官方兽医证明的作用。

4. 卫生/健康证书

卫生/健康证书是证明可供人类食用的出口动物产品、食品等经过卫生检验或检疫合格的证件。适用于罐头、冻鱼、冻虾、食品、蛋品、乳制品、蜂蜜等，是对外交货、银行结汇和通关验放的有效证件。

5. 消毒检验证书

消毒检验证书是证明出口动物产品经过消毒处理，保证安全卫生的证件。适用于猪鬃、马尾、皮张、山羊毛、羽毛、人发等商品，是对外交货、银行结汇和国外通关验放的有效凭证。

6. 熏蒸证书

熏蒸证书是用于证明出口粮谷、油籽、豆类、皮张等商品，以及包装用木材与植物性填充物等，已经过熏蒸灭虫的证书。

7. 残损检验证书

残损检验证书是证明进口商品残损情况的证件。适用于进口商品发生残、短、渍、毁等情况；可作为收入向发货人或承运人或保险人等有关责任方索赔的有效证件。

8. 积载鉴定证书

积载鉴定证书是证明船方和集装箱装货部门正确配载积载货物，作为证明履行运输契约义务的证件。可供货物交接或发生货损时处理争议之用。

9. 产地证明书

产地证明书是出口商品在进口国通关输入和享受减免关税优惠待遇及证明商品产地的凭证。包括一般产地证、普惠制产地证等。

10. 价值证明书

价值证明书作为进口国管理外汇和征收关税的凭证。在发票上签盖商检机构的价值证明章与价值证明书具有同等效力。

此外，还有证明其他检验、鉴定工作的检验证书，如证明承运出口商品的船舱清洁、密固、冷藏效能及其他技术条件是否符合保护承载商品的质量和数量完整与安全要求的验舱证书等。

不同的检验机构出具的检验证书格式一般略有不同，但一般都要包括发货人、收货人、商品、唛头、数量、重量和检验结果等内容。

[国家出入境检验检疫局检验证书样本]

1. NAME OF CONSIGNOR:

NAME OF CONSIGNEE:

2. INSPECTION CERTIFICATE

3. NO.:

4. DATE:

5. COMMODITY:

6. SHIPPING MARKS:

7. QUANTITY:

8. WEIGHT:

9. RESULTS OF INSPECTION:

10. SIGNATURE

ENTRY – EXIT INSPECTION AND QUARANTINE OF PEOPLE'S REPUBLIC OF CHINA

（三）作用

在国际贸易中，商品检验证书的作用是：

1. 海关放行的依据

对于法定检验的产品，如果没有经过国家检验机构的检验并检验合格，将无法出口或进口。

2. 议付货款的依据

如果合同中规定交货时需要提供检验证明，那么如果未提交符合要求的检验证明，买方可以拒绝付款。

3. 货物符合合同的依据

检验证书可以作为证明交货的品质、数量、包装及其他条件等是否符合合同规定的依据。

4. 索赔和理赔的依据

买卖双方对交货品质、数量、包装及卫生条件与合同规定是否相符发生争议时，买卖双方可以凭检验证书作为拒收、索赔或理赔的依据。

四、关于装船前检验

（一）概念

装船前检验是指雇用独立的专业公司来检验海外订购货物的装载情况，主要是检验价格、数量和质量。这个做法被许多发展中国家所采用，其目的在于防止资本外流、商业欺诈及逃避海关关税等情况的发生，保护国内财政利益和弥补行政管理机构的不足。这些发展中国家的政府部门颁布法令，实施“进口货物全面监管计划”（CISS），该计划的主要内容就是装船前检验，即指定国际公证检验机构对进口货物在出口国进行检验，检验合格后出具“清洁报告书”并允许进口，如果检验结果不合格，将拒绝进口。而通常这些国际公证检验机构主要有瑞士通用公证行（SGS）、英国英之杰检验集团（IITS）、法国船级社（BV）、日本海外货物检查株式会社（OMIC）等。国际上实施 CISS 的国家和地区主要包括安哥拉、阿根廷、玻利维亚、布基纳法索、布隆迪、柬埔寨、喀麦隆、中非、象牙海岸、厄瓜多尔、几内亚、肯尼亚、马拉维、马里、毛里塔尼亚、墨西哥、巴拉圭、秘鲁、菲律宾、卢旺达、塞内加尔、赞比亚等。

（二）程序

以在中国办理装船前检验，以 SGS 检验为例，检验通常按以下程序进行：

1. 出口成交

出口商按正常的贸易程序与进口商达成出口交易，进口商把有关这笔交易的情况通知本国的 SGS 联络办公室，同时通知出口商须请 SGS - CSTC 通标公司[①]验货。SGS - CSTC 收到进口国 SGS 联络办公室的通知（检验编号）后，传真（邮寄）给出口商一份注明“SGS 检验编号”（I. O. NO.）和 SGS - CSTC“ICN”编号的空白“验货申请表”（RFI），通知出口商提交单据，安排验货。

2. 申请检验

为安排检验，出口商需填写带有 SGS 检验编号的“验货申请表”（RFI），连同相关单据一起传真（寄）给离验货地点最近的 SGS - CSTC 分公司。一般出口商须在检验日期的 3 个工作日前，把 RFI 和相关单据交给 SGS - CSTC 分公司。

3. SGS - CTSG 进行检验

SGS - CSTC 的检验员将对照出口商的形式文件，检验货物的规格、名称、数量、外观质量，必要时要抽取样品。

4. SGS - CSTC 出具所要求的最终文件

如果出口商收到的信用证上要求“在出口商的发票上贴 SGS 安全标签（security label）”，出口商可提交一份最终出口发票给最近的 SGS - CSTC 分公司，并去领取安全标签，或要求 SGS - CSTC 将安全标签邮寄给出口商。请注意，只有在完成以上 1 ~ 4 项的程序后，SGS - CSTC 才会签发安全标签。

五、进出口商品约定检验的时间和地点

在约定检验中，关于检验时间和地点的规定主要包括：

（一）在出口国产地检验

货物发货前，由卖方会同买方检验人员对货物进行检验，卖方只对商品离开产地前的品质负责，货物离开产地后在运输途中品质的变化，由买方负责。

（二）在装运港（地）检验

货物在装运前或装运时由双方按约定方式检验，并出具检验证明，

---

① SGS - CSTC 通标公司，系瑞士通用公证行（SGS）与中国标准技术开发公司（CSTC）共同组建的合资公司成立于 1991 年，截至 2004 年，已在中国包括上海、天津、大连、青岛、广州、厦门、深圳、宁波、秦皇岛、南京等地设立 17 家分支机构。

作为确认交货品质和数量的依据，这一规定以“离岸品质和离岸数量”为准。

（三）目的港（地）检验

货物在目的港（地）卸货后，由双方按约定方式检验，并出具检验证明，作为确认交货品质和数量的依据，这一规定以“到岸品质和到岸数量”为准。

（四）买方营业处所或用户所在地检验

对于那些密封包装、精密复杂的商品。不宜在使用前拆包检验，或需要安装调试后才能检验的产品，可将检验推迟至用户所在地，由双方按约定方式检验并出具证明。

（五）出口国检验，进口国复检

这种方法最为方便而且合理，在国际贸易实践中多采用这一做法。需要指出的是，买方复验是指买方收到货物后有复验权，而复验期限的长短，应视商品的性质和港口情况而定。复验方、复验地点应在合同中予以规定。

六、我国进出口商品的法定检验程序

在我国，进出口商品的法定检验程序如图 11－1 所示。

图 11－1　我国进出口商品的法定检验程序

（一）进口商品

1. 报检

关于法定检验进口商品的报检，《进出口商品检验法》规定：“本法规定必须经商检机构检验的进口商品的收货人或者其代理人，应当向报关地的商检机构报检。”这一规定包含以下几层含义：一是报检也称为报验。法定检验进口商品的报检时间必须要在经商检机构检验的进口商品到货后，如果上述商品还未到货，则不能向商检机构报检。二是法定检验的进口商品的报检主体为收货人或者其代理人。同时，《进出口商品检验法》还对进口货物由收货人的代理人报检的方式作出了规定，即为进口货物的收货人办理报检手续的代理人应当在商检机构进行注册登记，办理报检手续时应当向商检机构提交授权委托书。三是报检地点是报关地的商检机构。

2. 检验及出证

根据《进出口商品检验法实施条例》的规定："对外贸易合同或者运输合同约定商品检验地点的，在约定的地点进行检验；未约定检验地点的，在卸货口岸、到达站或者商检机构指定的地点进行检验。大宗散装商品、易腐烂变质商品，以及卸货时发现残损或者数量、重量短缺的商品，必须在卸货口岸或者到达站进行检验。需要结合安装调试进行检验的成套设备、机电仪器产品，以及在口岸开件检验后难以恢复包装的商品，可以在收货人所在地进行检验。"向商检机构报验的期限，由于进口商品的不同，索赔有效期和品质保证期不同，因此，规定的报检时间也不同。一般商品应在到达报验地点3天内，向所在地区的商检机构报验。如果索赔期已近，来不及完成检验出证时，收货人要事先向国外办理延长索赔期的手续。但对口岸卸货时发现有残损、短少的进口商品，应当立即报验，以便在卸货地检验，确定残损缺少状况，判明原因和责任归属。商检机构应当在国家商检部门统一规定的期限内检验完毕，并出具检验证单。

3. 验放

海关凭商检机构签发的货物通关证明验放，即海关对法定检验的进口商品只能凭商检机构签发的出入境货物通关单验放。

（二）出口商品

1. 报检

法定检验的出口商品的报检主体为发货人或者其代理人。为出口货物的发货人办理报检手续的代理人应当在商检机构进行注册登记，办理报检手续时应当向商检机构提交授权委托书，报检的地点和期限应当按照商检机构的规定。商检机构规定的地点是指货物装运口岸和商品集中的产地或储存地点。报检的期限根据有关规定，出境货物最迟应于报关或装运前7天报检，对于个别检验检疫周期较长的货物，应留有相应的检验检疫时间。发货人向商检机构报检时，应当填写出境货物报检单并提供对外贸易合同（售货确认书或函电）、信用证、发票、装箱单等必要的单证，商检机构经审查后接受报检。商检机构对出口商品进行检验应具备下列条件：一是对外贸易关系人已对外签订销售合同，凭信用证支付货款，已收到国外开来的信用证，并明确了装运条件和检验依据。二是出口货物已备齐，除散装货、裸装货外，已包装完毕，外包装符合出口要求。三是除合同、信用证规定的中性包装外，已刷好出口标记。四是整批商品堆码整齐，便于检验人员查看包装和标记，进行抽样和现场检验。

2. 检验、出证

关于法定检验出口商品检验证单的出具，商检机构在国家商检部门统一规定的期限内检验完毕，并出具检验证单。商检机构在对出口商品检验后，对检验合格的商品，按照对外合同、信用证、有关国际规定或者申请人的要求，可出具各类商检证书，主要包括：品质证书、数量或重量证书、熏蒸证书等。同时，商检机构为了便于出口商品在国内有关部门办理手续或便于商检机构之间沟通情况，简化检验程序，可签发有关商检单证，主要包括：一是预验结果单，即出口商品经商检机构预先检验合格后对内签发，用于商品出口时向当地商检机构换证。二是出口商品检验换证凭单，即出口商品经发运地的商检机构检验合格后对内签发，用于商品出口时申请人凭此向口岸商检机构申请出口检验换证。三是出口商品放行单，即法定检验商品经检验合格后对内签发，海关凭此对法定检验商品验放出口。四是不合格通知单，即出口商品经商检机构检验不合格时对内签发，此单签发后出口商品不能放行出口。五是海运出口危险货物包装容器性能检验结果单，即商检机构对出口危险货物的包装容器性能鉴定合格后对内签发。使用危险货物包装容器的单位向商检机构申请包装容器使用鉴定时需要提供该单。六是海运出口危险货物包装容器使用鉴定结果单，即海运危险货物有包装容器经商检机构进行使用鉴定合格后对内签发，供外贸经营单位装运出口危险货物和办理出口装运等手续用。七是委托检验结果单，即商检机构接受有关单位委托申请，对商品进行检验后对内签发，供申请人了解委托样品情况用。

3. 验放

为加强对出口商品的通关管理，我国建立了“先报检、后报关”的通关机制，要求企业先向商检机构报检，经审核后，由商检机构出具统一的采用防伪技术的通关单，海关对法定检验的出口商品只能凭商检机构签发的出入境货物通关单验放，即海关凭商检机构签发的货物通关证明验放，也就是说，海关对法定检验的出口商品只能凭商检机构签发的出入境货物通关单验放。

七、合同中商品检验条款

（一）检验条款的意义

在国际贸易中，进出口商如果能结合自己的企业、进出口商品的总体情况，灵活选用检验方式，制定出切实可行的检验条款，那么检验条款的签订可以帮助出口商提高履行合同的质量，帮助进口商保障自己的权益。

（二）常见检验条款

1. 确定检验方式

具体检验方式可分为自行检验、共同检验、产地检验、出口商品内地检验与口岸查验、出口商品到岸复验等多种方式。所以双方签订合同时，应该事先明确具体采取哪种方式检验，出口时，如果争取到自行检验的方式，可以省去很多麻烦，但这需要出口企业提高自己产品的信誉度，只有在企业生产规范，产品质量稳定时才可能做到。另外，出口情况下，如果客户要求由某家检验机构对出口商品检验，而出口商对该家机构并不熟悉，那么出口商应该要求客户提供该机构的详细介绍，并在签约前与其联系，询问清楚该机构检验的具体要求，如方式、时限、费用等。

2. 确定检验内容

确定检验内容是商检条款的核心内容之一。在确定检验内容的时候，规定商品的品质指标要科学合理，并要结合行业或技术上的需要。需要补充说明的是，检验的内容包括检验的项目、类别、所用的标准、检验的方法等方面。不同的标准或不同检验的方法对同一种商品可能会检验出不同结果。对于金额大、交货周期长的出口合同，将这些内容清清楚楚地写在合同上肯定是明智之举。

3. 选定检验机构

国际贸易领域的各类商品检验、鉴定机构很多，不同商检机构的服务态度、工作作风和质量、收费标准千差万别。公正性、公认性很重要，这是选择商检机构的首要条件。另外，选择检验机构可以选择国际一流的公证行，他们在世界各地，特别是在中国的分支机构、办事处多，联系方便，申请检验和出证时间短，收费也比较规范。

4. 明确检验费用由谁承担

进出口业务中，出口时商检费用一般由出口商自己承担，到岸后的检验费用一般由进口商承担。如果在出口时，当买家提出额外的商检要求，出口商需要考虑费用该由谁承担的问题，当然还要考虑额外的工作所占用的时间和对整个出口流程的影响。

示例：

货到目的港 7 天内经 × × 商品检验局复检，如发现品质或数量或重量与本合同规定不符，买方凭 × × 商品检验局出具的检验证明，向卖方提出退货或索赔，所有因退货或索赔引起的一切费用及损失均由卖方负担，属保险公司或船运公司负责者除外。（In case the quality, quantity or weight of goods be found not in conformity with those stipulated in the contract after reinspection by the xx Commodity Inspection Bureau within 7 days after arrival of the goods at the port of destination, the Buyers have right to return the goods or lodge claims against the Sellers for compensation of losses upon the strength of Inspection Certificate issued by the said Bureau, with the exception of those claims for which the insurers or the carriers are liable.）

第二节　索　　赔

一、索赔与理赔的概念

索赔是指国际贸易业务的一方违反合同的规定，直接或间接地给另一方造成损害，受损方向违约方提出损害赔偿要求；理赔是指违约方受理受损方提出的赔偿要求。可见，索赔和理赔是同一个问题的两个方面。在实际业务中，索赔条款通常与商检条款订立在一起。

二、违约责任与索赔权利

在国际贸易中，一方违反合同的规定，直接或间接地给另一方造成损害，受损方有权向违约方提出损害赔偿要求，但索赔并非可以无限制的，必须和违约方违约责任相对应。例如，《联合国国际货物销售合同公约》（以下简称《公约》）中第七十四条规定："一方当事人违反合同应负的损害赔偿额，应与另一方当事人因他违反合同而遭受的包括利润在内的损失额相等。这种损害赔偿不得超过违反合同一方在订立合同时，依照他当时已知道或理应知道的事实和情况，对违反合同预料到或理应预料到的可能损失。"此外，《公约》第七十七条还规定："声称另一方违反合同的一方，必须按情况采取合理措施，减轻由于该另一方违反合同而引起的损失，包括利润方面的损失。如果他不采取这种措施，违反合同一方可以要求从损害赔偿中扣除原可以减轻的损失数额。”

此外，在违约情况下，受损害一方提出的赔偿损失的方式也是与对方的违约责任相联系的，例如，《公约》第二十五条规定：“一方当事人违反合同的结果，如使另一方当事人蒙受损害，以至于实际上剥夺了他根据合同规定有权期待得到的东西，即为根本违反合同。”第四十六条：“……（2）如果货物不符合同，买方只有在此种不符合同情形构成根本违反合同时，才可以要求交付替代货物……”第五十一条：“……（2）买方只有在完全不交付货物或不按照合同规定交付货物等于根本违反合同时，才可以宣告整个合同无效。”可见，受损害一方由于对方违约造成了损失后，要求采取的赔偿方式是受到违约方违约行为的严重性限制的，在违约方的违约行为不构成根本违反合同时，宣布合同无效、要求交付替代货物等法律救济方式就无法采用，而只能选择损害赔偿、对货物进行修理等救济方式。当然，双方协商所采用的解决方式不受限制。

三、索赔条款的内容

合同中的索赔条款，主要应该包括索赔依据、索赔期限和索赔办法等内容。

1. 索赔依据

合同当事人在索赔时，必须提出充分的依据，包括事实依据、法律依据或者权威机构的证明文件等，如果缺乏相应的依据，都可能遭到对方的拒赔。

2. 索赔期限

索赔期限指索赔的有效期限，通常的索赔期限有两种，一种是约定期限，另一种是法定期限。

3. 索赔办法

在现实业务中，对于索赔办法包括金额一般只作笼统规定，因为实际业务中造成对方的损失原因很多，签订合同时难以预计，而发生违约事实时，补救办法又是多样的，所以难以在合同订立时准确加以规定。

四、罚金或违约金条款

为保证合同履行，当事人双方可以事先在合同中约定一方违约时，应向对方支付的金钱，称为违约金或罚金。一般适用于迟延交货、延期接货、拖延开立 L/C、拖延付款等，并不以造成损失为前提，数额以约定为主，分为惩罚性和补偿性两种。而且，如果是履行迟延造成违约方支付违约金，通常不能免除违约方继续按照合同履行义务的责任。不过必须指出的是，在英美法系的国家，惩罚性的违约金是不受法律承认的，即在合同中将有惩罚性质的违约金称为补偿性违约金。

五、定金的含义

为保证合同履行，当事人双方可以事先在合同中约定一定数额作为定金，定金与预付款不同，是对合同履行的担保，买方违约，定金不得收回；卖方违约，定金双倍返还。定金的实践意义在于提高合同的履约率。但必须注意的是，首先，定金条款不能与预付款条款混同使用；其次，定金规定明确具体，通常在合同顺利履行后，定金转为合同价款的一部分。最后，如合同中同时存在违约金和定金，当一方违约时，只能选择其一使用。

第三节　仲　　裁

一、概述

在国际货物买卖中发生争议时，通常采取的解决争议的方式有友好协商、调解、仲裁、诉讼等。一旦发生争议，首先应通过友好协商的方式解决，以利于保护商业秘密和企业声誉，在协商不成的情况下，则当事人可按照合同约定或争议的情况采用调解、仲裁或诉讼方式解决争议。

（一）调解

调解（conciliation）是指由双方当事人自愿将争议提交选定的调解机构（法院，仲裁机构或专门的调解机构），由该机构按调解程序进行调解。若调解成功，双方应签订和解协议，作为一种新的契约予以执行，若调解意见不为双方或其中一方接受，则该意见对当事人无约束力，调解即告失败。

（二）仲裁

仲裁（arbitration）是指当事人达成书面协议，在某一事件或问题发生争议又不能协商解决时，自愿把争议提交给双方同意的仲裁机构，由仲裁机构依法做出对当事人双方均有约束力的裁决的一种非诉讼制度。

（三）诉讼

诉讼（litigation）是指一方当事人向法院起诉，控告合同的另一方，一般要求法院判令另一方当事人以赔偿经济损失或支付违约金的方式承担违约责任，也有要求对方实际履行合同义务的。诉讼是当事人单方面的行为，只要法院受理，另一方就必须应诉。但诉讼方式的缺点在于立案时间长，诉讼费用高。另外，国际贸易中，异国法院的判决未必是公正的，同时，由于各国司法程序不同，当事人在异国诉讼也会比较复杂。

综观上述解决争议的方式，在国际贸易实践中，如果友好协商无法解决，仲裁是最被广泛采用的一种方式。

二、仲裁的特点

与采取诉讼的形式解决争议相比，仲裁主要有以下四个特点。

（一）以仲裁协议为基础，充分尊重当事人意思自治

仲裁是以当事人自愿为前提的，包括自愿决定采用仲裁方式解决争议；自愿决定解决争议的事项，选择仲裁机构等；当事人还有权在仲裁委员会提供的名册中选择其所信赖的人士来处理争议。在涉外仲裁中，当事人双方可以自愿约定采用哪些仲裁规则和适用的法律等。

（二）一裁终局

即裁决一旦做出，就发生法律效力，并且当事人对仲裁裁决不服是不可以就同一纠纷再向仲裁委员会申请仲裁或向法院起诉的，仲裁也没有二审、再审等程序。

（三）一般不公开进行

此举可以防止泄露当事人不愿公开的专利、专有技术等。仲裁方式保护了当事人的商业秘密，更为重要的是仲裁从庭审到裁决结果的保密性，使当事人的商业信誉不受影响，也使双方当事人在感情上容易接受，有利于日后继续生意上的往来。

（四）独立、公平、公正

仲裁是由仲裁庭独立进行的，任何机构和个人均不得干涉仲裁庭。此外，仲裁委员会聘请的仲裁员都是公道正派的、有名望的专家，由于经济纠纷多涉及特殊知识领域，由专家断案更有权威，而且仲裁中处于第三人地位，不是当事人的代理人，由其居中断案，更具公正性。

由于仲裁所具有的独立、公正和迅速解决争议的特点，给予了当事人充分的自治权，以及具有灵活性、保密性、终局性和裁决易于得到执行等特点，加上其程序简便、结案较快、费用开支较少，从而为越来越多的国际贸易当事人选择并采用。

三、仲裁协议/条款的形式和作用

1. 概念

仲裁协议或条款是指当事人在合同中约定的或事后达成的将争议提交仲裁裁决的书面协议或条款。仲裁协议/条款独立于合同存在，不因合同的终止、无效而终止或无效。

根据我国仲裁法的规定，一项有效的仲裁协议须具备以下三个条件：（1）有提交仲裁的意思表示；（2）有选定的仲裁委员会；（3）有明确的仲裁事项。

2. 形式

仲裁协议或条款订立的形式主要有两种，即争议发生前订立或发生后订立。

3. 作用

仲裁协议或条款的作用主要包括以下三点。

（1）争议以仲裁解决，不得起诉。签订仲裁协议或条款后，发生争议时，应该将争议通过仲裁的形式解决，而非采取诉讼形式。

（2）排除法院对争议的管辖权。需要指出的是，一旦选定以仲裁解决争议，达成协议，即排除法院争议的管辖权，但一方诉之法院，另一方首次开庭前未对法院受理提出异议的，视为放弃仲裁协议。

（3）仲裁机构取得对争议的管辖权。

四、仲裁条款的内容

在国际货物买卖中，仲裁条款的内容繁简不一，一般主要包括以下六个方面。

（一）仲裁地点的规定

在什么地方进行仲裁，是买卖双方在磋商仲裁条款时的一个重点。这主要是因为，仲裁地点与仲裁所适用的程序法，以及合同适用的实体法关系至为密切。在我国，通常进出口贸易合同中的仲裁地点视贸易对象和情况的不同，一般采用三种规定方法之一：（1）力争规定在我国仲裁；（2）可以规定在被告所在国仲裁；（3）规定在双方认同的第三者国仲裁。

（二）仲裁机构的选择

国际贸易中的仲裁，可由双方当事人在仲裁协议中规定在常设的仲裁机构进行，也可以由当事人双方共同指定仲裁员组成临时仲裁庭进行仲裁。当事人双方选用哪个国家（地区）的仲裁机构审理争议，应在合同中作出具体说明。

目前，国际上主要的仲裁机构包括：

1. 国际商会仲裁院

国际商会仲裁院英文全称为 The international court of arbitration of international chamber of commerce（ICC）。在国际商事仲裁领域，ICC 是最具影响的仲裁机构之一。其成立于 1923 年，属于国际商会的一部分。

2. 美国仲裁协会

美国仲裁协会英文全称为 American arbitration association（AAA）。美国仲裁协会成立于 1926 年，是一个非营利性的为公众服务的机构。美国仲裁协会的总部设在纽约，在美国一些主要州设有分部。20 世纪 90 年代，为开拓亚太业务，美国仲裁协会成立亚太争议中心。美国仲裁协会的仲裁员来自很多国家，且数量达数千人之多。当事人也可以在其仲裁员名册之外指定仲裁员。在没有约定的情况下，所有案件只有一名仲裁员，即独任仲裁员。但如仲裁协会认为该案件争议复杂时，可决定由 3 名仲裁员组成仲裁庭。从案件数量上讲，美国仲裁协会的受案量世界第一，但其中的劳动争议等美国国内案件占绝大部分。

3. 中国国际经济贸易仲裁委员会

中国国际经济贸易仲裁委员会（以下简称仲裁委员会，自 2000 年 10 月 1 日起同时启用名称“中国国际商会仲裁院”），英文全称为 China international economic and trade arbitration commission（CIETAC），是中国国际贸易促进委员会根据中华人民共和国中央人民政府政务院 1954 年 5 月 6 日的决定，并于 1956 年 4 月设立的，当时名称为对外贸易仲裁委员会。中国实行对外开放政策以后，为了适应国际经济贸易关系不断发展的需要，对外贸易仲裁委员会于 1980 年改名为对外经济贸易仲裁委员会，又于 1988 年改名为中国国际经济贸易仲裁委员会。从 1994 年起，中国国际经济贸易仲裁委员会已步入世界主要仲裁机构的行列，在国际争议受案量方面，一直排在世界前列，近年来，受理案件的争议金额也有大幅增长，在国际商事仲裁领域扮演越来越重要的角色。

4. 伦敦国际仲裁院

伦敦国际仲裁院英文全称为 The london court of international arbitration (LCIA)。它是世界上最古老的仲裁机构，成立于 1892 年。伦敦国际仲裁院设在伦敦，在仲裁案件中其主要作用是指定仲裁员和对案件进行一些辅助性的管理。它也设有仲裁员名册，仲裁员的成分也是多种多样，可以适应各种类型案件的需要。

5. 斯德哥尔摩商会仲裁院

斯德哥尔摩商会仲裁院英文全称为 The arbitration institute of the stockholm chamber of commerce (SCC)。斯德哥尔摩商会成立于 1917 年，其仲裁机构组织设立于 1949 年。设立的目的在于解决工业、贸易和运输领域的争议。SCC 的总部设在瑞典的斯德哥尔摩，包括秘书局和 3 名成员组成的委员会。SCC 解决国际争议的优势在于其国家的中立地位，特别以解决涉及远东或中国的争议而著称。

（三）仲裁程序法的适用

在买卖合同的仲裁条款中，应订明使用哪个国家（地区）和哪个仲裁机构的仲裁规则进行仲裁。

（四）仲裁裁决的效力

仲裁裁决的效力主要是指由仲裁庭做出的裁决，对双方当事人是否具有约束力，是否为决定性的，能否向法院起诉要求变更裁决。

（五）仲裁费用的负担

通常在仲裁条款中明确规定出仲裁费用由谁负担。一般规定由败诉方承担，也有的规定为由仲裁庭酌情决定的。

（六）仲裁条款示例

例如，一切因执行本合同引起的争议，均应由双方友好协商解决。如协商不能解决，则应提交仲裁，仲裁在中国进行。提交上海中国国际经济贸易仲裁委员会，按照其仲裁规则进行仲裁。该仲裁委员会的裁决为终局性的，对双方均有约束力，仲裁费用除非仲裁委员会另有裁定，概由败诉方承担。(All disputes arising from the performance of this contract should be settled through friendly negotiation. Should no settlement be reached through negotiation, the case shall be submitted arbitration in China. The case shall be submitted to China international economic and trade arbitration commission, Shanghai and the arbitration rules of this commission shall be applied. The award of the arbitration shall be final and binding upon both parties. The arbitration fee shall be borne by the losing party unless otherwise awarded by the arbitration organization.)

五、仲裁程序

仲裁程序（arbitration procedure）是指双方当事人将所发生的争议根据仲裁协议的规定提交仲裁时应办理的各项手续。仲裁程序的主要内容大致如下。

（一）提出仲裁申请

提出仲裁申请是仲裁程序开始的首要手续。各国法律对申请书的规定不一致。在我国，《中国国际经济贸易仲裁委员会仲裁规定》规定：当事人一方申请仲裁时，应向该委员会提交包括下列内容的签名申请书：（1）申诉人和被诉人的名称、地址；（2）申诉人所依据的仲裁协议；（3）申诉人的要求及所据的事实和证据。申诉人向仲裁委员提交仲裁申请书时，应附具本人要求所依据的事实的证明文件，指定一名仲裁员，预缴一定数额的仲裁费。如果由委托代理人办理仲裁事项或参与仲裁的，应提交书面委托书。

（二）组织仲裁庭

根据我国仲裁规则，申诉人和被申诉人各自在仲裁委员会仲裁员名册中指定一名仲裁员，并由仲裁委员会主席指定一名仲裁员为首席仲裁员，共同组成仲裁庭审理案件；双方当事人亦可在仲裁委员名册中共同指定或委托仲裁委员会主席指定一名仲裁员为独任仲裁员，成立仲裁庭，单独审理案件。

（三）审理案件

仲裁庭审理案件的形式有两种：一种是不开庭审理，这种审理一般是经当事人申请，或由仲裁庭征得双方当事人同意，只依据书面文件进行审理并做出裁决；另一种是开庭审理，这种审理按照仲裁规则的规定，采取不公开审理的方式，如果双方当事人要求公开进行审理时，由仲裁庭做出决定。

（四）做出裁决

裁决是仲裁程序的最后一个环节。裁决做出后，审理案件的程序即告终结，因而这种裁决被称为最终裁决。根据我国仲裁规则，最终裁决外，仲裁庭认为有必要或接受当事人的提议的，在仲裁过程中，可就案件的任何问题做出中间裁决或者部分裁决。中间裁决是指对审理清楚的争议所做的暂时性裁决，以利于对案件的进一步审理；部分裁决是指仲裁庭对整个争议中的一些问题已经审理清楚，而先行做出的部分终局性裁决。这种裁决是构成最终裁决的组成部分。仲裁裁决必须于案件审理终结之日起45天内以书面形式做出，仲裁裁决除由于调解达成和解而做出的裁决书外，应说明裁决所依据的理由，并写明裁决是终局的和做出裁决书的日期地点，以及仲裁员的署名等。

当事人对于仲裁裁决书，应依照其中所规定的时间自动履行，裁决书未规定期限的，应立即履行。一方当事人不履行的，另一方当事可以根据中国法律的规定，向中国法院申请执行，或根据有关国际公约、或中国缔结或参加的其他国际条约的规定办理。

按照各国际仲裁规则的一般规定，仲裁裁决如果是在无仲裁协议的情况下做出的，或以无效（呈过期）的仲裁协议为据做出的裁决；仲裁员的行为不当或越权所做出的裁决；以伪造证据为依据所做出的裁决；或裁决的事项是属于仲裁地法律规定不得提交仲裁处理的裁决等，当事人可在法定期限内，请求仲裁地的管辖法院撤销仲裁裁决，并宣布其为无效裁决。

第四节　不可抗力

一、不可抗力的含义和范围

不可抗力（force majeure）是指买卖合同签订后，不是由于当事人一方的过失或故意，发生了当事人在订立合同时不能预见，对其发生和后果不能避免并且不能克服的事件，以致不能履行合同或不能如期履行合同。遭受不可抗力事件的一方，可以据此免除履行合同的责任或推迟履行合同，对方无权要求赔偿。

不可抗力通常包括两种情况：一种是自然原因引起的，如水灾、旱灾、暴风雪、地震等；另一种是社会原因引起的，如战争、罢工、政府禁令等。但不可抗力事件目前国际上并无统一明确的解释。哪些意外事故应视作不可抗力，可由买卖双方在合同的不可抗力条款中约定。

二、不可抗力条款的规定

不可抗力条款是进出口合同中一种免责条款，即免除由于不可抗力事件而违约的一方的违约责任。进出口合同中的不可抗力条款，按对不可抗力事件范围规定的不同，主要有以下三种方式。

（一）概括式，即对不可抗力事件作笼统的提示

如“由于不可抗力的原因，而不能履行合同或延迟履行合同的一方可不负有违约责任。但应立即以电传或传真通知对方，并在××天内以航空挂号信向对方提供中国国际贸易促进委员会出具的证明书。”

（二）列举式，即逐一列明不可抗力事件的种类

如“由于战争、地震、水灾、火灾、暴风雪的原因而不能履行合同或延迟履行合同的一方不负有违约责任……”

（三）综合式，即将概括式和列举式合并在一起

如“由于战争、地震、水灾、火灾、暴风雪或其他不可抗力原因而不能履行合同的一方不负有违约责任……”综合式是最为常用的一种方式。

三、不可抗力法律后果及处理原则

不可抗力事件所引起的后果，主要有两种：一种是解除合同，另一种是延迟履行合同，究竟是哪一种应结合具体情势商定。

四、不可抗力的通知

按照国际惯例，当发生不可抗力影响合同履行时，当事人要取得免责的权利，必须及时通知另一方，并在通知中提出处理的意见。例如，《公约》第七十九条第四款明确规定：不履行义务的一方必须将障碍及其对他履行义务能力的影响通知另一方。如果该项通知在不履行义务的一方已知道或理应知道此障碍后一段合理时间内仍未被另一方收到，则他对由于另一方未收到通知而造成的损害应负赔偿责任。

五、不可抗力的证明

国际贸易中，当一方援引不可抗力要求免责时，都必须向对方提交证明文件，作为发生不可抗力的证据。在国外，一般由当地的商会或合法的公证机构出具。在我国，由中国国际贸易促进委员会或设在口岸的分会出具。

六、不可抗力条款示例

不可抗力条款一般包括以下内容：

（1）对不可抗力范围的限定。

（2）规定不可抗力范围的方式。

（3）发生不可抗力事故后的处理方法。

例如，由于战争、地震、洪水、火灾、暴风雨、雪灾或其他不可抗力的原因，致使卖方不能全部或部分装运或延迟装运合同项下的货物，卖方对于这种不能装运或延迟装运本合同货物的情况不负有责任。但卖方须用电报或电传通知买方，并须在×天内以航空挂号信件向买方提交由中国国际贸易促进委员会（或中国国际商会）出具的证明此类事件的证明书。(If the shipment of the contracted goods is prevented or delayed in whole or in part by reason of war, earthquake, flood, fire, storm, heavy snow or other causes of force majeure, the seller shall not be liable for non-shipment or late shipment of the goods of this contract. However, the seller shall notify the buyer by cable or telex and furnish the latter within xxx days by registered airmail with a certificate issued by the china council for the promotion of international trade, or China chamber of international commerce attesting such event or events.)

小　　结

（1）商品检验涉及较多的概念，如检验权、检验机构、检验证书、装船前检验等；商品检验的基本程序十分重要，对实践具有指导作用，装船前的检验尤其应引起重视。

（2）索赔、仲裁与不可抗力是合同中较为固定的条款（一般都会事先印制好），它同样是不可缺少的部分，有着不可忽视的作用。

（3）应掌握合同中有关索赔、仲裁与不可抗力条款的基本内容。

习　　题

一、单项选择题

1. 目前，中国进出口商品法定检验的主要机构是（　　）。

A. 进出口商检局

B. 出口地海关

C. 各出口商自行检验

D. 中华人民共和国国家出入境检验检疫局

2. 中华人民共和国国家出入境检验检疫局是由原国家 3 个部门合并组建而成的，其中，不包括（　　）。

A. 国家进出口商品检验局

B. 卫生检疫局

C. 动植物检疫局

D. 食品药物检验局

3. 在中国，出口商品的报检的主体是（　　）。

A. 发货人或其代理人　　B. 生产人

C. 运输人　　D. 进口商

4. 对于约定检验，最通行的方法是（　　）。

A. 在出口国产地检验

B. 目的港（地）检验

C. 买方营业处所或用户所在地检验

D. 出口国检验，进口国复检

5. 在中国，进口商品的报检主体是（　　）。

A. 发货人或其代理人

B. 生产人

C. 运输人

D. 进口商品的收货人或者其代理人

6. 根据《公约》的规定，只有（　　）情况下才能够解除合同。

A. 根本违反合同　　B. 非根本违反合同

C. 卖方推迟交货　　D. 卖方寄单延迟

7. 根据英国的《货物买卖法》的规定，只有（　　）情况下才能够解除合同。

A. 违反要件　　B. 违反担保

C. 卖方推迟交货　　D. 卖方寄单延迟

8. 对于迟延交货而言，违约方支付违约金后，通常（　　）。

A. 违约方继续履行合同义务

B. 违约方不需要继续履行合同义务

C. 违约方只需要部分履行合同义务

D. 合同自行失效

9. 仲裁案件在审理时（　　）。

A. 一般公开进行　　　　　　B. 一般不公开进行

C. 半公开进行　　　　　　　D. 必须公开进行

10. 对不同情况下不可抗力事件所引起的后果，下面正确的描述是（　　）。

A. 可以解除合同或延迟履行合同

B. 均可解除合同

C. 不可解除合同，但可以延迟履行

D. 必须通过法院判决决定

二、判断题

1. 国际贸易中买方是否具有检验权，通常是由双方签订的合同所确定的，合同未确定，则无检验权。（　　）

2. 在我国法定检验的检验方法一般由商检机构决定，通常采用抽查的方式。（　　）

3. 对于约定检验而言，检验机构选择各国一般通过立法确定。（　　）

4. 在我国，产地检验证书的出具一般不需要经过检验部门的现场查验。（　　）

5. 在中国，SGS－CSTC 通标公司是进行装船前检验的主要机构。（　　）

6. 索赔和理赔是一个事物的两个方面，不是截然独立的。（　　）

7. 遭受损害的一方向违约方要求赔偿，这是理赔。（　　）

8. 不可抗力条款是买卖合同中的一项免责条款。（　　）

9. 不可抗力事故一定不是因为合同当事人自身的过失或疏忽导致的。（　　）

10. 调解结果和仲裁结果一样是终局性的。（　　）

三、简答题

1. 简述进出口商品法定检验的含义。

2. 简述索赔条款的内容。

3. 简述违约金条款的含义。

4. 简述仲裁的含义与特点。

5. 简述不可抗力的含义。

四、案例分析

1. 某年，我国内地 A 公司与香港地区 B 公司签订了一个进口香烟生产线合同。该生产线是二手设备，共 18 条生产线，由 C 国某公司出售，价值 100 多万美元。合同规定，出售商保证设备在拆卸之前均在正常运转，否则更换或退货。设备运抵目的地后发现，这些设备在拆运前早已停止使用，在目的地装配后也因设备损坏、缺件根本无法马上投产使用。但是，由于合同规定如要索赔需商检部门在“货到现场后 14 天内”出证，而实际上货物运抵工厂并进行装配就已经超过 14 天，无法在这个期限内向外索赔。这样，工厂只能依靠自己的力量进行加工维修。经过半年多时间，花了大量人力物力，也只开出了 4 套生产线。请就这一案例作出分析。

2. 我公司以 CFR 条件对德国出口一批小五金工具。合同规定货到目的港后 30 天内检验，买方有权凭检验结果提出索赔。我公司按期发货，德国客户也按期凭单支付了货款。可半年后，我公司收到德国客户的索赔文件，称上述小五金工具有 70% 已锈损，并附有德国某内地一检验机构出具的检验证书。对德国客户的索赔要求，我公司应如何处理？

3. 我公司以 CIF 条件从美国进口一套设备，合同总价款为 800 万美元。合同中规定，如果合同一方违约，另一方有权向违约方索赔，违约方需向对方支付 1,200 万美元的违约金。合同订立后，我公司迟迟收不到货，因而影响到自己的生产、经营。因此，我公司在索赔期内向美方提出索赔，而美方却向当地法院提起诉讼。在这种情况下，美国法院将如何判决？

4. 某公司与外商订立一份化工产品进口合同，签约后由于该产品的国际市场行情上扬，外商亏本。于是该外商以不可抗力为由要求撤销合同。请问进口方应如何应对此类问题？

第十二章　进出口合同的商订

[学习目标]

知识目标：知晓进出口合同的订立在交易中的重要性，能准确描述相关基本概念，说出订立国际货物买卖合同的法律步骤。

能力目标：能结合订立国际货物买卖合同的法律步骤对相关的案例进行分析，提升书面表达能力和人际沟通能力。

素养目标：培养职业谈判能力，锤炼快速应变能力，树立大国自信。

本章重点：

1. 商务谈判的基本形式与程序
2. 发盘和接受的有关惯例
3. 合同的签订与生效

本章难点：

发盘和接受的有关惯例

开篇案例

某中间商A，就某商品邀请中国B公司发盘，B公司于6月8日向A方发盘并限6月15日前复到有效。6月11日B公司收到美国C商人按发盘规定的各项交易条件开来的信用证，同时收到中间商A的来电：“你8日发盘已转美国C商。”经查该商品国际市场价格猛涨，于是B公司将信用证退回开证银行，再按新价直接向美商C发盘，而美商C以信用证于发盘有效期内到达为由，拒绝接受新价，并要求B公司按原价发货，否则将追究B的责任。请分析C的要求是否合理？为什么？

合同的商订，也称为商务谈判，是进出口业务的重要环节之一。在国际贸易中，商务谈判是达成交易的首要工作，通过商务谈判，才可能达成最终的合同。了解和掌握合同商订的基本环节和注意事项，是顺利进行进出口合同商订的重要内容。

第一节 商务谈判的基本原则

一、商务谈判的含义

商务谈判是当事人之间为实现一定的经济目的，明确相互的权利义务关系而进行协商的行为。了解商务谈判的基本原则，是谈判取得成功的保证。

二、商务谈判的基本原则

（一）以经济利益为目的，取得双赢

商务谈判的谈判者以获取经济利益为追求目标。在满足经济利益的前提下才涉及其他非经济利益。所以与其他谈判相比，商务谈判更加重视谈判的经济效益。人们通常以取得的经济效益的好坏来评价谈判的成功。在商务谈判中，不讲求经济效益的商务谈判就失去了价值和意义。但需要注意的是，以经济利益为目的并非让对方无利可图，只有实现双赢，才可能促成一次成功的交易。

（二）以价格谈判为核心的，兼顾其他利益

商务谈判涉及的因素很多，谈判者的需求和利益表现在众多方面，但价格则几乎是所有商务谈判的核心内容。这是因为在商务谈判中，价值的表现形式——价格最直接地反映了谈判双方的利益。谈判双方在其他利益上的得与失，在很多情况下或多或少都可以折算为一定的价格，并通过价格升降而得到体现。需要指出的是，在商务谈判中，我们一方面要以价格为中心，坚持自己的利益；另一方面又不能仅仅局限于价格，应该拓宽思路，设法从其他利益因素上争取应得的利益。因为，与其在价格上与对手争执不休，还不如在其他利益因素上使对方在不知不觉中让步，这是从事商务谈判的人需要注意的。

（三）熟悉国际商务规则，了解谈判对手情况

由于国际商务谈判的结果会导致资产、货物等跨国转移，必然要涉及国际贸易、国际结算、国际保险、国际运输等一系列问题。所以，谈判人员要熟悉各种国际惯例，熟悉对方所在国的法律条款，熟悉国际经济组织

的各种规定和国际法。此外，由于国际商务谈判的谈判者代表了不同国家和地区的利益，有着不同的社会文化和经济政治背景，人们的价值观、思维方式、行为方式、语言及风俗习惯各不相同，从而使影响谈判的因素更加复杂，谈判的难度更大。在实际谈判过程中，对手的情况千变万化，作风各异，有热情洋溢者，也有沉默寡言者；有果敢决断者，也有多疑多虑者；有善意合作者，也有故意寻衅者；有谦谦君子，也有自命不凡者。凡此种种表现，都与一定的社会文化和经济政治有关。不同表现反映了不同谈判者有不同的价值观和不同的思维方式。因此，谈判者必须有广博的知识和高超的谈判技巧，不仅能在谈判桌上应对自如，而且要在谈判前注意资料的准备、信息的收集，使谈判按预定的方案顺利地进行。

（四）注重合同条款的严密性与准确性

商务谈判的结果通常是由双方协商一致的协议或合同来体现的。合同条款实质上反映了各方的权利和义务，合同条款的严密性与准确性是保障谈判获得各种利益的重要前提。有些谈判者在商务谈判中花费了很大气力，好不容易为自己争得了较为有利的结果，对方为了得到合同，也迫不得已作了许多让步，这时谈判者似乎已经获得了这场谈判的胜利，但如果在拟订合同条款时，掉以轻心，不注意合同条款的完整、严密、准确、合理、合法，其结果会被谈判对手在条款措辞或表述技巧上引进陷阱，这不仅会把到手的利益丢失殆尽，而且还要为此付出惨重的代价。因此，在商务谈判中，谈判者不仅要重视口头上的承诺，更要重视合同条款的准确和严密。

第二节　国际货物买卖合同订立的步骤

一、有关国际货物买卖的法律、公约及惯例

（一）各国国内法

各国调整国际货物买卖合同的法规主要可以分为大陆法国家的买卖法和英美法国家的买卖法等，在中国迄今尚无商法典，《中华人民共和国合同法》是我国外贸人员签订国际货物买卖合同所必须遵循的、最重要的国内法。

（二）国际条约与国际贸易惯例

1980 年《联合国国际货物销售合同公约》是迄今为止有关国际货物买卖合同的一项最为重要的国际条约。它是由联合国国际贸易法委员会主持制订的，于 1980 年在维也纳举行的外交会议上获得通过，在 1988 年 1 月 1 日对中国、美国、法国等 11 国完成批准参加手续，《公约》正式生效，迄今为止，《公约》已经得到包括世界全部主要贸易国（日本除外）在内的 50 多个国家批准，其中，既包括大陆法系的德国、法国、意大利，又包括美国、澳大利亚、加拿大等英美法系国家。

1.《公约》的适用范围

《公约》的第一条规定："公约适用于营业地在不同缔约方的当事人"，需要注意的是，此条强调营业地位于不同国家，而非国籍，营业地是指固定的、永久的、独立进行营业的场所。代表机构所在地不是公约意义的"营业地"，而是属于代理关系中的代理人。如果当事人有一个以上的营业地，则选择与合同最紧密的营业地，若没有，则以当事人惯常居住地为准。

《公约》第二条指出了不适用的买卖，包括"购供私人、家人或家庭使用的货物的销售，除非卖方在订立合同前任何时候或订立合同时不知道而且没有理由知道这些货物是购供任何这种使用；经由拍卖的销售；根据法律执行令状或其他令状的销售；公债、股票、投资证券、流通票据或货币的销售；船舶、船只、气垫船或飞机的销售；电力的销售。"

必须指出的是，《公约》的适用不具有强制性，只要贸易双方在合同中约定不适用《公约》，即可以排除《公约》的适用，如未明确法律适用问题，则《公约》自动适用。此外，贸易双方在合同中还可以部分排除《公约》适用。

2.《公约》对我国的适用问题

中国对《公约》的适用提出了两项保留，首先，对其中第一条第一款（B）做出保留，即不同意扩大《公约》适用范围至缔约方与非缔约方间；其次，对《公约》的第十一条做出保留，即规定合同必须采取书面形式。

此外，调整国际货物买卖合同还包括如《2000 通则》等国际贸易惯例。

二、买卖合同订立程序

国际货物买卖合同通常订立程序为：邀请发盘（询盘）、发盘、还盘、接受等，其中，发盘、接受为不可缺少的两个环节。

（一）询盘（inquiry）/邀请发盘（invitation to treat）

询盘是指准备出售或购买商品的人向潜在的买主或供货人探询该商品的成交条件或交易可能性的业务行为，询盘不具有法律上的约束力。

（二）发盘（offer）

1. 含义及构成要件

发盘也称为"发价"。发盘可以由买方，也可以由卖方提出，《公约》第十四条第一款规定，"向一个或一个以上特定的人提出的订立合同的建议，如果十分确定并且表明发价人在得到接受时承受约束的意旨，即构成发盘"。

发盘与通常向广大公众发出的广告有所不同，对于广告，一般情况下，多数国家的法规认为不是发盘。例如，在大陆法系中，对于广告，一般认为"不得视为发盘"。在英美法系中，一般也不视为发盘，不过也指出"只要内容确定，在某些场合下也可以视为发盘"。而《公约》中第十四条第二款规定，"非向一个或一个以上特定的人提出的建议，仅应视为邀请发盘，除非提出建议的人明确地表示相反的意向。"

2. 构成有效发盘的条件

根据发盘的含义，构成一项有效发盘的条件有以下四点：

（1）必须向一个或一个以上特定的人提出。

（2）发盘人必须清楚明白地表明愿意按发盘内容订立合同的意思。

（3）发盘的内容必须十分明确和肯定，例如，《公约》中规定："如果写明货物并且明示或暗示地规定数量和价格或规定如何确定数量和价格，即为十分确定。"也就是说，一般情况下，发盘中含有货物的名称、数量、价格，就可以认为内容明确肯定。而根据美国相关法律，发盘只需表明数量或计量方法即可，争议发生时，法院按照所谓合理的依据判定争议。可见，由于不同法律的适用，对于发盘的内容要求明确和肯定无法有一个统一标准，为了慎重起见，一般应该将货物的名称、数量、价格、运输条件、结算条件等在发盘中列明为宜。

（4）发盘必须送达受盘人。这点也十分重要，反映了发盘生效的一个基本前提，即"送达生效"（或称"到达生效"）。在不同的法系以及《公约》中，这点是一致的。在《公约》中，对于"送达"的理解，第二十四条做了规定："……送达对方，系指用口头通知对方或通过任何其他方法送交对方本人，或其营业地或通信地址，如无营业地或通信地址，则送交对方惯常居住地。”

3. 发盘生效的时间

发盘生效的时间通常有下面的几种情况，在以口头方式发盘时，发盘自对方了解时生效；在以书面方式发盘时，发盘送达受盘人时生效；而如果采用数据电文形式发盘，则发盘进入特定系统时间为生效时间。

4. 发盘的撤回和撤销

发盘的撤回与撤销是两个不同的概念，撤回是指在发盘尚未生效时，发盘人采取行动，阻止它的生效。而撤销是指发盘已生效后，发盘人以一定方式解除发盘的效力。对于发盘是否可以撤回或撤销，不同法系国家的法律作了不同的规定，例如，在美国法律中，认为发盘原则上对发盘人没有约束力，在受盘人接受前，发盘人随时可以撤销发盘，除非该项发盘是采取了对价形式或其他特定形式。而德国法律认为，发盘原则上对发盘人有约束力，除非有相反说明。可以看出，对于发盘是否可以撤回或撤销，各国规定不尽相同，在这里，我们主要讨论有关《公约》的规定。

（1）撤回（withdrawal）。

在《公约》中，第十五条二款规定：“一项发盘，即使是不可撤销的，得予撤回，如果撤回通知于发盘送达受盘人之前或同时送达受盘人。”不过，现实业务中，对于使用现代传输方式如通过电子邮件等方式进行的发盘，此项关于撤回的规定就显得实际意义并不大了。

（2）撤销（revocation）。

《公约》第十六条规定：“在未订立合同之前，发盘得予撤销，如果撤销通知于被发盘人发出接受通知之前送达受盘人。”也就是说，受盘人如果已经发出接受承诺，则发盘人就已经丧失撤销发盘的权利。此外，《公约》还特别指出几种情况下，发盘是不得撤销的，包括“发盘写明接受发盘的期限或以其他方式表示发盘是不可撤销的”；或“受盘人有理由信赖该项发盘是不可撤销的，而且受盘人已本着对该项发价的信赖行事。”

5. 发盘的终止和失效

对于发盘的终止失效，主要有下面四个原因：

（1）发盘超过有效期，如果发盘没有明确规定有效期，则超过“合理时间”发盘失效。而对于“合理时间”的规定，不同的法规有不同的理解，所以，一般而言，发盘应该规定一个明确的有效期，避免对于“合理时间”争议的发生。

（2）收到发盘人的撤销而失效。需要指出的是，发盘的撤回并不构成要约失效的情形，因为此时发盘尚未生效。

（3）受盘人明示或默示的拒绝而失效。例如，《公约》第十七条规定：“一项发盘，即使是不可撤销的，于拒绝通知送达发盘人时终止。”这就是说，当受盘人不接受发盘的内容，并将拒绝的通知送到发盘人手中时，原发盘就失去效力，发盘人不再受其约束。而明示的拒绝，主要是指受盘人通知发盘人不接受发盘，默示的拒绝主要表现在对于发盘中的条件进行讨价还价。

（4）出现其他法定事项造成发盘失效。例如，发生不可抗力事件，或者发盘人或受盘人在发盘被接受前丧失行为能力等。

（三）还盘（counter-offer）

还盘又称为还价，受盘人在接到发盘后，不能完全同意发盘的内容，为了进一步磋商交易，对发盘提出修改意见，用口头或书面形式表示出来，就构成还盘。而还盘所带来的法律后果是使原发盘失效，并且还盘还可能构成一次新的发盘。

（四）接受

1. 含义及构成要件

在《公约》中，对于接受是这样定义的：“受盘人声明或做出其他行为表示同意一项发盘，即是接受，缄默或不行动本身不等于接受。”

构成一项有效的接受，必须符合下面四个条件：

（1）接受必须由受盘人做出，其他人对发盘表示同意，不能构成接受。这一条件与发盘的第一个条件是相呼应的，即发盘必须向特定的人发出，表示发盘人愿意按发盘的条件与受盘人订立合同，但并不表示他愿意按这些条件与任何人订立合同。因此，接受也只能由受盘人做出，才具有效力。

（2）接受必须与发盘所提出的交易条件保持一致。也就是说，接受应是无条件的。如果受盘人在回复中使用了接受的字词，但对发盘的内容做了增加、限制或修改，这称为有条件的接受，一般不能成为有效的接受，而属于还盘性质。

（3）接受必须在规定的有效期内做出。如果无有效期，必须在合理的时间内做出。

（4）接受必须以口头或者书面语言向发盘人表示出来，受盘人的沉默或者不做任何表示不构成承诺。此外，如果受盘人按照和发盘人之间的惯例作法，以某种行为来表示同意，则无须通知发盘人。

2. 接受生效的时间

对于接受生效的时间，在英美法系国家采用的是“投邮主义”，即接受通知一经投递，则接受开始生效。而在《公约》中，第十八条规定：“接受发盘于表示同意的通知送达发盘人时生效。如果表示同意的通知在发盘人所规定的时间内，如未规定时间，在一段合理的时间内，未曾送达发盘人，接受就成为无效，但须适当地考虑到交易的情况，包括发盘人所使用的通信方法的迅速程度。对口头发盘必须立即接受，但情况有别者不在此限。”或者“如果根据该项发盘或依照当事人之间确立的习惯做法和惯例，被发盘人可以做出某种行为，例如与发运货物或支付价款有关的行为，来表示同意，而无须向发盘人发出通知，则接受于该项行为做出时生效……”可以看出，按照《公约》的规定，接受生效的时间采取的是“到达主义”。另外，大陆法系对于接受生效时间的规定，也是采取“到达主义”。

3. 带附加条件的接受是否构成有效接受

在某些情况下，受盘人表示愿意接受发盘，但提出了一些修改意见，那么对于这种情况下的接受，应该如何认识呢？在这里，我们来看看《公约》的相关规定，在《公约》的第十九条规定：“①对发盘表示接受但载有添加、限制或其他更改的答复，即为拒绝该项发盘，并构成还盘。②但是，对发盘表示接受但载有添加或不同条件的答复，如所载的添加或不同条件在实质上并不变更该项发盘的条件，除发盘人在不过分迟延的期间内以口头或书面通知反对其间的差异外，仍构成接受。如果发盘人不做出这种反对，合同的条件就以该项发盘的条件以及接受通知内所载的更改为准。③有关货物价格、付款、货物质量和数量、交货地点和时间、一方当事人对另一方当事人的赔偿责任范围或解决争端等的添加或不同条件，均视为在实质上变更发价的条件。”由此可以看出，按照《公约》规定，受盘人如果未对发盘做出实质性的更改，其接受是有效的。但在实际业务中间，对于哪些条件的更改属于实质性更改，哪些不属于，交易双方常常出现不同的理解，容易出现争议，这在业务中应该加以注意。

4. 接受的撤回

根据接受生效的时间，按照英美法系国家的规定，由于接受是“投邮生效”的，所以不存在接受撤回的问题。而如果适用《公约》的规定，则如果撤回通知于接受原发盘通知生效之前或同时到达发盘人，接受得以撤回。

5. 逾期的接受

在国际贸易中，由于各种原因，导致接受通知有时晚于发盘人规定的有效期送达，这在法律上称为“逾期的接受”。对于这种接受，发盘人应该如何处理，根据《公约》第二十一条的规定：“①逾期接受仍有接受的效力，如果发盘人毫不迟延地用口头或书面将此种意见通知受盘人。”另外，第二十一条还规定了非受盘人原因导致接受逾期的情况：“②如果载有逾期接受的信件或其他书面文件表明，它是在传递正常、能及时送达发盘人的情况下寄发的，则该项逾期接受具有接受的效力，除非发盘人毫不迟延地用口头或书面通知受盘人：他认为他的发盘已经失效。”

第三节　合同的形式及其基本内容

一、基本形式

合同的基本形式主要有书面合同与口头形式合同两种，其中，书面形式最为常见，如销售确认书、购买确认书等。另外，还有口头形式及其他形式，例如，以行为表示接受等。

二、口头形式合同有效性的认定

在《中华人民共和国合同法》（以下简称《合同法》）中，对于合同的形式，第十条作出了如下的规定：“当事人订立合同，有书面形式、口头形式和其他形式。法律、行政法规规定采用书面形式的，应当采用书面形式……”从这条可以知道，在国际贸易买卖中，可以采用口头或书面形式订立合同。而同时，前面已经提到，由于在我国核准加入《公约》时，对公约的第十一条做出声明加以保留，即《公约》第十一条的规定“销售合同无须以书面订立或书面证明，在形式方面也不受任何其他条件的限制。销售合同可以用包括人证在内的任何方法证明。”不适用于中国。根据此项保留，中方当事人与营业地处于另一缔约方当事人的国际货物买卖合同必须采取书面形式。中国之所以做出此项保留，是由于核准加入《公约》时，中国调整涉外经济合同关系的法律是1985年颁布的《涉外经济合同法》，该法规定一切涉外经济合同必须采用书面形式。因此，出现上述我国对《公约》中合同形式的保留。我国现行的《合同法》是1999年

10月1日起实施的，《涉外经济合同法》同时废止，那么，《合同法》取代《涉外经济合同法》后，对于涉外经济活动中国际货物买卖合同，如何确定口头形式合同是否为有效呢？可以从以下五点考虑：

第一，在我国政府尚未以书面形式宣布撤销《公约》核准书中对于合同形式做出的保留。在适用《公约》情况下，在与营业地所在国为《公约》缔约方的客户进行国际货物的买卖时，对于合同的有效形式则应该认定为书面形式而不能采用口头形式。

第二，如果对方当事人营业地所在国为《公约》缔约方，但是双方在合同中排除了《公约》的适用，那么如果此时所适用的调整合同的法律认可口头形式合同为有效合同，则可以采用口头形式合同。

第三，在我国当事人与营业地所在国为非《公约》缔约方的当事人进行国际货物买卖的情况下，如果按照国际私法的冲突规则适用我国的法律，那么对于这种情况，国际货物买卖合同采取口头形式可以认为是一种有效的合同形式。如果根据国际私法的冲突规则适用其他国家的法律，而此法律认同国际货物买卖合同口头形式有效，则合同可以采用口头形式，反之，需要采用书面形式订立。

第四，如果我国政府以书面形式正式通知《公约》保管人撤回对《公约》第十一条做出的保留，那么我国的当事人与营业地所在国为《公约》缔约方的当事人进行国际货物的买卖时，如果适用《公约》，则可以采取口头形式。但必须注意的是，撤回声明于保管人收到之日起6个月后的第一个月第一天才生效，在此之前，符合此条情形的合同订立仍须采用书面形式。另外，还要注意的是，下面第五点中所列出的国家例外。

第五，《公约》的缔约方中，除了中国对于合同的形式做出保留外，还有一些国家也对合同形式问题做了相类似于我国的保留。这些国家包括阿根廷、白俄罗斯、智利、匈牙利、乌克兰等。在这种情况下，如果我国当事人与营业地所在国属于上述国家的当事人进行国际货物的买卖交易时，即便中国政府将来以书面形式宣布撤销对于《公约》第十一条的保留，但由于上述国家的保留声明，只要当事人双方未明确排除适用《公约》，则双方当事人之间的合同仍然必须采取书面形式。中国与这些国家的贸易交往正在日益扩大，所以，与这些国家当事人订立国际货物买卖合同时，应当十分注意这点。

上面通过五点的分析，阐述了不同情况下，我国当事人在国际货物买卖中与另一方当事人采用口头形式订立合同的有效性。在国际货物买卖中，对于一些涉及金额较大的合同，从交易安全和证据学的角度考虑，还是采取书面形式为宜，而不论根据上述五点对方当事人的身份是否导致口头合同为有效形式；在一般情况下，对方也同样会有类似的考虑。对于一些金额较小的合同，或在客户拥有良好信誉的情况下，如果对方当事人身份符合上述口头合同为有效形式的条件，为了抓住商机，可以采用口头合同的形式。或者，接到口头订单后，为节省时间，先备货的同时，再起草书面合同由双方签署。当然，如果在仓促中，无法明确分辨对方的身份符合上述的哪一点，在这种情况下，采用书面形式的合同不失为最明智的办法。

三、合同成立的时间

根据《公约》的规定，接受于送达发盘人时生效，接受生效的时间实际上就是合同成立的时间，合同一经订立买卖双方即存在合同关系，受到合同的约束。实际业务中，有时双方当事人在洽商交易时约定，合同成立的时间以签约时合同上所写明的日期为准，或在某条件出现时成立。此外，根据我国法律和行政法规规定，应当由国家批准的合同，在获得批准时合同方可成立。

四、基本内容

国际货物买卖合同主要包括三个部分——约首、正文、约尾。

（一）约首

合同的约首主要包括合同名称、编号、日期、签约地点、当事人的名称和地址等。

（二）正文

在基本条款部分，主要规定了货物名称、数量、价格，以及包装、运输、保险、检验、索赔理赔、仲裁及不可抗力条款等。此外，根据货物的性质，还可能加列和货物相关的其他一些内容，如对运输的特别要求等。

（三）约尾

合同的结尾主要包括合同的份数、效力，以及双方的签字等。

[空白销售确认书样本]

SALES CONFIRMATION

S/C No. :

Date:

The Seller: The Buyer:

E－Mail: E－Mail:

This sales confirmation is made by and between the Sellers and the Buyers; whereby the sellers agree to sell and the Buyers agree to buy the undermentioned goods according to the terms and conditions stipulated below and overleaf:

Commodity & Specifications	Quantity	Unit Price （US $）	Amount （US $）
TOTAL CONTRACT VALUE:			

1. More or less : ________% allowed.

2. Packing:

3. Port of loading: Port of destination:

Shipping marks:

4. Time of shipment: ________, allowing transshipment and partial shipment.

5. Terms of payment: The buyer shall open through a bank acceptable to the seller an irrevovable letter of credit at sight which should reach the seller by the end of ________ and remain valid for negotiation in China until 15 days after the date of shipment.

6. Insurance:

☐To be effected by the buyer.

☐The seller shall cover insurance against ________ and ________ for of ________ the total invoice value as per the relevant ocean marine cargo clauses of the People's Insurance Company of China dated 1/1/1981.

7. In case of any discrepancy in quality, claim should be filed by the buyer within 130 days after the arrival of the goods at port of destination; while for quantity discrepancy, claim should be filed by the buyer within 150 days after the arrival of the goods at port of destination.

8. The seller shall not hold liable for non-delivery or delay in delivery of the entire lot or a portion of the goods hereunder by reason of natural disasters, war or other causes of force majeure, however, the seller

shall notify the buyer as soon as possible and furnish the buyer within 15 days by registered airmail with a certificate issued by the china council for the promotion of international trade attesting such event (s).

9. All deputies arising out of the performance of, or relating to this contract, shall be settled through negotiation. In case no settlement can be reached through negotiation, the case shall then be submitted to the china international economic and trade arbitration commission for arbitration in accordance with its arbitral rules. The arbitration shall take place in shanghai. The arbitral award is final and binding upon both parties.

10. The buyer is requested to sign and return one copy of this contract immediately after receipt of the same. Objection, if any, should be raised by the buyer within 3 working days, otherwise it is understood that the buyer has accepted the terms and conditions of this contract.

11. Special conditions: (these shall prevail over all printed terms in case of any conflict.)

Confirmed by:

THE SELLER:　　　　THE BUYER:

(signature)　　　　(signature)

第四节　实验教学

一、目的

通过认识已签署的出口合同，帮助学生加深对理论知识的理解和巩固。

二、要求

根据以下已签署的出口合同（售货确认书），完成两个操作：

（一）找出该合同的约首、正文、约尾

（二）要求找出并熟悉下列条款

1. 商品品名、品质条款
2. 数量、溢短装和包装条款
3. 价格条款
4. 装运条款
5. 付款条款
6. 保险条款
7. 仲裁、索赔、不可抗力条款

[销售确认书示例]

SALES CONFIRMATION

S/C No. : yl－030201－1

Date: Feb. 01, 2003

The Seller: Shanghai xx Trading Co. Ttd. The Buyer: Yakaha Co., Ltd.

E－Mail: xxxx E－Mail: xxxx

This sales confirmation is made by and between the Sellers and the Buyers; whereby the sellers agree to sell and the Buyers agree to buy the undermentioned goods according to the terms and conditions stipulated below and overleaf:

Commodity & Specifications	Quantity	Unit Price (US $)	Amount (US $)
"Koho" brand of lighers art no. yl－014 yl－011	10,000pcs 10,000pcs	CIF Nagoya USD1.20/PC USD1.30/PC Total:	USD 11,000.00 USD 13,000.00 USD 25,000.00
Total Value (in words): U. S. Dollars twenty－five thousand only.			

1. More or less : 3 % allowed.

2. Packing: 10pcs in a white box, 50 such boxes in a carton, total in 40 cartons.

3. Port of loading: Shanghai Port of destination: Nagoya

Shipping marks: YKH

yl－030201－1

Nagoya

C/no. 1－40.

4. Time of shipment: within 45 days after receipt of L/C, allowing transshipment and partial shipment.

5. Terms of payment: The buyer shall open through a bank acceptable to the seller an irrevovable letter of credit at sight which should reach the seller by the end of xxx and remain valid for negotiation in China until 15 days after the date of shipment.

6. Insurance:

□To be effected by the buyer.

√□The seller shall cover insurance against all risks and war risk for 110% of the total invoice value as per the relevant ocean marine cargo clauses of the People's Insurance Company of China dated 1/1/1981.

7. In case of any discrepancy in quality, claim should be filed by the buyer within 130 days after the arrival of the goods at port of destination; while for quantity discrepancy, claim should be filed by the buyer

within 150 days after the arrival of the goods at port of destination.

8. The seller shall not hold liable for non-delivery or delay in delivery of the entire lot or a portion of the goods hereunder by reason of natural disasters, war or other causes of force majeure, however, the seller shall notify the buyer as soon as possible and furnish the buyer within 15 days by registered airmail with a certificate issued by the china council for the promotion of international trade attesting such event (s).

9. All deputies arising out of the performance of, or relating to this contract, shall be settled through negotiation. In case no settlement can be reached through negotiation, the case shall then be submitted to the china international economic and trade arbitration commission for arbitration in accordance with its arbitral rules. The arbitration shall take place in shanghai. The arbitral award is final and binding upon both parties.

10. The buyer is requested to sign and return one copy of this contract immediately after receipt of the same. Objection, if any, should be raised by the buyer within 3 working days, otherwise it is understood that the buyer has accepted the terms and conditions of this contract.

11. Special conditions: (these shall prevail over all printed terms in case of any conflict.)

Confirmed by:

THE SELLER: THE BUYER:

(signature) XXXX (signature) XXXX

小结

(1) 了解商务谈判的含义及基本原则是顺利完成商务谈判目标的前提。

(2) 订立国际货物买卖合同的程序，也是买卖合同条款磋商的过程，并应遵循《公约》的有关规定。

(3) 进出口合同的成立与生效是两个既相关又不同的概念，订立书面合同十分重要。

思政园地

广东某粮油食品进出口公司与德国某贸易公司签订一份为期两年的供货合同，合同规定：“由卖方每月供应25公吨冻牛肉，价格每3个月预定一次。”又规定：“如双方发生争议，应提交仲裁处理。”但合同执行了半年后，买方提出：“因合同的价格未明确，主张合同无效。”后经仲裁裁决，确认该合同继续执行。

请问：买方能否以此为理由主张合同无效？案例给你什么启示？

习　题

一、单项选择题

1. 根据《公约》规定，（　　）的买卖不适用《公约》。

A. 船舶　　B. 汽车　　C. 打火机　　D. 皮鞋

2. 买卖合同的订立程序必然包括（　　）。

A. 询盘　　B. 发盘　　C. 还盘　　D. 验货

3. 通常情况下，广告属于（　　）。

A. 邀请发盘　　B. 发盘　　C. 接受　　D. 还盘

4. 下面对发盘人最准确的描述是（　　）。

A. 发盘人是买方

B. 发盘人是卖方

C. 发盘人可以是买方或卖方

D. 以上均不对

5. 在《公约》中，对于发盘的内容必须十分明确和肯定的规定，不包括（　　）。

A. 货物名称

B. 明示或暗示地规定数量

C. 明示或暗示地规定价格

D. 交货时间

6. 根据《公约》的规定，发盘生效的时间是（　　）。

A. 到达生效　　B. 投邮生效

C. 发盘书完成时生效　　D. 以上均不对

7. A 公司给 B 公司的一项发盘，由（　　）做出的接受构成有效的接受。

A. B 公司的子公司　　B. B 公司的分公司

C. B 公司的另一客户 C 公司　　D. 以上均不对

8. 对于接受生效的时间，在英美法系国家，采用的是（　　）。

A. 到达主义　　B. 投邮主义

C. 接受书完成时生效　　D. 以上均不对

9. 对于接受生效的时间，《公约》的规定，采用的是（　　）。

A. 到达主义　　B. 投邮主义

C. 接受书完成时生效　　D. 以上均不对

10. 根据《公约》的规定，合同成立的时间是（　　）。

A. 接受发出的时间　　B. 接受到达的时间

C. 书面合同签署的时间　　D. 接受书完成的时间

二、判断题

1. 在国际货物买卖中，买卖双方即便在符合《公约》的适用范围情况下，也可以排除《公约》的适用。（　　）

2. 对于《公约》，我国提出了“合同必须采取书面形式”的保留。（　　）

3. 通常，发盘、接受为国际货物买卖合同订立程序中不可缺少的两个环节。（　　）

4. 根据美国相关法律，发盘只需表明数量或计量方法即可认为发盘的内容十分明确和肯定。（　　）

5. 发盘的撤销是指在发盘尚未生效时，发盘人采取行动，阻止它的生效。（　　）

6. 在国际货物买卖中，还盘可能构成一次新的发盘。（　　）

7. 对于发盘，通常情况下缄默是接受的一种表示方式。（　　）

8. 通常，对于通过电子邮件发出的发盘，仍然可以撤回。（　　）

9. 根据《公约》的规定，对于规定了有效期的发盘，仍然可以撤销。（　　）

10. 根据《公约》的规定，任何带附加条件的接受不构成有效接受，只是一项还盘。（　　）

三、简答题

1. 简述商务谈判的基本原则。

2. 简述《公约》适用的范围。

3. 简述构成有效发盘的条件。

4. 简述发盘终止和失效的主要原因。

5. 简述构成一项有效接受的条件。

四、案例分析

1. 一法国商人于某日上午走访我国外贸企业洽购某商品。我方口头发盘后，对方未置可否，当日下午法商再次来访表示无条件接受我方上午的发盘，此时，我方已获知该项商品的国际市场价格有趋涨的迹象。对此，你认为我方应如何处理，为什么？

2. 中国C公司于2003年7月16日收到巴黎D公司发盘："马口铁500公吨，每吨545美元CFR中国口岸，8月份装运，即期信用证支付，限20日复到有效。"我方于17日复电："若单价为500美元CFR中国口岸可接受500公吨马口铁，履约中如有争议在中国仲裁。"D公司复电："市场坚挺，价格不能减，仲裁条件可接受，速复。"此时马口铁价格确实趋涨。我方于19日复电："接受你16日发盘，信用证已由中国银行开出，请确认。"但法商未确认并退回信用证。请问：（1）合同是否成立？（2）我方是否有失误？

第十三章　进出口合同的履行

[学习目标]

知识目标：能正确描述履行进出口合同的基本程序，列举各个环节的相关注意事项。

能力目标：能结合进、出口交易基本程序知识对相关案例进行分析，并提出相应的对策。

素养目标：养成严谨细致、诚信守约的职业精神，按照法律和国际惯例开展贸易活动，具有职业使命感和责任感。

本章重点：

1. 进出口交易的基本程序及其各个环节
2. 信用证的审核与修改

本章难点：

出口交易各程序的相关注意事项

开篇案例

A公司委托其客户指定的船公司出口近50万美元的货物，涉及50多万元人民币的出口退税。具体情况是，由于A公司是以“盒”为单位进行采购的，A公司提供的报关单上也是注明“506000 BOXES”，所以工厂的增值税发票开的单位也是以“盒”为单位。由于船公司在重新填写报关单时却将“BOXES”漏打，只标明“6000KGS”，因此，海关计算机上该产品的数量为“6,000千克”，导致报关单上的内容与发票上的数量和单位不同，A公司不能正常退税。A公司要求船公司办理改单（修改报关单据），就是要在品名下注明“506000 BOXES”，但是由于船公司的一再拖延，导致A公司无法办理退税手续。A公司不断催促船公司办理改单，考虑到手续麻烦需要较长时间，要求对方必须在3个月内将改后的单据退还给A公司，否则要其承担由于不能正常退税造成的相关经济损失。3个月后，总算了解了此案。

在国际贸易中，买卖双方通过商务谈判并达成协议后，一般以合同形式规定双方当事人的权利和义务。而合同签订后，买卖双方都应受其约束，都要本着“重合同，守信用”的原则，切实履行合同，合同的顺利履行是完成交易的重要前提。此外，缮制履行合同时所需的相关单证，也是合同履行的重要内容之一。

第一节 出口合同的履行

出口合同的履行（以贸易术语为 CIF 和支付方式为 L/C 的出口合同为例），一般可以分解为五个环节，如图 13－1 所示。

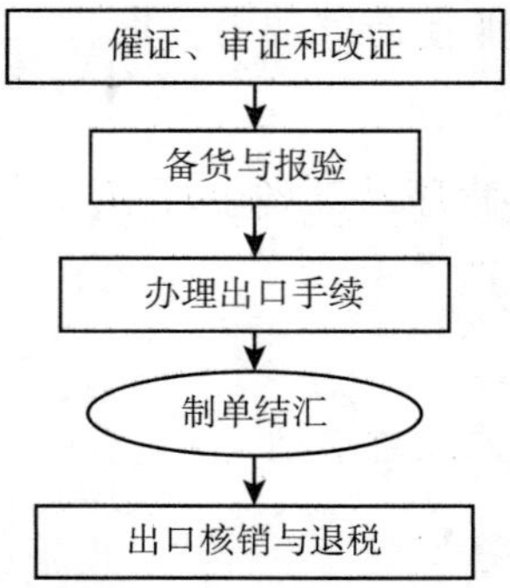

图 13－1 出口合同履行程序

资料来源：笔者绘制。

一、催证、审证和改证

由于信用证结算方式比其他结算方式要复杂一些，在中国的应用也较为广泛，所以本节主要介绍以信用证为结算方式的出口程序，其他结算方式下的出口程序与之类似。同时，需要指出的是，实际业务中，如果交易采用信用证方式结算，那么，催证、审证和改证的步骤一般需要在备货前进行，而采用其他结算方式情况下，如何实施需要根据合同的相应规定。

（一）催开信用证

在按信用证为结算方式成交时，通常买方按约定时间开证是卖方履行合同的前提条件，尤其是大宗交易或按买方要求而特制的商品交易，买方及时开证更为必要。否则，卖方无法安排生产和组织货源，在实际业务中，买方由于种种原因不能按时开证的情况时有发生，因此，我们应结合备货情况做好催证工作，及时提请对方按约定时间办理开证手续，以利于合同的履行。

（二）审核信用证

实际业务中，买方开来的信用证常有与合同不相符的情况，为了维护出口方的利益，确保收汇安全和合同的顺利履行，对于开来的信用证应该进行认真的核对和审查。实际业务中，审核信用证主要有下面两方面：

1. 银行审核

通常情况下，信用证是由开证行通过 SWIFT、电传或邮寄等方式发到国内的通知银行，由国内的通知银行首先审核信用证真伪后再交给受益人，如果通知行与受益人有较好的业务关系或通知行也是该信用证的议付银行，那么该银行对于信用证的基本条款包括开证行信用、索汇路线等也会有一个初步的审核。

2. 出口商（受益人）审核

出口商（受益人）收到通知银行交来的信用证后，必须对信用证进行仔细认真的审核。

（1）审核依据。

①对照合同。信用证是申请人依据销售合同或其他合同开立的，受益人在审核信用证时应认真核对该合同，保证其内容与该合同条款“相一致”，不过需要注意的是，“相一致”并非指信用证条款与合同条款表面上的严格一致，而是指在保证受益人的利益不低于合同规定或在受益人愿意给予对方利益让步的范围内，信用证的条款均可视为与合同内容的“相一致”，受益人应予以接受。例如，合同规定“Partial Shipment and Transhipment not allowed（不允许分批与转运）”，来证规定“Partial Shipment and Transhipment allowed（允许分批与转运）”。则可以接受这样的条款。

②对照《跟单信用证统一惯例》（UCP600）。UCP600 第一条就指出了：“适用于所有在信用证正文中表明按本惯例办理的跟单信用证（包括本惯例适用范围内的备用信用证）”。实际业务中的信用证，一般都表示遵从 UCP600 的规定。UCP600 的内容包括六大部分，即总则与定义、信用证的形式与通知、责任与义务、单据、杂项规定和可转让信用证。UCP600 已成为保证信用证在其相关当事人之间得以正常运作的重要国际

惯例。所以，在审核信用证时，根据 UCP600 的规定作出判断是非常重要的。

（2）审核原则。

业务实际与商业习惯。对于出口合同中未作规定或无法根据 UCP600 来做出判断的信用证条款，受益人应根据业务实际与商业习惯来审核。这些条款一般被列在信用证的单据条款（documents required）和附加条款（additional conditions）中。特别是信用证中列有的附加条款，有时多达十多条，包括了对单据、运输等方面的特殊要求。这些条款会影响受益人的业务操作，直接或间接地影响受益人制单与交单，从而加大了收汇风险。因此，受益人应根据业务实际与商业习惯来确定这些条款能否接受。

例如，"Commercial invoices should be approved by China Council for Promotion of International Trade and certified in the usually accepted manner by any Arab Embassy, Legation or Consulate.（商业发票应该由中国国际贸易促进委员会认证并且通过阿拉伯国家大使馆以通常可接受的方式证实）"和"Transhipment is allowed at Hongkong port via Evergreen Lines only.（转运只得在香港通过 Evergreen Lines 办理）"等条款，只能根据业务实际来判断是否接受了。

（三）修改信用证

如果受益人对信用证的某些条款不能接受，那么就需要要求申请人修改。当然，如果信用证的相应内容受益人无异议，自然不用要求修改了。提出修改时，应该注意下面几点：

1. 审核信用证是前提

出口商对信用证仔细审核，发现不合适的条款是要求对方修改信用证的基本前提。

2. 修改函是依据

实际业务中，申请人（进口商）是根据受益人的修改函向银行申请修改信用证的，因此修改函是申请人向银行申请改证的依据。受益人在拟写修改函时，应遵循以下三个原则：

（1）及时。在及时审证的基础上，发现不能接受的条款后，受益人应及时拟写修改函，以免对方以装船临近等原因为由拒绝修改或提出改变支付方式（如将信用证改为付款交单或赊销等对出口商不利的支付方式）。

（2）完整和明确。根据 UCP600 规定，信用证的开证指示、信用证本身、对信用证的修改指示及修改本身必须完整和明确。修改函是申请人向开证行发出信用证修改指示的依据。受益人应该在修改函中明确列出所有不能接受的条款，同时应提出相应的修改内容，即受益人可以接受的内容，必要时应做出说明，以便申请人在收到后能及时理解并做出相应准确的修改。例如，我出口商向某客户出口货物，收到对方的来证后，发现许多不合常规的错误（我方认为是对方疏忽造成的，而不是故意设置的），因此立即给对方指出需要修改的条款，对方很快做了修改，但我方又发现对方的修改并没有符合我方的意愿，原因是我方没有在修改函提出相应的修改内容，而双方对某些条款的理解是有偏差的，因此，对方的修改仍没有达到我方的意愿。

（3）一次提出。受益人向对方提出修改，尽管理论上只要在信用证有效期内，是可以无数次修改的，但为了不给双方增加改证手续和费用，应尽量一次提出。由于审证不全面和考虑不周到，受益人多次提出修改，对方有可能会拒绝修改。例如，在申请人已做出第一次修改后，受益人又发现某些不能接受的条款并提出修改，此时的申请人可能会以种种理由比如手续麻烦、费用高昂、多次改证不便为借口拒绝改证，此时我方将十分被动。

3. 受益人怎样对待修改通知书

UCP600 中规定：当受益人向申请人发出修改函后，如果后者同意修改，便会很快向开证行申请改证，开证行会将修改通知书（amendment advice）通过原通知行通知受益人。对于修改通知书，受益人可以如何对待，UCP600 作了如下规定：

（1）当受益人接受修改，可采取“默示接受”；但不接受时，应向通知修改的银行发出拒绝通知。在受益人向通知修改的银行表示接受该修改之前，原信用证（或先前已接受修改的信用证）的条款对受益人仍然有效。受益人应发出接受或拒绝接受修改的通知。如受益人未发出上述通知，当它提交给指定银行或开证行的单据与信用证及尚未表示接受的修改内容一致时，则该事实即视为受益人已做出接受修改的通知，并从此时起，该信用证已做修改。

（2）UCP600 规定，受益人对同一修改通知中的内容不允许部分接受，因而，对修改内容的部分接受当属无效。根据这点，如果受益人不能接受修改通知书中的一部分内容，应全盘拒绝并通知原通知行，而后要求申请人重新修改。

（3）对于转让信用证，UCP600 规定，如信用证转让给一个以上的第二受益人，其中一个或几个第二受益人拒绝接受信用证的修改，并不影响其他第二受益人接受修改。对拒绝接受修改的第二受益人而言，该信用证视作未被修改。

综上所述。正确把握信用证修改，应该分为两个阶段，一是在修改前，受益人准确审核信用证及拟写修改函；二是在修改后，受益人应正确对待修改通知书。

二、备货与报验

（一）备货（生产或采购）

备货工作，主要是指按照合同的要求组织生产加工。在备货环节，主要应从三个方面考虑：首先，考虑生产过程中货物自身需要注意的问题，包括货物的品质、规格是否符合合同的要求，生产合同要求的货物数量所需的生产原料是否充足，生产周期的长短等。其次，要考虑货物的包装，即按约定的条件进行包装后，包装是否能够适应运输和保护商品的要求，如发现包装不良或有破损，应及时修整或调换。最后，在包装的明显部位，应按合同规定显示唛头，同时，对于包装上的其他各种标志是否符合要求也应当注意。

（二）报验

凡按国家规定必须进行法定检验的出口货物，在备妥货物后，应向相应机构申请检验。属于法定检验的货物，只有经检验后出具检验检疫局签发的检验合格证书，海关才会放行；凡检验不合格的货物，一律不得出口。法定检验申请报验时，应填制“出口报验申请单”，向生产企业所在地检验检疫局办理申请报验手续。该申请单的内容一般包括品名、规格、数量或重量、包装、产地等项，在提交申请单时，应随附合同和信用证副本等有关文件，供检验检疫局检验和发证时作参考。当货物经检验合格，检验部门发给放行证明，货物才准予出口。如果出口商品不属于法定检验商品范围，而合同中约定需要申请有关人员或机构检验的，应根据合同规定安排相应人员或机构检验货物。

需要指出的是，检验需要花费一定的时间周期，所以在安排检验时，必须给检验留下充足的时间，避免影响到货物的运输。

三、办理出口手续

办理出口手续是履行出口合同的重要环节，一般可以分解为四个环节，如图 13－2 所示。

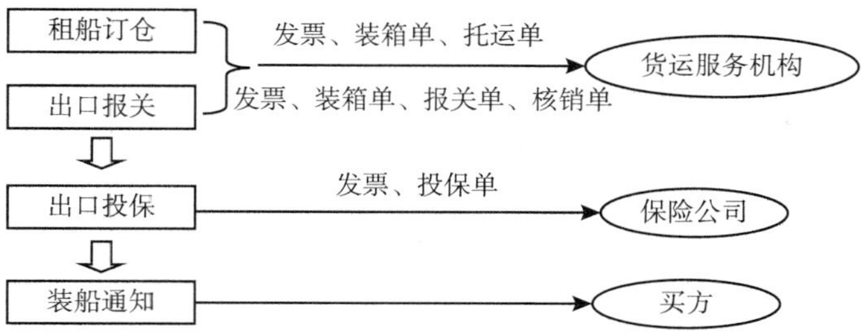

图 13－2 办理出口手续程序

资料来源：笔者绘制。

（一）租船订舱

出口公司通常委托货运服务机构（国际储运公司、国际货运代理公司、国际运输联盟等）办理货物运输。按 CIF 或 CFR 条件成交时，出口商应及时办理租船订舱工作，如为大宗货物，需要办理租船手续，非大宗货物则需洽订舱位。一般情况下，各外贸公司订舱需要填写托运单（或者货物明细单），告之托运货物的基本情况及希望船期等，货运服务机构根据出口商的要求安排舱位，在安排妥当后，货运服务机构发给托运人进仓通知书，通知出口人送货地点和时间，如果是采用“门到门”方式，则通知托运人载有集装箱的车辆到生产企业拉运货物时间。在 FOB 成交时，由买方安排海运，此时出口商需要和进口商保持沟通，确保货物准时送到装货地，实现船货的良好衔接。

该环节需要向货运服务机构提交的单据主要有商业发票、装箱单、托运单等。

（二）出口报关

出口货物在装船出运之前，需向海关办理报关手续，出口货物办理报关时必须填写出口货物报关单，并提供核销单、发票、装箱单，必要时还需要重量单、商品检验证书，以及其他有关证件，海关查验有关单据后，即在装货单上盖章放行，凭以装船出口。出口公司向装运港海关申请报关，一般也委托货运服务机构办理。

该环节需要向货运服务机构提交的单据主要有商业发票、装箱单、报关单、核销单等。

（三）出口投保

在 CIF 或 CIP 条件下，出口公司代买方向保险公司办理投保手续。凡按 CIF 条件成交的出口合同，在货物装船前，卖方应及时向保险公司办理投保手续，出口货物投保一般都是逐笔办理，投保人应填制投保单，将货物名称、保险金额、运输路线、运输工具、开航日期、投保险别等一一列明，保险公司据此出具相应保单。

（四）装船并向买方发出装船通知

货物装船以后，船长或大副则签发收货单，即大副收据作为货物已装妥的临时收据，托运人凭此收据即可向船公司或其代理人交付运费并换取正式提单，如收货单上有大副批注，换取提单时应将大副批注注在提单上。货物装船后，出口商一般需要将装船的情况通知进口商，以便进口商安排接货事宜，特别在出口商安排运输而进口商办理保险的情况下，这点尤其重要。例如，在以 CFR 成交时，装船通知（shipping advice）的内容主要包括：货物名称、数量、运输工具名称、装运港、目的港、货物总价、提单号、货物唛头等。

四、L/C 项下制单结汇

（一）结汇方式

以 L/C 为支付方式的交易，在完成前面几个环节后，即要严格按照 L/C 条款要求制作相关单据。根据 L/C 交易流程，向议付行交单议付，并办理结汇手续，通常有以下三种做法：

1. 收妥结汇（收妥付款）

议付行收到外贸公司出口单据后，寄交国外开证行或付款行索取货款，收到后即转到外贸公司账户。

2. 押汇（买单结汇）

议付行审单后，买入外贸公司的汇票和单据，根据汇票或发票金额扣除利息等费用后将余款转到外贸公司账户，然后再将单据寄交国外付款行索取货款。

3. 定期结汇

议付行根据向国外索款所需的时间，预先确定一个固定的结汇期限，到期后主动将票款转到外贸公司账户。

（二）不符点的处理

在出口商提交的单据存在不符点而又无法更正时，议付行通常做法如下：（1）表提不符点是指议付行把不符点开列在寄单函上，寄给开证行，开证行审单确认不符点存在后，接洽申请人是否同意付款。如同意，则申请人付款后开证行将该款项转至议付行；如申请人不予接受，则开证行退单，议付行照样退单给受益人。（2）电提不符点是指在存在不符点的情况下，议付行先向国外开证行拍发电报或电传列明不符点，待开证行复电同意后再将单据寄出的方法。

在信用证结算方式下，如果单据出现不符点，受益人是否可以得到货款，往往取决于申请人的商业信用。根据 UCP600 第十四条（单据审核标准）a 款规定，指定行事的指定银行、保兑行（如果有的话）及开证行须审核交单，并仅基于单据本身确定其是否在表面上构成相符交单。如与信用证条款不符，上述银行可以拒绝接单。同时，又规定如开证行已确定单据表面与信用证条款不符，它可以自行确定联系申请人，请其接受不符点。但是，不能借此延长规定的期限。可见，在存在不符点情况下，能否收到 L/C 款项，最终都取决于申请人的决定。所以在制单时要遵循“三相符”原则，即单证相符、单单相符、单货相符。

另外，如果是非 L/C 结汇的情况，如汇付、托收等，其结汇通常按照合同规定或相关规则。

五、出口核销与退税

（一）出口核销

在中国，货物出口收汇后，还要办理出口核销手续。出口核销是指外汇监管当局对出口单位的出口货物实施跟踪监管，直到货款收回进行核销的一种事后监督制度。出口收汇核销制度是国家加强出口收汇管理，确保国家外汇收入，防止外汇流失的一项重要措施。有对外贸易经营权的中资企业和外商投资企业向境外出口货物，均应当在其注册地外汇管理局办理出口收汇核销手续。出口收汇核销程序主要包括：网上向外汇管理局申领“出口收汇核销单”；实际领取；网上向海关进行备案；报关时使用核销单；报关后拿回已盖章的核销单；货款收妥、货物出口后向外汇管理局递交核销单；审核有关单证，办理核销手续等。

（二）出口退税

出口退税是国家为了帮助出口企业降低成本，增强出口产品在国际市场上的竞争能力和鼓励出口创汇而实行的返还出口企业部分国内税的措施。目前，符合出口退税条件的企业在完成发货和收汇手续后，应及时向税务机关申请出口退税。办理出口退税手续需提供的基本单据有：出口货物报关单、出口结汇单和出口购货发票等。

第二节 进口合同的履行

我国进口货物，以按 FOB 条件成交并采用信用证付款方式为例，其合同履行的一般程序包括：开立信用证、租船订舱、接运货物、办理货运保险、审单付款、报关提货验收与拨交货和办理索赔等。一般可以分解为六个环节，如图 13－3 所示。

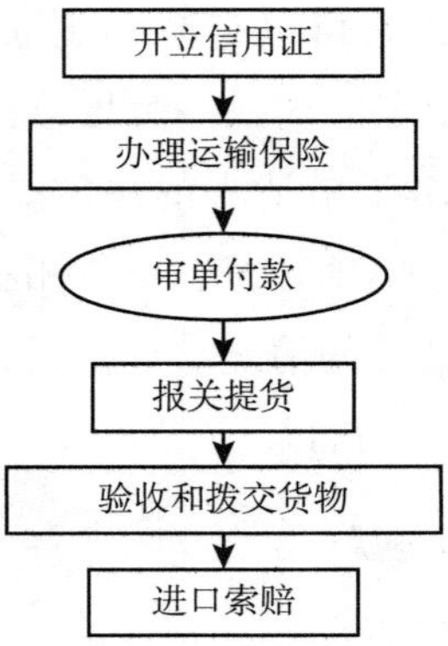

图 13－3 进口合同履行程序

资料来源：笔者绘制。

一、开立信用证

在以信用证结算情况下，买方开立信用证是履行合同的前提条件。因此，签订进口合同后，应按规定办理开证手续，买方向银行办理开证手续时，必须按合同内容填写开证申请书，银行则按开证申请书内容开立信用证。因此，信用证内容是以合同为依据开立的，它与合同内容应当一致。卖方收到信用证后，如要求延展装运期和信用证有效期或变更装运港等，若我方同意对方的请求，即可向银行办理改证手续；如果是以其他结算方式结算货款，如支付预付款等，也需要及时办理相关手续。

（一）开证申请书

第一部分是信用证的内容，包括受益人名称、地址，信用证的性质、金额，汇票内容，货物描述，运输条件，所需单据种类份数，信用证的交单期、到期日和地点，信用证通知方式等。

第二部分是申请人对开证银行的声明。其内容通常规定印刷在开证申请书上，包括承认遵守 CUP600 的规定；保证向银行支付信用证项下的货款、后续费、利息及其他费用；在申请人付款赎单前，单据及货物所有权属银行所有等。

（二）开证注意事项

1. 信用证的内容应是完整和自足的

信用证内容应严格以合同为依据，对于应在信用证中明确的合同条款，必须具体列明，不能使用“按××号合同规定”等类似的表达方式，因为信用证是一个自足文件，有其自身的完整性和独立性，不应参照或依附于其他契约文件。

2. 信用证的条件必须单据化

UCP600 规定，如信用证载有某些条件，但并未规定需提交与之相符的单据，银行将视这些条件为未予规定而不予理睬。因而，进口方在申请开证时，应将合同的有关规定转化成单据，而不能照搬照抄。比如，合同中规定货物按不同规格包装，则信用证中应要求受益人提交装箱单；合同以 CFR 条件成交，信用证应要求受益人提交清洁已装船提单，并且提单上应注明运费已付等。

3. 按时开证

如合同规定开证日期，进口方应在合同规定的期限内开证；如合同只规定装运期的起止日期，则应让受益人在装运期开始前收到信用证；如合同只规定最迟装运日期，则应在合理时间内开证，以使受益人有足够的时间备妥货物并出运，这一时间通常应在交货期前的一个半月至两个月左右。

4. 关于保护性规定

UCP600 中若干规定，均以“除非信用证另有规定”为前提。比如，“除非信用证另有规定银行将接受下列单据而不论其名称如何”等。如果进口方认为 UCP600 的某些规定将给自己增加风险，则可利用“另有规定”这一前提，在信用证中列入相应的保护性条件，比如，UCP600 规定，禁止转运对集装箱运输无约束力，若买方仍要求禁止转运，则可在信用证中加列“即使货装集装箱，本证严禁转运”等。

二、办理租船订舱、委托运输和货运保险

按 FOB 条件签订进口合同时，应由买方安排船舶，如买方自己没有船舶，则应负责租船或委托货运服务机构办理订舱手续，当办妥租船订舱

手续后，应及时将船名及船期通知卖方，以便卖方备货装船，避免出现船等货的情况。买方备妥船或订妥舱位后，还应做好催装工作，随时掌握卖方备货情况和船舶动态，催促卖方做好装船准备工作，对于数量大或重要的进口货物，必要时，可派员前往出口地点检验监督，以便接运工作的顺利进行。

在由我方办理保险时，当接到卖方的装运通知后，应及时将船名、提单号、开航日期、装运港、目的港及货物的名称和数量等内容通知保险公司，以便办妥投保手续。

三、审单付款

货物装船后，卖方即凭提单等有关单据向当地银行议付货款。开证行（或保兑行）收到国外议付行寄来单据后，应对单据进行认真细致的审核，以确定单据表面是否符合信用证的要求。UCP600 第十四条 b 款规定，“按指定行事的指定银行、保兑行（如有的话）及开证行各有从交单次日起的至多五个银行工作日用以确定交单是否相符。这一期限不因在交单日当天或之后信用证截止日或最迟交单日届至而受到缩减或影响。”。开证行（或保兑行）审核单据并确定无误，即通知买方付款赎单。如开证行（或保兑行）审单发现单证不符或单单不符，又该如何处理？根据 UCP600 第十六条规定，“当开证行确定交单不符时，可以自行决定联系申请人放弃不符点。然而这并不能延长第十四条 b 款所指的期限。”因此，上述情况下，开证行（或保兑行）会将不符点通知进口商，后者应酌情作出付款或拒付的决定。

四、报关提货

买方付款赎单后，货物运抵目的港，即应及时向海关办理申报手续。经海关查验有关单据，证件和货物，交纳相应费用，并在提单上签章放行后，即可凭此提单提货。

我国海关规定，除海关特准外，出口货物的发货人应在货物运抵海关监管区后，装货前 24 小时向海关申报。发货人通常委托货运服务机构办理。

五、验收和拨交货物

凡属进口的货物，都应认真验收，如发现品质、数量、包装有问题，应及时取得有效的检验证明，以便向有关责任方提出索赔或采取其他救济措施。对于法定检验的进口货物，必须向卸货地或到达地的商检机构报验，未经检验的货物，不准销售和使用。为了在规定时效内对外提出索赔，凡属下列情况的货物，均应在卸货港口就地报验：（1）合同订明须在卸货港检验的货物；（2）货到检验合格后付款的；（3）合同规定的索赔期限很短的货物；（4）卸货时已发现残损，短少或有异状的货物。如无上述情况，而用货单位不在港口的，可将货物转运至用货单位所在地再行验收，验收中如发现问题，应及时请当地商检机构出具检验证明，以便在索赔有效期内对外提出索赔。此外，货物进口后，应及时向用货单位办理拨交手续，如用货单位在卸货港所在地，则就近拨交货物；如用货单位不在卸货地区，则委托货运代理将货物转运内地，并拨交给用货单位。

六、进口索赔

如果进口货物经过检验或使用存在问题，那么就需要根据合同和相应法规的规定向责任方提出索赔。

在履行凭信用证付款的 FOB 进口合同时，上述各项基本环节是不可缺少的，但是在履行基于其他付款方式和其他贸易术语成交的进口合同时，则环节有所区别。例如，在采用汇付或托收的情况下，就不存在买方开证的工作环节；在履行 CFR 进口合同时，买方则不负责租船订舱，此项工作由卖方办理，在履行 CIF 进口合同时，买方不仅不承担货物从装运港到目的港的运输任务，而且不负责办理货运投保手续，此项工作由卖方按约定条件代为办理，这就表明，履行进口合同的环节和工作内容，主要取决于合同的类别及其所采取的支付条件。

第三节　主要进出口单据

一、主要进出口操作单据

（一）报验单

报验单也称检验申请单，是指根据我国《商检法》规定，针对法定检验的进出口货物向指定商检机关填制和申报货物检验的申请单。其内容一般包括品名、规格、数量（或重量）、包装、产地等项。

（二）报关单

报关单是向海关申报进出口货物，供海关验关估税和放行的法定单据，也是海关对进出口货物统计的原始资料。根据货物进出口的情况，又分为《出口货物报关单》和《进口货物报关单》。其主要填写项目为经营单位、贸易性质、贸易国别（地区）、货名、规格及货号、成交价格、数量、海关编号等。在提交进出口货物报关单时，一般还须按规定随附如下文件或单证：进出口许可证或批准文件、商业发票、进出口货物装箱单、减税、免税或免验的证明文件、商检证明等。

（三）投保单

投保单是进出口企业向保险公司对运输货物进行投保的申请书，也是保险公司据以出具保险单的凭证，保险公司在收到投保单后即缮制保险单。投保单一般是在逐笔投保方式下采用的做法。进出口企业在投保单中要填制的内容包括货物名称、运输标志、包装及数量、保险金额、保险险别、运输工具、开航日期、航程号等。实际业务中，也有在商业发票上写上投保险别等要求交给保险公司办理保险的做法。

（四）货物托运单

货物在办理运输过程中需要缮制托运单据，不同运输方式或运输工具使用不同格式的托运单。主要包括海运托运单 、陆运托运单和空运托运单。在托运单中，填写货物的基本情况如名称、价格、数量、体积、重量、装运港（地）、目的港（地）、要求运输时间等。实际业务中，托运单据也有可能被省略，而使用企业自制的含有货物出运要求的货物明细单代替。需要指出的是，一般情况下，托运单据需要和商业发票、装箱单等单据一同使用。

二、主要进出口结付汇单据

对于进出口中涉及的几种主要结汇单据及出口商制单时应注意的问题，介绍如下：

（一）汇票

汇票（bill of exchange；draft）一般是各种结汇方式中都使用的主要单据之一。其填制方法和内容是否正确无误，对出口商安全收汇很重要。出口商开具汇票时，首先要明确如下事项：

1. 付款人

采用信用证支付方式时，汇票的付款人应按信用证的规定填写，如来证没有具体规定付款人名称，一般可理解为付款人是开证行。如果是采取托收方式，一般汇票的付款人是进口商。

2. 受款人

一般情况下，无论是信用证付款方式，还是其他付款方式，如托收，汇票的受款人一般做成凭指示抬头（pay to order），由收款银行指示将该货款打入出口公司的银行账号。

汇票一般开具一式两份，两份具有同等效力，其中一份付讫，另一份自动失效。

（二）发票

发票（invoice）通常指的就是商业发票，但是，根据用途的不同，还有许多其他种类发票，如海关发票、领事发票、厂商发票和形式发票等。

1. 商业发票（commercial invoice）

它是卖方开立的载有货物名称、数量、价格等内容的清单，作为买卖双方交接货物和结算货款的主要单证，也是进出口报关完税必不可少的单证之一。

在我国，各进出口公司的商业发票没有统一格式，但主要项目基本相同，其中包括发票编号、开票日期、数量、包装、单价、总值和支付方式等项内容。

在制作发票时应注意以下问题：

（1）对收货人的填写。信用证方式结算时，除少数信用证另有规定外，一般均应填写开证申请人或进口人。其他方式结算时，一般填写进口人。

（2）对货物的名称、规格、数量、单价、包装等项内容的填制。凡属信用证方式，必须与来证所列各项要求完全相符，不能有任何遗漏或改动。如来证内没有规定详细品质或规格，必要时可按合同加注一些说明，但不能与来证的内容有抵触，以防国外银行挑剔而遭到拖延或拒付货款。

（3）如客户要求或信用证规定在发票内加列船名、原产地、生产企业的名称、进口许可证号码等，均可一一照办。

（4）来证和合同规定的单价含有“佣金”（commission）的情况，在发票处理上应照样填写，不能以“折扣”字样代替。如来证和合同规定有“现金折扣”（cash discount）的字样，在发票上也应详细列明，不能只写“折扣”或“贸易折扣”（trade discount）等字样。

（5）如属信用证方式付款，发票的总值不得超过信用证规定的最高金额。按照银行惯例的解释，开证银行可以拒绝接受超过信用证所许可金额的商业发票。

（6）由于各国法令或习惯不同，有的来证要求在发票上加注“证明所列内容真实无误”（或称“证实发票”certified invoice）、“货款已经收讫”（或称“收妥发票” receipt invoice），或加注有关出口企业国籍、原产地等证明文字，出口商应在不违背我国方针、政策和法令的情况下，酌情办理。

2. 海关发票（customs invoice）

有些国家的海关制定一种固定的发票格式，要求国外出口商填写。属于这类发票有下列三种不同的叫法：①海关发票(customs invoice)；②估价和原产地联合证明书（combined certificate of value and origin，CCVO)；③根据××国海关法令的证实发票（certified invoice in accordance with xx customs regulations)。对上述三种叫法的发票，在习惯上我们统称为海关发票。进口国要求提供这种发票，主要是作为估价完税或征收差别待遇关税或征收反倾销税的依据。此外，还供编制统计资料之用。

在填写海关发票时，一般应注意以下问题：

（1）各个国家（地区）使用的海关发票，都有其固定格式，不得混用。

（2）凡是商业发票和海关发票上共有项目的内容，必须与商业发票保持一致，不得相互矛盾。

（3）在“出口国国内市场价格”一栏中，其价格的高低是进口国海关作为是否征收反倾销税的重要依据。在填制这项内容时，应根据有关规定慎重处理。

（4）如成交价格为 CIF 条件，应分别列明 FOB 价、运费、保险费，这三者的总和应与 CIF 货值相等。

（5）签字人和证明人均须以个人身份出面，而且这两者不能为同一个人。个人签字均须以手签生效。

3. 领事发票（consular lnvoice）

有些国家，如一些拉丁美洲、中东等国家规定，凡输往该国的货物，国外出口商必须向该国海关提供经该国领事签证的发票。有些国家制定了固定格式的领事发票；也有一些国家则规定可在出口商的商业发票上由该国领事签证（consular visa)，领事发票的作用与海关发票基本相似，各国领事签发领事发票时均需收取一定的领事签证费。如国外来证有需由我方提供领事发票的条款，可以首先考虑说明当地无对应机构，争取取消。如无法取消则按有关规定办理。需要指出的是，办理领事发票周期较长，这点必须充分考虑。

4. 厂商发票（manufacturer's invoice）

厂商发票是由出口货物的制造厂商所出具的以本国货币为计价单位、用来证明出口国国内市场出厂价格的发票。其目的也是供进口国海关估价、核税，以及征收反倾销税之用。如果国外来证有此要求，应参照海关发票有关国内价格的填制办法处理。

（三）海运提单

1. 海运提单（bill of lading）的重要性

海运提单是船方或其代理人在收到其承运的货物时签发给托运人的货物收据，也是承运人与托运人之间运输契约的证明，在法律上它具有物权凭证的作用。收货人在目的港提取货物时，必须提交正本提单。可见海运提单是各种单据中最重要的单据。

2. 海运提单的格式和内容

提单的格式很多，每个船公司都有自己的提单格式，但基本内容大致相同，一般包括提单正面的记载事项和提单背面的运输条款。

（1）提单正面的内容。提单正面的记载事项，分别由托运人和承运人或其代理人提供，由承运人或其代理人填写签发。通常包括：托运人（shipper）；收货人（consignee）；被通知人（notify party）；收货地或装货港（place of receipt or port of loading）；目的地或卸货港（destination or port of discharge）；船名及航次（vessel's name & voyage number）；唛头及件号（shipping marks & numbers）；货名及件数（description of goods & number of packages）；重量和体积（weight & measurement）；运费预付或运费到付（freight prepaid or freight collect）；正本提单的张数（number of original B/L）；船公司或其代理人的签章（name & signature of the carrier）；签发提单的地点及日期（place & date of issue）等。

（2）提单背面条款。在班轮提单背面，通常都印有运输条款，这些条款是作为确定承运人与托运人之间，以及承运人与收货人及提单持有人之间的权利和义务的主要依据。提单背面条款的内容由各船公司自行确定，其内容不尽一致，但大致相近。

（3）提单的正本和副本。按提单使用的有效性分，可分为正本提单和副本提单。

①正本提单（original B/L）。是指提单上经承运人、船长或其代理人签字盖章并注明签发日期的提单。这种提单在法律上和商业上都是公认有效的单证。提单上必须要标明“正本”（original）字样，以示与副本提单有别。

②副本提单（copy B/L）。是指提单上没有承运人、船长或其代理人签字盖章，而仅供工作上参考之用的提单。在副本提单上一般都标明“copy”或“non-negotiable”字样，以示与正本提单有别。

（4）制作提单应注意的问题。

①提单的种类。提单的种类很多，应按合同或信用证要求的类别提供。

②提单的收货人（consignee）习惯上称为抬头人。在信用证或托收支付方式下，绝大多数的提单都做成“凭指定”（to order）抬头或者“凭托运人指定”（to order of shipper）抬头。这种提单必须经托运人背书，才可流通转让；也有的要求做成“凭××银行指定”（to order of xx bank），一般是规定凭开证行指定。

③提单的货物名称。提单上有关货物名称可以用概括性的商品统称，不必列出详细规格，但应注意不能与来证所规定的货物特征相抵触。

④提单的运费项目。如 CIF 或 CFR 条件，在提单上应注明“运费已付”（freight prepaid）；如成交价格为 FOB 条件，在提单上则注明“运费到付”（freight collect）。除信用证内另有规定外，提单上不必列出运费的具体金额。

⑤提单上的目的港和件数原则上应和运输标志上所列的内容相一致。对于包装货物在装船过程中，如发生漏装少量件数，可在提单上运输标志件号前面加“EX”字样，以表示其中有缺件，例如：“EXNos. 1—100”。

⑥提单的签发份数。根据 UCP600 规定，银行接受全套正本仅有一份的正本提单，或一份以上正本提单。如提单正本有几份，每份正本提单的效力是相同的，但是，只要其中一份凭以提货，其他各份立即失效。因此，合同或信用证中规定要求出口商提供“全套提单”（full set or complete set B/L），就是指承运人在签发的提单上所注明的全部正本份数。实际业务中，提单正本一般为三份。

⑦提单的签署人。如信用证要求港到港的海运提单，银行将接受由承运人或作为承运人的具名代理或代表，或船长或作为船长的具名代理或代表签署的提单。

⑧有关装运的其他条款。买方有时限于本国法令，或为了使货物迅速

到达或其他原因，在来证中加列其他装运条款，并要求出口商照办。如要求出口商提供航线证明、船籍证明、船龄证明，或者指定装运船名、指定转运港、指定集装箱货轮等。对上述各项要求，应按照有关规定，并结合运输条件适当掌握。如属不合理的或者卖方难以办到的运输条款，必须向买方提出修改信用证。

（四）保险单

（1）保险单（insurance policy）的被保险人应是出口商或者是信用证上的受益人，并加空白背书。

（2）保险险别和保险金额应与信用证规定一致。在单据的表面上对CIF和CIP的金额能够被确定时，保险单必须表明投保最低金额。该项金额应为货物的CIF或CIP的金额加10%；否则，银行接受的最低投保金额应为根据信用证要求而付款、承兑或议付金额的110%，或发票金额的110%，以两者之中较高者为准。保险单所表明的货币，应与信用证规定的货币相符。其他结算方式下，一般投保金额也为发票金额的110%。

（3）保险单的签发日期应当合理，在保险单上，除非表明保险责任最迟于货物装船或发运或接受监督之日起生效外，银行将拒受出单日期迟于装船或发运或接受监管时间的保险单。

（五）产地证明书

产地证明书（certificate of origin）是一种证明货物原产地或制造地的证件。不用海关发票或领事发票的国家，要求提供产地证明，以便确定对货物应征收的税率。有的国家限制从某个国家或地区进口货物，也有的要求以产地证来证明货物的来源。

产地证明书一般由出口地的公证行或工商团体签发。在我国，可由国家出入境检验检疫局或贸促会签发。

（六）普惠制单据

普惠制简称GSP。随着中国经济的发展，给予我国普惠制待遇的国家已经较少。对这些给惠国家的出口货物，须提供普惠制单据（generalized system of preferences documents），作为进口国海关减免关税的依据。目前，中国使用的普惠制单据主要是表格A产地证（GSP Certificate of Origin Form A）。适用于一般商品，由出口公司填制，并经国家出入境检验检疫局签证出具。

（七）装箱单和重量单

装箱单（packing list）和重量单（weight memo）这两种单据是用来

补充商业发票内容的不足，以便于国外买方在货物到达目的港时，供海关检查和核对货物。装箱单又称花色码单，列明每批货物的逐件花色搭配；重量单则列明每件货物的毛重、净重。

（八）检验证书

各种检验证书是分别用以证明货物的品质、数量、重量和卫生条件。在我国，这类证书一般由国家出入境检验检疫局出具，如合同或信用证无特别规定，也可以区分不同情况，由进出口公司、生产企业或其他检验机构出具，但应注意证书的名称及所列项目或检验结果，应与合同及信用证规定相同。

三、制作审核结汇单据的基本原则

1. 正确

单据内容必须正确，在信用证结算方式下，既要符合信用证的要求，又要真实反映货物的实际情况，且各单据的内容不能相互矛盾。

2. 完整

单据份数应符合要求，不能短少，单据本身的内容，应当完备，不能出现项目短缺情况。

3. 及时制单

单据制作应及时，以免错过合同或信用证规定的交单日期。

4. 简明

单据内容应按要求和国际惯例填写，力求简明，切勿加列不必要的内容。

5. 整洁

单据的布局要美观大方，缮写或打印的字迹要清楚醒目，不宜随意使用修改章，尤其对金额，件数和重量等，更不宜改动。

第四节　索赔与理赔工作

在国际贸易交易过程中，买卖双方往往会由于彼此间的权利义务问题而引起争议。争议发生后，因一方违反合同规定，直接或间接给另一方造成损失，受损方向违约方在合同规定的期限内提出赔偿要求，以弥补其所受损失，就称为索赔。

违约的一方，如果受理遭受损害方所提出的赔偿要求，赔付金额或实物，以及承担有关修理、加工整理等费用，或同意换货等即为理赔。如有足够的理由，解释清楚，不接受赔偿要求的即为拒赔。

对外贸易中的争议和索赔情况是经常发生的，直接关系到对外贸易有关各方的经济权益，所以各方都十分重视索赔和理赔，在合同中订明有关的条款，以维护自己的利益。从法律观点看，违约的一方应该承担赔偿的责任，对方有权提出赔偿的要求直到解除合同。只有当履约中发生不可抗力的事故，致使一方不能履约或不能如期履约时，才可根据合同规定或法律规定免除责任。

在我国的进出口贸易中，发生争议、索赔的事例很多，特别是在市场情况发生变化的情况下，国外一些客户觉得履约对他们不利时，往往寻找各种借口拒不履约或拖延履约，甚至弄虚作假或提出无理要求。此外，我方也由于各种原因，有时也出现违约的事例。因此，如何正确处理好对外的索赔和理赔是一个十分重要的问题，它既关系到维护国家的权益和声誉，又涉及比较复杂的业务技术问题。所以索赔、理赔是一项政策性、技术性很强的涉外工作，必须严肃对待和认真处理。

此外，在履行进口合同过程中，往往因卖方未按期交货或货到后发现品质，数量和包装等方面有问题，致使买方遭受损失而需向有关方面提出索赔，进口索赔事件虽不是每笔交易一定发生，但为了维护我方的利益，我们对此项工作应当常备不懈，随时注意一旦出现卖方违约或发生货运事故，应切实做好进口索赔工作，为此，我们必须注意下列事项，在查明原因，分清责任的基础上确定索赔对象。

一、根据事故性质和致损原因向责任方提出索赔

例如，凡属原装短少和品质、规格与合同不符，应向卖方提出索赔；货物数量少于提单所载数量，或在签发清洁提单情况下货物出现残损短缺，则应向承运人索赔；由于自然灾害，意外事故而使货物遭受承保险别范围内的损失，则应向保险公司索赔。

二、提供索赔证据

为了保证索赔工作的顺利进行，必须提供切实有效的证据，如事故记录、短卸或残损证明和联检报告等。必要时，还可提供物证或实物照片等。

三、掌握索赔期限

向责任方提出索赔，应在规定的期限内提出，过期提出索赔无效，在合同内一般都规定了索赔期限：向卖方索赔，应在约定期限内提出，如合同未规定索赔期限，按《联合国国际货物销售合同公约》规定，买方向卖方声称货物不符合合同的时限，是买方实际收到货物之日起两年；向船公司索赔的时限，按《海牙规则》规定，是货物到达目的港交货后一年；向保险公司索赔的时限，按中国人民保险公司制定的《海洋运输货物保险条款》规定，为货物在全部卸离海轮后两年。

四、索赔金额

索赔金额应适当确定，除包括受损商品价值外，还应加上有关费用（如检验费等）。索赔金额究竟为多少，其中究竟包括哪些费用，应视具体情况而定。

小　　结

（1）出口合同（以 CIF 和 L/C 的合同为例）履行分为五个基本步骤，步步紧扣，不得脱节。

（2）进口合同（以 FOB 的合同为例）履行分为六个基本步骤，也是步步紧扣，不得脱节。

（3）主要进出口单据的基本种类和制作原则，尤其是 L/C 项下的制作，要遵循“三相符”原则，即单证相符、单单相符、单货相符。

习　　题

一、单项选择题

1. 在出口业务中，银行对于信用证的审核主要是审核（　　）。

A. 信用证的真伪　　B. 申请人的信用

C. 船期是否合适　　D. 货物名称是否正确

2. 对于合同规定“Partial Shipment and Transhipment not allowed.”来证规定“Partial Shipment and Transhipment allowed.”受益人（　　）。

A. 应该接受　　　　　　　　　　B. 应该要求修改

C. 应该请申请人说明不符原因　　D. 应该请开证行说明不符原因

3. 对于不可撤销信用证的一份修改，受益人（　　）。

A. 有权拒绝　　　　　　　　　　B. 必须接受

C. 可以部分拒绝　　　　　　　　D. 以上均不对

4. 对于同一份信用证的多份修改，受益人（　　）。

A. 如果接受，必须全部接受　　　B. 如果拒绝，必须全部拒绝

C. 可以接受其中一份或几份　　　D. 以上均不对

5. 受益人如果要求修改信用证，必须向（　　）发出修改函。

A. 开证行　　　B. 通知行　　　C. 议付行　　　D. 申请人

6. 出口业务中，出口报关单的填写人应该是（　　）。

A. 出口商　　　　　　　　　　　B. 货物运输人

C. 货物生产人　　　　　　　　　D. 进口商

7. 出口业务中，保险单上的被保险人，通常应该填写（　　）。

A. 进口商　　　　　　　　　　　B. 货物运输人

C. 货物生产人　　　　　　　　　D. 出口商

8. 出口业务中，海运提单的正本通常有 3 份，那么，提货时，（　　）。

A. 3 份必须同时出示

B. 出示任何 1 份正本就可以

C. 至少需要 2 份正本

D. 1 份正本只能提取 1/3 的货物

9. 出口业务中，将提单做成指示提单，是指对提单（　　）的制作要求。

A. 出口人　　　B. 通知人　　　C. 运输人　　　D. 收货人

10. 通常情况下，出口业务中保险单的签发日期应该（　　）。

A. 早于提单日期　　　　　　　　B. 晚于提单日期

C. 早于、晚于提单日期均可　　　D. 以上均不对

二、判断题

1. 在出口程序中，如果采用信用证结算，那么催证、审证和改证的步骤一般都是在备货后进行。（　　）

2. 出口业务中收到的信用证必须与合同完全一致。（　　）

3. 合同规定“2019 年 12 月前装运”，来证规定“2019 年 10 月前装运”，这种情况下，可以认为信用证和合同是相一致的。（　　）

4. 在信用证有效期内，理论上修改信用证可以是无限次，但作为受益人来说，为了业务的顺利进行，应该尽量一次性提出。（　）

5. 当受益人接受信用证的修改，可采取“默示接受”，即不声明接受，但按修改后的信用证要求交单。（　）

6. 如果可转让信用证转让给一个以上的第二受益人，其中一个或几个第二受益人拒绝接受信用证的修改，并不影响其他第二受益人接受修改。（　）

7. 信用证结算方式下，如果出现了不符合托收方式的问题，则银行信用变成商业信用。（　）

8. GSP 证书也是产地证的一种。（　）

12. 进口业务中，向责任方提出索赔，应在规定的期限内提出，过期提出索赔无效。（　）

10. 在我国进口业务中，如果采用 FOB 国外口岸，对于进口商而言及时投保是非常重要的。（　）

三、简答题

1. 简述出口程序中催证的意义。

2. 简述出口商（受益人）审核信用证的依据。

3. 简述受益人拟写修改函时应遵循的原则。

4. 简述 L/C 项下结汇的结汇方式。

5. 简述 L/C 项下制单结汇不符点的处理。

四、案例分析

1. 中国 A 公司向德国 B 公司出口羊绒披肩，并签订了 CIF 合同。A 公司在装船前向检验机构申请检验，检验结果是货物符合合同的质量要求。A 公司投保一切险并在装船后及时向 B 公司发出了装船通知，但在海上航行中由于货物被雨水浸泡，质量降低。货物到达目的港后，B 公司要求 A 公司赔偿差价损失。请问 A 公司是否应该接受索赔，为什么？货物被海水浸泡的风险损失又由谁承担？

2. 中方 A 公司与某国 B 公司签订合同一份，规定即期信用证支付，信用证规定不可转运，不可分批装运，货物总量 1,000 公吨，A 公司收到 L/C 后，开始备货，货物备好准备装运时，收到信用证修改，修改了目的港，并且增加货物数量 1,000 公吨，由于临时准备货物来不及，A 公司决定，先将准备好的货物运至指定的新港口，修改书上要求的另外 1,000 公吨待备好货后再运，请对 A 公司的做法予以评析。